En **cuisine**, toutes les **vérités** sont **bonnes** à dire !

知っておこう、料理の真実

料理は科学だ！
フランス式
調理科学の新常識

料理にまつわる **62** の驚きの真実

著：アルテュール・ル・ケンヌ

絵：ヤニス・ヴァルツィコス

訳：田中裕子

はじめに

—

わたしは何事も徹底的に突きつめてやらないと気が済まない。
わたしが伝えたいと思っていること：
「物事は最後までやり遂げよう」
「考えながらやろう」
「どうしてそれをやるのかを説明しよう」
ピエール・ガニェール

ポトフの作り方をご存知だろうか？　大きな鍋に肉、香味野菜、ハーブを入れて、かぶるくらいの水を注いで数時間コトコト煮込む。すると肉に火が通り、水は肉の味が浸み込んだブイヨン（だし）になる。

だが、よく考えてみてほしい。肉の味が水に浸み込んだのは、肉から味が抜けたからだ。つまりこうしたポトフの作り方は、肉の風味を水に移し変えることに他ならない。いや、そんなのは馬鹿げている。今は21世紀だ。中世と違って、肉の品質はずっと向上しているというのに。

これを別の角度から考えなおして、作り方をもうひと工夫すれば、もっとずっとおいしいポトフが作れるようになる。

まず、この料理は何を目指していて、どういうよさがあるのかを、考えることが大切だ。ジューシーさ、サクサク感、ふんわりした柔らかさ、カリッとした噛みごたえ、アル・デンテな歯ごたえ、ミディアムレアな焼き加減、奥までしっかり浸み込んだ味……。そして、それを実現するのにもっともよい方法は何か、現在の調理技術や科学的知識を総動員させて考える。さらに、最良の出来栄えをもたらすために、いつもより時間をかけて調理する。

そうすれば、いつもよりおいしくて満足感のある料理が完成するはずだ。ずっと正しいやり方だと信じていたのに、実は古くさい固定観念にとらわれていて、無駄だったり逆効果だったりすることもある。

考え方を変えると、いろいろなことがわかるはずだ。たとえば、「焼く直前に肉に塩をふるとジューシーに仕上がる」はずはないこと。「乾燥パスタをたっぷりの湯で茹でる」のは意味がないどころかマイナス効果でさえあること。「パテやテリーヌをオーブンで湯煎焼きをする」のはナンセンス極まりないこと。ローストチキンのもも肉はもちろん、胸肉だって柔らかくジューシーに焼き上げられること。そして、ポトフの水をおいしいブイヨンに変えつつ、肉も風味を失わずおいしく仕上げられること。さあ、本書を読んで料理にまつわる驚きの真実を見いだそう。

アルテュール・ル・ケンヌ

もくじ

※本書の内容は、原書『En cuisine, toutes les vérités sont bonnes à dire!』に基づいております。
掲載されている材料や道具の中には、日本では一般的に入手しにくいものもあります。

料理は長く伝え
続けられるものだ。
伝統的な調理法で
作られた料理ほど
おいしいものはない！

« La cuisine est une affaire
de transmission.
Rien ne vaut
une bonne
recette traditionnelle ! »

「伝統的」な調理法で作られた
「昔風」の料理が何よりおいしいという伝説は、
いまだ根強く残っている。だが、それは本当だろうか?
あなたは今でもポタージュは薪火で作って、
硬くなったパンでとろみをつけているだろうか?
「昔風」に調理したツグミやクロツグミを
今でも食べているだろうか?

どこが間違い?

「伝統的」なフランス料理の代表格、ブランケット・ド・ヴォー(仔牛肉のクリーム煮)を例にとってみよう。
もともとこの料理は、仔牛肉のローストの残りものにホワイトソース(小麦粉、バター、牛乳ベースのルー)をかけて、マッシュルームとペコロス(小タマネギ)を添えただけのものだった。新鮮な仔牛肉をブイヨン(肉と香味野菜で取っただしであって、決して水ではない)で煮て、卵黄ベースのソースを加えるようになったのは19世紀に入ってからだ。そして、ソースに生クリームを使うようになったのは1927年に料理研究家のサン・タンジュ夫人のレシピ本が出てからで、つけ合わせにライスを使うようになったのはここ50年くらいの話だ。
ポトフも同様だ。確かにこれも「伝統的」な料理とされるが、かつては根菜類で取ったブイヨンに具材を入れて煮たポタージュを指し、肉といえばごくまれに硬い肉の屑を少し入れるだけにすぎなかった(P.166〜181)。

ブフ・ブルギニョン(牛肉の赤ワイン煮ブルゴーニュ風)も同じだ。もともとは牛肉を赤ワインに浸して(ただし当時の赤ワインの品質は決して高くない)、保存のためと、品質のよくない肉の色と匂いの悪さをごまかすために、香味野菜やスパイスを加えたものだった(P.110〜127)。
こうした誰もが知っている料理は、世代を超えて伝えられてきたことから「伝統的」や「昔風」と呼ばれている。だが実際は、こうした料理は時とともに少しずつ変化している。まず、食材がかつてより確実においしくなった。そして、調理器具や技術も大幅に進化している。つまり、どこまでが「伝統的」でどこからが「現代的」か、線引きはかなりあいまいなのだ。もし今、誕生した当時の「伝統的」な調理法でその料理が作られたら、ぼくたち21世紀の人間の口には決して合わないものが出来上がるだろう。

調理科学の視点

現在では、19世紀はじめに体系化された料理が「伝統的」と呼ばれている。だが、それらの料理に使われる食材や、それらを作るための調理器具や技術は、ここ20～30年間で大きく進化した。200年前より何千倍も素晴らしいものになったのだ。

それはエスコフィエのせい？

こうした料理における懐古趣味は、そもそもオーギュスト・エスコフィエに由来している。

説明しよう。エスコフィエ（1846～1935年）はもっとも著名な料理人のひとりだ。それまでの調理の習慣や伝統をすべて捨て、厨房の組織化（ブリガード制）、衛生基準の制定、メニューの構成、色彩と味わいが豊かな料理の構築などを行い、フランス料理を体系化させたことで知られる。

エスコフィエによって書かれた料理書は、今も多くの料理人に参照されている（バイブルとまでは言わないが）。だが、大事なことがふたつ忘れられている。

ひとつ。エスコフィエが構築した調理法は、当時の食材、器具、知識をベースにしたものであり、今ではいずれも当時よりはるかに進化している。

ふたつ。エスコフィエは著書に非常に重要なことを書き残している。「料理は、これからも『芸術』であり続けながら『科学』にもならなくてはならない。これまでのように直感や偶然に頼るのをやめて、正確で体系的なやり方に沿って作られなくてはならない」

エスコフィエは、料理がこれからも目覚ましく進化し続け、自分が体系化したものもいずれは古くなって廃れていくことをわかっていたのだ。

つまり、エスコフィエが意図したことを理解しようとせず、ただ彼が構築した料理をそのまま作り続けるのは、今ではもう何の意味も持たない考え方を信じ、的はずれなやり方を行い、何の魅力もない「伝統的」な料理を作ることにつながるのだ。

継承の重み

料理において「継承」は重要視されている。シェフ、おばあちゃん、料理上手な友人から教えてもらった、何十年も前のレシピや調理法が今も大事にされている。そうやって継承された聖なるレシピや調理法には確かに大きな価値があるだろう。だがほとんどの場合、そこに込められている真髄、本来の目的は理解されず、バージョンアップもされずに、ただその表面や形だけが継承されている。こうしてぼくたちは盲目的に、時代遅れの料理を意味もなく作り続けているのだ。

これが正解！

さて、いつまでも御託を並べるのはやめて、
さっさと本題に入ることにしよう。
きちんと考えて、知識を得て、学んで、行動に移すのだ。

伝統や慣習を乗り越えよう

現在、才能ある若い料理人たちには、子どもの頃から身近にインターネットがあったためか、既存の伝統や慣習にとらわれず、思いついたことを何でもすぐに実行に移す人たちが多い（フランスでもそれ以外の国でも）。伝統を尊重しつつ、高度な技術と芸術性を発揮しながら、自由な発想で新しい料理を創造したり発明したりしている。彼らこそが、本当の意味でのエスコフィエの継承者と言えるだろう。
こうしたやり方は、ぼくたちのようなアマチュアにも真似できるはずだ。

料理に対する姿勢を変えよう

まず、どこかで習ったやり方、誰かから教えてもらった作り方以上のことが、必ずできると信じよう。伝統的なレシピは新しい知識や技術によって改良できるはずだ。もし今では役に立たないやり方があれば捨ててしまおう。伝統的なレシピが、作られた当初は何を目指していたのか、どうして広く愛されるようになったかを理解して、それ以上の結果を得るために、よりよい道具、よりよい技術、新しい知識を活用しよう。

エスコフィエのように進化しよう

絵画、音楽、建築が進化してきたのは、これらの分野の芸術家たちが先達から学び、吸収し、それを乗り越えて新しいやり方を獲得し、新しい作品を生み出し、新しいムーブメントを築いてきたからだ。料理も同じようにできるはずだ。既存のルールを乗り越え、伝統から真髄だけを抽出して新しいものを生み出し、調理法と料理を再構築しなくてはならない。
では、エスコフィエの言うように、エスコフィエの意図にしたがって、まずはエスコフィエの言葉から検証してみよう。

味覚には4つの基本味（塩味・甘味・苦味・酸味）があり、あらゆる味はそのいずれかに分類される

« Il existe 4 saveurs de base :
le salé, le sucré, l'amer et l'acide, dont découlent tous les goûts. »

はじめに大事なことをはっきりと言っておく。今は21世紀だ。ぼくたちはロウソクで暮らしてもいなければ、地球が丸いと知らないわけでもない。だから、味覚が4つだけではないことも知っておかなくてはならない。

どこが間違い？

カンゾウの味をご存知だろうか？
あれは、塩辛くもなければ、甘くも苦くも酸っぱくもない。ただ、カンゾウの味がするだけだ。
酸化した食品の味は？　あれもまた、塩辛くもなければ、甘くも苦くも酸っぱくもない、ただの酸化した金属のような味だ。
野菜を茹でるときに使われる重曹はどうだろう？　あれも同様に、塩辛くもなければ、甘くも苦くも酸っぱくもない、ちょっと石鹸に似た、ただの重曹の味だ。
続けよう。
たとえば、乾燥ハーブ。これは匂いはあるが、味はない。試しに鼻をつまみながら乾燥ハーブを噛んでみよう。味がないのがわかるはずだ。
匂いはあるが、塩味、甘味、苦味、酸味、他の味もまるで皆無なのだ。
脂肪も同様だ。塩辛くもなければ、甘くも苦くも酸っぱくもない、ただの油の味だ。興味深いことに、現在多くの有識者たちが脂肪を6番目の基本味として候補に挙げている（ちなみに5番目は「うま味」とされるが、これについては後述する）。脂肪が4基本味に含まれていない証拠と言えるだろう。まだまだあるが、このへんにしておこう。
つまり、すべての味が「4基本味」のいずれかに分類されるというのは誤りなのだ。食品にはそれぞれ固有の味がある。味には数多くの種類があり、塩味ひとつ取ってもさまざまな塩味がある。そう考えると味はおそらく無限に存在し、科学者たちはこれを〈味の連続体〉と名づけている。
そもそも、この「4基本味」の考え方自体、1世紀以上前から正確ではないことが確認されている。そして1988年、フランス国立科学研究センター（CNRS）の科学者アニック・フォリオンが、味覚生理学研究においてこの考え方が誤りであることを正式に証明した。現在もこの研究結果が有効とされている。
おわかりだろうか？

味覚に関する知識は大きく進化している。紀元前300年頃、古代ギリシアのアリストテレスは味覚を6つ（甘味・苦味・刺激味・渋味・収斂味・酸味）に分類した。その後、19世紀終わりに味覚は「4基本味」に体系化され、20世紀はじめに「味の連続体」という考え方が台頭した。

さらに、ぼくたち人間の味の受けとめ方が、味の分類に混乱を招いていることも否定できない。たとえば一般的に、人間は不快な味を「苦味」と感じる傾向があるが、本当は「苦味」ではない場合も多い。

この「4基本味」は、ごく一般的で馴染みがある一部の食品にしか当てはまらない。ぼくたちが食べているすべての食品が、この4つのいずれかに必ず分類されるわけではない。適用範囲が狭すぎて、正確で普遍的であるとは言えないのだ。

まず、「4基本味」は誤りであると知っておこう。そして、「風味」と「味」が異なることも知っておこう。食品の「味」は「風味」を構成するひとつの要素にすぎない。たとえば、乾燥ハーブのオレガノには「味」はないが「匂い」はある。一方、塩や砂糖には「匂い」はないが「味」はある。そして、オレガノ、塩、砂糖のいずれにも「風味」があるのだ。

FAKE NEWS

うま味は誰もが認める5番目の基本味だ

« L'umami est unanimement reconnu comme la 5ᵉ saveur. »

違う違う、断じて違う！
それはまったくの間違い、完全な誤りだ！
味覚生理学の研究者たちは、
うま味を5番目の基本味とは認めていない。

どこが間違い？

これについては、難しく考える必要はまったくない。味覚生理学ではそもそも「4基本味」自体を認めていない（もっとたくさんあると考えている）ので、うま味が5番目とみなされていないだけだ。

第一、うま味は単独の味ではない。アラニンとグルタミン酸というふたつのアミノ酸の味が混ざったものだ。そして、これらのアミノ酸の濃度によって食品の風味も変動する。

調理科学の視点

これが正解！

食品に含まれるタンパク質が、加熱、発酵、熟成、乾燥などを経て壊れると、複数のアミノ酸に分解される。実は、アミノ酸にはタンパク質よりはるかに多くの味が含まれている。うま味はアラニンとグルタミン酸というふたつのアミノ酸の味が混合したものだが（ときにはイノシン酸も加わる）、これは単なる加算ではない。相乗効果によって1＋1＝4になる。だからこそ、うま味は非常に濃い風味を有しているのだ。

うま味は、パルミジャーノ・レッジャーノやロックフォールのように熟成させたチーズ、ブイヨン、トマトソースなどに含まれる。だから、チーズやトマトソースを使ったピッツァやボロネーゼソースはおいしいと感じられるのだ。さらに、ケチャップ、固形スープの素、しょうゆ、ウスターソース、熟成肉、加熱した肉、熟成魚、貝や甲殻類、ハムやソーセージなどの豚肉加工品、トマト、キノコ、アスパラガス、タマネギにもうま味は含まれている。

そうそう、忘れてはいけない。うま味は母乳にも含まれている。実は、ぼくたち人間が過剰にうま味を求めてしまう原因はここにあるという説もある。うま味中毒の仕組みを精神分析学的アプローチで調べるとおもしろそうだ。きっと何らかの因果関係があるだろう。とにかく、猫がマグロ味のおやつを好み、ライオンがレイヨウを好み、ゴリラが果肉たっぷりのフルーツを好むように、人間はうま味を好むのだ。

うま味を5番目の基本味とは考えないようにしよう。うま味は、味というよりむしろ「感覚」だ。丸くて、柔らかくて、魅惑的で、口内に満足感を与え、唾液の分泌を引き起こし、一部の匂い分子を気化させることで多くの風味をもたらすものだ。

舌の上は 4つのゾーンに分かれており、塩味・甘味・苦味・酸味の「4基本味」を感じる場所はそれぞれ異なっている

« La langue est divisée en zones, chacune sensible à une saveur primaire : le salé, le sucré, l'amer et l'acide. »

こういうことを平気で言うのは、
風味の感じ方を理解していないからだ。
風味は、口はもちろんだが鼻でも感じているし、
他の要素も大いに関係している。

どこが間違い？

このような「味覚分布地図」は
誤りであると判明している。

「味覚分布地図」は、1901年にドイツで発表された論文をもとに心理学者のエドウィン・G・ボーリング博士によって作成された。だが、そもそもの解釈と翻訳に誤りがあった上、舌のどの場所でもすべての味を感じられることが複数の科学者たちによってのちに証明されている。

風味の感じ方は非常に複雑で、実はその多くを匂いに頼っている。え、そんなはずはないって？　いや、とりあえずぼくの話を聞いてほしい。たとえば、風邪を引いて鼻が詰まったとき、急に味がわからなくなった

ことはないだろうか？　もちろん、食品の味が突然消えたわけではなく、匂いを感じられなくなったせいで味がわからなくなっただけだ。匂いは、いわゆる「鼻の穴」と呼ばれる前鼻孔（オルソネーザル嗅覚という）だけでなく、口と鼻を裏側からつないでいる後鼻孔でも感じている（レトロネーザル嗅覚という）。

食品の風味の感じ方は、多くを嗅覚に頼っている。味覚の役割はごくわずかにすぎない。さらに、風味には他の要素も関係している。次ページ以降で説明しよう。

調理科学の視点

風味はさまざまな感覚を連携させることで感じられる。これらの感覚のどれかひとつが使われなかったり変化したりしただけで、風味が変わったように感じられる。

視覚
食品を見ただけですでに風味は感じられている。その食品の形、色、全体像などが、口内での感じ方に大きな影響を与える。たとえばヨーグルトがピンク色をしていたら、イチゴかラズベリーの風味がすると食べる前から判断しているのだ。

オルソネーザル嗅覚
口の中に入れるとき、食品は鼻の穴のすぐ下を通りすぎる。そのとき、気化しやすい一部の匂い分子が鼻から入って嗅覚受容体を刺激する。匂い分子の数が多いほど、匂いが強く感じられる。

味覚
食品を咀嚼すると、唾液と結びついた味分子が、舌乳頭にはめこまれた味蕾の味覚受容体にとらえられる。味分子の感じ方のスピードは分子の種類によって異なる。

レトロネーザル嗅覚
口内で咀嚼されることで破壊されて温められた食品から、新たな匂い分子が気化する。その匂い分子が喉の奥を通って鼻腔に入り、その奥にある嗅細胞を刺激する。

触覚
口の中で咀嚼された食品から、歯神経、筋肉、顎関節、口のすぐそばを通る三叉神経の受容体を通して、物理的な感覚が伝えられる。硬い、柔らかい、べたべたしている、水っぽい、ざらついている、とろっとしている、油っぽい、などさまざまだ。

三叉神経
辛いものを食べて熱いと感じたり、ミント味で爽快感を味わったり、炭酸飲料の泡が舌の上で弾けるのを感じたり、食品の温度や収斂性を感じたりするのは、口のすぐそばを通る三叉神経の物理的な感覚によるものだ。

聴覚
食品を歯で割ったり咀嚼したりすることで音が生じる。サクッ、カリッ、パリッ、パチパチといった音の種類が、食品の情諸や硬さを伝えてくれる。

さまざまな感覚を連携させることで
風味は感じられる。

これが正解！

前述したように、風味は味覚だけでなくあらゆる感覚を連携させることで感じられる。ではここで、さまざまな感覚をいつもと違う使い方をしながら食品を味わってみよう。きっと興味深い体験ができるはずだ。

自分のさまざまな感覚を
意識して使ってみよう

洗濯バサミで鼻をつまみ、目を閉じて皿の上の料理を食べてみる。嗅覚と視覚を使わずに、味覚だけで自分が今何を食べているかを当ててみよう。あるいは、違うスパイスやハーブの匂いを嗅ぎながら同じ料理を食べてみて、どう味が変化するかを試してみよう。また、温度を変えながら同じ料理を食べてみて、どの温度が一番おいしいと感じるかを試してみよう。さらに、冷製の料理を塩を入れずに作って盛りつけて、皿の上で少しずつ塩をふって、どのくらいの塩分量でおいしいと思うかを試してみよう。他の人と一緒にやってみて、個人差を比べてみるのもおもしろいだろう。

食品の食感を
変えてみよう

下準備と加熱の仕方によって食品の食感は大きく変わる。たとえばジャガイモ。茹でるとホクホクし、薄い輪切りにしてソテーするとカリッとする。厚めの輪切りにしてソテーすると中はホクホクして外はカリッとし、角切りにするとカリッとしつつも軽い仕上がりになる。薄い輪切りにして油で揚げてチップスにすると超カリカリになる。カットする厚みを調整して、カリカリとホクホクの食感のメリハリを楽しもう。千切りにして厚めのガレットにして焼いたり、丸ごとオーブンに入れてローストしたり、茹でてからつぶしてマッシュポテトにしたりして、食感の違いを味わいたい。自分はどういう食感が好きかを考えながら、加熱の仕方を変えてみよう。

適切な温度で
食べよう

冷たい料理は風味が広がりにくい。だから冷製の肉料理にはマスタードやマヨネーズを添えて食べるのだ。熱すぎる料理は、痛みに似た焼けるような感覚が先に立って、正しい風味が感じられにくくなる。口内温度よりやや熱いくらいの35〜45℃が、食品の風味がもっともよく感じられる温度とされる。

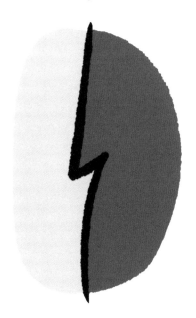

同じ食品でも冷たいか熱いかで
風味は変わる。

感覚の使い方次第で風味は大きく変化する。

同じ食品でも加熱の仕方によって
食感が変わる。

食品の重ね方を変えながら食べてみよう

前述したように、風味のほとんどは、食品の匂い分子が鼻や口を通って鼻腔の奥にある嗅細胞を刺激することで得られる。それを踏まえた上で、さまざまな食品の重ね方を変えながら食べてみよう。たとえば、イチゴの上にホイップクリームをのせて口の中に入れてみる。噛みはじめるまでは風味が感じられないはずだ。逆に、ホイップクリームの上にイチゴをのせて口の中に入れてみる。すぐにイチゴの匂いが感じられるはずだ。そのイチゴが丸ごとではなくカットしてあれば、より匂いは強くなる。寿司はその点がきちんと計算されている料理だ。口に入れて最初に感じるのは魚の風味で、噛みはじめると米の風味がやってくる。試しに、魚を下、米を上にして食べてみよう。米の風味が先に訪れてまったく別の味わいになる。

食品を感じる順番によって
風味は変わる。

感覚の個人差を知ろう

先天的（遺伝）または後天的（環境）な理由から、感覚には個人差がある。脳が行う情報の処理の仕方や、感じたことを表現する言葉の使い方も、人によって大きく異なる。

人によって風味の感じ方は大きく違う。

味覚が発達したスーパーテイスター

ふつうより味覚が発達している人が一定数いることが、50年ほど前の研究で明らかにされている。スーパーテイスターと呼ばれるこうした人たちは、とくに苦味に敏感だ。全人口のおよそ20％近くがスーパーテイスターだと言われている。

5人にひとりがスーパーテイスター！

機上では風味を感じにくくなる

機内食がまずくてパサパサしていると嘆くあなた、キャビンアテンダントに文句を言うのはやめよう。それは航空会社のせいではないのだから。飛行機内は与圧され、空気が乾燥しているため、嗅粘膜が膨らんで乾燥し、オルソネーザル嗅覚とレトロネーザル嗅覚の機能が低下してしまう。個人差はあるがおよそ30～40％も低下するため、食品の風味をかなり感じにくくなる。地上でも塩味の感じ方には個人差があるが、機上ではその差がさらに大きくなる。そのため、多くの人に合わせるために機内食の塩分量はあえて控えめにしてあるのだ。味が薄いと思ったら、スパイスやうま味成分の多い食品を足してごまかすとよいだろう。

機上では、風味がいつもとは違って
感じられる。

塩は風味を引き立てる

FAKE NEWS

« Le sel est
un exhausteur de goût. »

塩には風味を引き立てる効果があると、
きっとあなたもあちこちで読んだり聞いたり
してきただろう。皆さんが信じているその言い伝え、
実は真っ赤な嘘なのだ。

どこが間違い？

「風味を引き立てる」とはどういうことか？　それにはまず、風味とは何かを理解しておく必要がある。多くの人は、風味は舌でのみ感じると考えているが、実際はもっと複雑だ。視覚、オルソネーザル嗅覚、レトロネーザル嗅覚、味覚、触覚、三叉神経、聴覚など、さまざまな感覚を連携させることで風味は感じられる（P.18〜21）。したがって、もし塩が「風味を引き立てる」としたら、味だけでなく、匂い、食感、音、温度などのあらゆる感じ方が強くなることになる。どれかひとつやふたつだけでなく、すべての感じ方が変わるはずだ。だが、本当にそうなのだろうか？

確かに、少量の塩を足すと甘味は強くなる。だからこそ、菓子づくりにはよく塩が使われる。また、塩は苦味を抑えるので、グレープフルーツやチコリーにも使われる。しかし、一部の味を強調したり抑制したりする効果があるからといって、塩が「風味を引き立てる」とは言えないはずだ。
塩は味を変えられるが、風味は引き立てられない。おわかりだろうか？

風味は複数の感覚を連携させることで
感じられる。

調理科学の視点

まだその仕組みは科学的に解明されていないが、塩が苦味を抑制し、甘味を強調させることは確かだ。

塩には他の効果もある。塩、つまり塩化ナトリウムは、溶けるとナトリウムイオン（Na＋）と塩化物イオン（Cl－）に分解される。これらのイオンには気化されにくい一部の匂い分子を解放させる働きがあるので、食品の匂いが強調されやすくなる。匂いは風味の一部なので、そういう意味では塩は風味の一部を引き立てると言えるかもしれない。だが、それはごく一部であると知っておきたい。

さらに、塩には唾液の分泌を促す役割もある。唾液の量が増えると、可溶性化合物の味を感じやすくなるので、そういう意味でも風味の一部が強調されると言えるだろう。

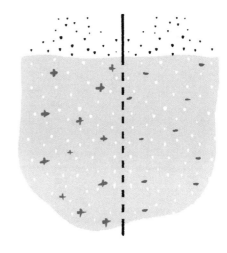

塩は甘味を強調し、苦味を抑制する。

これが正解！

風味がどのように感じられるか、塩がどういう役割を果たしているかを理解すれば、簡単に「塩は風味を引き立てる」とは言えないことがわかるはずだ。

もしあなたのまわりに「塩は風味を引き立てる」と言い張る人がいたら、ぜひやってみてほしいことがある。そう、自分の無知に気づかず、誤った情報をあちこちで吹聴している輩には実践あるのみだ。塩をふって5分置いたグレープフルーツと、塩をふっていないグレープフルーツを食べ比べてもらおう。塩をふったほうは明らかに苦味が抑えられているはずだ。こうして、塩が風味を抑制する場合があることを理解してもらう。もしそれで相手が興味を示したら、人間が風味を感じる仕組みを詳しく教えてあげるといいだろう。

同じことをトマトでもやってみよう。ただし、その効果は真逆になる。塩をふったトマトは匂いが強くなり、風味が増したように感じられる。だからこそ、トマトは食卓に出す5～10分前に塩をふるとおいしく食べられるのだ。

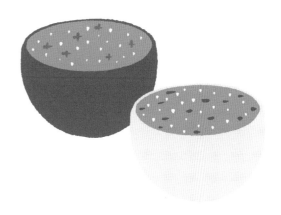

塩をふったトマトは甘味が強調され、
塩をふったグレープフルーツは苦味が抑えられる。

塩は塩。 どんな塩でも同じだ。 どれを使っても同じ塩味になる

« Qu'importe le sel,
le sel, c'est du sel ;
c'est fait pour saler... »

なんてことを言うんだ！　しまいには怒るぞ！
どんな塩も同じだなんて、
そんな馬鹿なことがあってたまるものか！

質の悪い塩は使わないようにしよう。

どこが間違い？

海塩であろうが岩塩であろうが、どんな塩も99％近くは塩化ナトリウムでできている。いずれも何億年も前に海水が蒸発したことで生成された。だが、残りの1％に何が含まれるかは塩の種類によって大きく異なり、それが塩の味や食感に影響を与え、使い道も左右される。いわゆる「不純物」が含まれていると、グレー、ピンク、青、黒などの色味を帯びたり、特有の味がついたりする。「不純物」を取り除いた精製塩もあれば、大きさや形がまちまちの塩、湿り気のある塩、溶けやすい塩、溶けにくい塩もある。漂白剤にさらしたように真っ白な減塩塩と呼ばれる塩もあり、これには塩化ナトリウムとほぼ同量の塩化カリウムが含まれている。なめると金属っぽい後味がするのが特徴だ。この塩は料理の味を大きく損なうのでくれぐれも使わないように。持っていたら燃えるゴミに出してしまおう。

確かに塩は塩味をつけるために使われるが、使い方は決して同じではない。無精製海塩、フルール・ド・セル、ゲランドの塩、マルドンの塩などさまざまな塩をなめ比べてみよう。きっと味の違いに驚くはずだ。

調理科学の視点

塩によって味が異なるのはもちろんだが、最大の違いはその結晶の形、そして口の中に入れたときの食感にある。サクサクした食感は味蕾を刺激する。種類によって結晶の形もさまざまだ。舌の上にのせるとすぐに溶けるものや、風味や匂いが長く残るものもある。こうした違いをうまく活用することで、料理に別の魅力をもたらしたり、風味を強調したりできるようになる。

いくつか例を挙げよう。

・フルール・ド・セル：粒が細かく、やや湿り気があり、わずかにサクサク感があり、海の香りがする。

・マルドンの塩：結晶は大きめだが、薄くて軽い。フレーク状のサクサクした食感ともろさが特徴。

・ハレンモンの塩：ミルフイユのように複数の層が重なっており、サクサク感が強い。海の香りがする。

さまざまな塩を味わって、使い方を考えてみよう。料理の味が一変すること間違いなしだ。

塩をふるタイミングも重要だ。料理の内側まで塩を完全に浸み込ませるか、料理の内側と外側の味のメリハリをつけるために食べる直前に表面にふるか、ある程度は内側にも浸み込ませておいて最後に表面にもふるか（これが一番おすすめ）……。いつ塩をふるかによって、料理の感じ方はがらりと変わる。

3種の塩の結晶の形。左から、
フルール・ド・セル、マルドンの塩、ハレンモンの塩。

これが正解！

答えは簡単。塩の特徴をよく知って正しい使い方をしよう。

粗塩を使おう

調理中に使う塩は、粗塩（グロセル）が向いている。理由は扱いやすいから。指でつまんだとき、微粒塩（セルファン）のようにさらさらとこぼれ落ちることがないため、正確な分量をふることができる。

粒が大きい塩のほうが指から
こぼれ落ちにくい。

正しいタイミングで塩をふろう

料理の風味をしっかり引き出すために、調理をしている最中に何回かに分けて塩をふろう。材料を加えたら必ず味見をし、それから軽く塩をふる。自分の好みに合わせて、食材の味がしっかり感じられるように塩をふること。料理の加熱前と加熱中はシンプルな海塩（粗塩または微粒塩）を使おう。調理中に希少な塩を使うのはもったいない。そういう特別な塩は、料理を食べる直前にふろう。

塩の特徴を知っておこう

特別な塩は、料理にとって署名のようなものだ。いつも最後の瞬間につけ加えられる。それぞれの塩の特徴をよく知った上でどれを使うかを選ぼう。あ、ただし、スーパーマーケットで売られている顆粒状の精製塩は使わないように。

ぜひとも使ってみたい塩リスト

ふだん使いしたい塩

無精製海塩（微粒）	ヨード香	あらゆる加熱調理向き。とくに水分の少ない加熱調理に使うと、軽いサクサク感とほのかなヨード香が残るのでおすすめだ。加熱後の料理に食感のインパクトを与えたいときにも使える。
無精製海塩（粗粒）	強いヨード香	日常的な加熱調理向き。粒が大きく、硬すぎず、柔らかすぎず、やや湿り気がある。ミネラル香と強いヨード香を持つ、繊細な味わいの塩。厚めの食材の調理後の仕上げにふってもよい。
フルール・ド・セル	ヨード香	高い香りと味わいを生かすために、加熱後の仕上げに使われる。繊細な食感で、わずかにサクサク感がある。野菜、肉料理、魚料理のいずれにも合う。
ダイヤモンド・クリスタル・コーシャー・ソルト	塩味控えめ、ヨード香弱め	フレーク状で、非常に軽く、大きさはまちまち。結晶がピラミッド形で、食材に付着しやすい。指でつまみやすくて正確な分量をふれるので、調理中のどんなタイミングでも使いやすい。

こだわりの塩

マルドンの塩 	ヨード香	イギリス南部の海岸沿いで生産される塩。大きさが不揃いで、ピラミッド形の結晶を持つ。ヨード香、サクサク感、溶けにくさが特徴。どんな料理でも仕上げに使うのに適している。ぜひとも持っておきたい塩。
アラスカ・スモークド・フレーク	ほのかなスモーク香	やや湿り気のある繊細な粒で、食材に付着しやすい。結晶はピラミッド形をしており、フレーク状でとてももろい。サクサクした食感。肉料理、脂がのった魚、大きめにカットした野菜に合う。
ハレンモンの塩	弾けるような食感	ウェールズのメナイ海峡で生産される塩。ムラサキガイ床、砂層、炭層の順に海水が濾過されたことで生成され、フレーク状のサクサクした粒が特徴。チーズ、野菜、とろりと濃厚なスープに合う。
ハレンモンの燻製塩 	弾けるような食感スモーク香	ハレンモンの塩をスモークしたもので、オークの香りがする。ミルフイユのように複数のサクサクした層が重なっていて、パリパリ感がある。チーズ、パスタ、赤身肉、野菜に合う。

希少な塩

ヒマラヤのピンク塩	酸味	鉄分が含まれているのでピンク色をしており、サクサクした食感で、軽い酸味がある。美しい色を生かして、肉、魚、野菜のいずれでも淡い色合いの食材に使いたい。
ハワイの黒塩	ほのかなスモーク香	塩化ナトリウムに天然の溶岩が10%も含まれた塩で（不純物がこれほど多いのは非常に希少）、透明感があって美しく、意外性があり、飾りとして最適。鶏肉などの白身の肉、寿司、魚のグリル、フルーツサラダなどに。
ハワイの赤塩	ミネラル香	黒塩と同様に、ミネラル分を豊富に含む。乾燥時に火山性の赤粘土を添加しているので赤茶色をしている。貝類や甲殻類、豚肉、フルーツサラダに合う。
フレーバーソルト	トリュフ、ハーブ、キノコ、チーズ、レモン、サフラン、ニンニクなどの香り	素材を生かした、あまり手を加えていない料理の仕上げに使う。原産地や製法によって食感はまちまち。香りや味の強さ、品質なども種類によって差がある。

著者が使っている塩

- **調理用**：イル・ド・レの粗塩と微粒塩、
  ダイヤモンド・クリスタル・コーシャー・ソルト
- **仕上げ用**：フルール・ド・セル、
  マルドンの塩（燻製／無燻製）、
  ヒマラヤのピンク塩、ハワイの黒塩と赤塩

あとは料理用ではないけれど、曽祖母が作ったラベンダーのバスソルトも……。

焼く直前に肉に塩をふると、ジューシーに仕上がる

« Saler les viandes, juste avant cuisson, les rend plus juteuses. »

肉がパサついてしまうので、焼く直前に塩をふらない

« Ne surtout pas saler les viandes avant cuisson parce que ça les assèche. »

いずれも有名星つきシェフの言葉だ。
ふたりとも有能な料理人なのに、
なぜ真逆のことを言っているのだろう?
ちょっと調べれば簡単にわかることなのに。

どこが間違い?

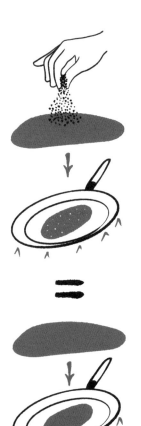

焼く前に塩をふってもふらなくても、
結果は同じ。

どうしてふたりの有名シェフは「直前に塩をふる」行為について真逆のことを言っているのか? 理由は単純。本当はどちらも変わらないからだ。つまり、焼く直前に塩をふっても、肉はジューシーにもパサパサにもならない。

なぜこんなことになったのか? それは、ふたりともそもそも誤った考え方をしているからだ。つまり、「塩は加熱中に肉の奥に浸み込む」と思いこんでいる。

ふたりとも、基本的なことをなおざりにしている。

まず第一に、焼いている肉からは、水分が外に抜けて蒸気になる。そして、塩は水の流れに逆らえない。つまり、加熱中に塩は肉の中に入れない。

第二に、焼いている肉の表面には、乾燥した硬い層ができる。その層の上では塩は溶けない。つまり、加熱中に塩は肉の中に入れない。

実際、走査型電子顕微鏡を使って調べた科学者たちがいる。直前に塩をふった肉を焼いて、肉の内側にどのくらい塩が浸み込んだかを確かめたのだ。

その結果、塩はまったく中に入っていなかった。そう、これっぽっちも形跡がなかったのだ。1ミリも見当たらない。影も形もない。塩をふらずに焼いた肉と比べてもまったく同じ。全然変わらなかったのだ。

思い込みは恐ろしい……。

塩信仰は、まるで魔法を信じるようなものだ。

調理科学の視点

肉を焼く直前に塩をふる。これは魔法や呪文のようなものだ。昔から信じられている言い伝えにすぎない。

本当はどうなっているかを理解するために、ちょっとした実験をふたつほどやってみよう。

　1. まず、生肉に塩をのせてみて、どうなるかを調べる。……ここまでするなんて親切だなあ、ぼくって。まあ、やってもやらなくても同じだけど。

　2. さて、次が本番。直前に塩をふった肉を焼いてみて、どうなるかを調べる。塩をふらない肉の場合は塩は中に入らないので（当然だが）、そちらは割愛する。

フェアプレーの精神にのっとって、肉は牛リブロース肉を使う。この肉は断面に対して繊維が垂直なので、塩が中に浸み込みやすい。逆に牛ハラミ肉（バヴェット肉）は、断面に対して繊維が平行なので浸み込みにくい。塩も浸み込みやすい微粒塩を使用する。ほらね、ぼくってフェアだろう？

調理科学の視点（続き）

生肉の上に塩をふるとどうなるか？

ぼくは今、右手にゲランドの微粒塩（高品質の塩だ）、左手に新鮮な牛リブロース肉を持っている。では、肉の上にふつうに塩をふろう。表面にまんべんなく塩が行きわたるよう、10cmほどの高さからふる。さあ、結果を見てみよう。

4分後
肉の表面にのっている塩の粒が湿り気を帯びはじめた。

20分後
さあ、ここからが大切だ。表面の水がゆっくりと再吸収されていき、溝に水たまりが残っているだけになった。

25分後
さらに水が再吸収され、溝に溜まった水の量もごくわずかになった。

30分後
ますます水の再吸収が進み、溝の水もほとんどなくなった。

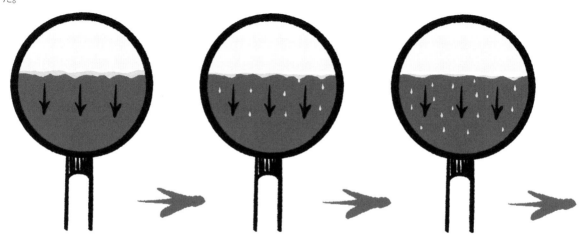

8分後
肉の中から水が出てきて、表面が濡れて光っている。

12分後
表面には塩の粒が残っている。肉の溝に小さな水たまりができた。

15分後
塩の粒が消えた。表面が全体的に水で濡れてキラキラと輝いている。

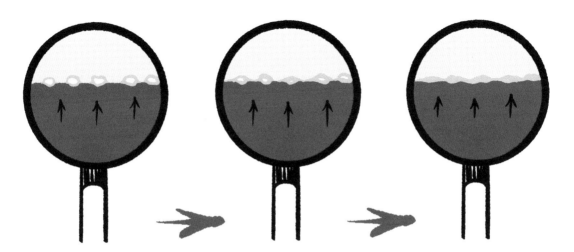

35分後
溝の水が消え、最初と同じ状態になった。水はすべて再吸収された。

結論
塩の脱水作用と浸透圧（P.164〜165）によって、確かに肉からは少量の水が出る。だがそれはごくわずかな量だ。肉の塊が肉汁の海に沈むことは決してない。そして、水が抜けきるには時間がかかる。おそらく皆さんの想像以上に時間がかかり、だいたい8〜15分。ただしこれは牛リブロース肉の場合で、牛ハラミ肉ならその倍はかかる。これは肉の加熱時間よりずっと長い時間だ。肉を焼く時間は5分程度なので、まだ塩の粒が残っていて、表面がうっすらと湿っている程度だろう。つまり、肉を焼いている間は、水が抜けることも再吸収されることもないのだ。したがって、焼く直前に塩をふったからといって、肉はパサパサにもジューシーにもならない。

この実験のおかげで、有名シェフたちの思い込みはどちらも間違っていることが明らかになった。だがぼくはこの大昔の伝説とはとことん戦いたいので、肉を焼いている間のことも調べてとどめを刺したいと思う。
突撃！

調理科学の視点（続き）

肉の上にふった塩は焼いている間にどうなるか？

ここから少し技術的な話になるが、なるべくわかりやすく説明しよう。読者の皆さんを置いてけぼりには決してしない。ぼくは確かに嫌なやつかもしれないが、根はやさしいんだ。

肉を焼いている間に起こる物理的な現象のせいで、牛リブロース肉に直前に塩をふろうがふるまいが結果は変わらない。

ふだん気づきにくいことをきちんと理解してもらうために、図解して説明する。

肉の表面に油を塗ると……

塩を（そしておそらくコショウも）ふる前に、肉の表面に油を塗る人は少なくないだろう。だがそうすると、油の膜に妨げられて塩の粒と肉の水分は接触できなくなる。水がなければ塩は溶けず、したがって肉にはまったく塩が入らない。

油の飛び散り

蒸気の勢いによって、肉にあらかじめ塗っておいた油などが外に飛び散る。塩の粒も例外ではない。油の粒子にからまりながらあちこちに飛ばされる。

表面の硬い層

さらに加熱が進むと、熱したフライパンに触れた肉の表面に、カリッと乾いた硬い層ができる。この時点まで（運よく）表面に残っていた塩の粒も、この層に阻まれて水分と接触できなくなる。水がないと塩の溶解が進まず、肉の中に入れなくなる。

重力

重力の法則はどんなに小さなものでも見逃してくれない。塩の粒も同様だ。肉を焼いている間、表面の塩の粒はフライパンに落ちる。そうなると、肉の内側には入れない。

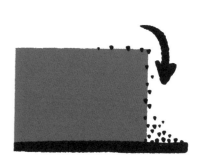

水分の蒸発

熱したフライパンの上に肉をのせると、すぐに白い煙が出る。これは肉の表面とそのすぐ内側の水分が蒸発したものだ。肉の内側から外側に向かって勢いよく発せられるこの蒸気によって、塩は外に跳ね飛ばされる。

たとえ浸透圧があっても……

肉の片面を焼く時間はおよそ2〜3分だ。だがその間、肉の表面にふった塩は湿りも溶けもせず、ましてや拡散作用によって再吸収されることもない。そして、肉をひっくり返すと塩は下に落ちてしまう。

蒸気の噴出

肉が焼けるにつれて、噴出する蒸気の量も増えていく。肉の繊維が縮まり、肉汁が排出される。蒸気が出るほど、肉汁も増える。それにつれて、塩の粒もどんどん外に跳ね飛ばされる。

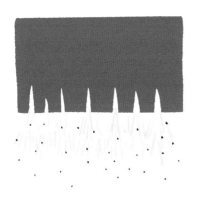

結論

焼く直前に肉の上にふった塩は焼いている間にどうなるか？ 難しく考える必要は何もない。

フライパンやグリルで肉を焼くのは、熱した油でフライドポテトを揚げるのとよく似ている。いずれの場合も、180℃ほどの高温の油を介して火を入れる調理法だ（調理器具は、肉の場合は底が浅いフライパン、フライドポテトの場合は底が深いフライヤーや鍋を使うが）(P.84〜87)。物理的なメカニズムはまったく同じ。食品に含まれる水分が蒸気として排出されるため、その勢いに逆らって中に物質が入り込むことはできない。塩も、コショウも、そしてフライドポテトの場合は油も同様だ。

つまり、牛リブロース肉であろうが、ステーキ肉やローストビーフ肉であろうが、焼く直前に塩をふる行為は自己満足でしかないのだ。グランシェフになった気分は味わえるが、それによって肉がジューシーで柔らかくなるわけでも、表面にカリッとしたおいしい層ができるわけでもない。もしかしたら肉の表面に数粒くらいは残るかもしれないが、ほとんどの塩は肉汁や脂とからまってフライパンに落ちてしまう(あ、バーベキューなら炭の中に)。

それに、皆さんはお気づきだろうか？ 焼く直前に塩をふる人のほとんどは、食べる直前にもう一度塩をふっている。もちろん、そのままでは味がしないからだ。もしかしたら誰もが無意識のうちに、焼く直前に塩をふっても何の意味もないことに薄々気づいているのかもしれない。……まあ、たとえ薄々であっても気づくだけマシだ。

フライパンの上の油

やがて、フライパンの上に油の層ができる。焼きはじめる前に引いた油と肉から出てきた脂が混ざったものだ。塩の粒はこの油の層に包みこまれ、水分と接触できないので溶解が進まない。もちろん肉の中にも入れない。

これが正解！

肉に塩をふるもっとも効果的で正しいやり方は、前述した実験の結果を見れば明らかだ。

肉の上に塩をふると、浸透圧によって中から水が出てくる。すると肉の表面に濃い塩水がうっすらと溜まり、やがて肉の中に再吸収されていく。これを拡散作用という（P.164〜165）。これによって肉は失った肉汁をすべて取り戻し、それと同時に塩も吸収する。

肉の中に入った塩水は、肉全体にまんべんなく広がる。この拡散作用が終了するまではかなり時間がかかるので、前もって塩をふっておく必要がある。あとは辛抱強く待っていさえすれば、肉に均一に塩味がつき、風味（の一部）が引き立ち、塩がタンパク質に働きかけることで肉質が柔らかくなる。

以下、詳しく説明しよう。

時間が経つのをじっと待とう

すでに科学者によって、肉に塩がしっかり浸み込むまでの時間が計算されている。

まず、肉の部位やカットの仕方によって異なる。

• 肉の繊維が断面に対して垂直の場合（牛リブロース肉、仔牛骨つきロース肉など）：繊維の先がホースの先端のようになっているので、塩が比較的浸み込みやすい。

• 肉の繊維が断面に対して平行の場合（牛ハラミ肉、ローストビーフ肉など）：コラーゲン質の半透膜に繊維が覆われているため、塩が浸み込みにくい。

さらに、肉の種類によっても異なる。鶏肉と豚肉は、牛肉や仔牛肉より塩が浸み込みやすい。

塩が肉の深さ1mmまで浸み込むのに要する時間を知っておこう。

• 肉の繊維が断面に対して垂直の場合：30分〜1時間
• 肉の繊維が断面に対して平行の場合：1時間〜1時間30分

いやいや、変換エラーでもタイプミスでもない。わずか1mmの浸透にこれだけの時間がかかるのだ。したがって、肉全体に浸み込ませるにはこのくらいかかる。

• 厚さ2cmの牛ハラミ肉：15時間
• 牛リブロース肉：24時間
• ローストビーフ肉：40時間（！）

つまり、焼く直前に塩をふるなんて……ちゃんちゃらおかしいのだ。

肉の水分はいったん外に出て、あとから再吸収される。

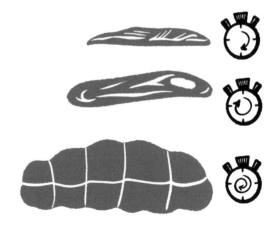

塩が浸み込む早さは、肉の繊維の方向によって異なる。

ジューシーな肉にするには

塩を肉にしっかり浸み込ませると、塩味が全体に行きわたるのに加えて、肉質が柔らかくてジューシーになる。どうしてか？ それは科学的に説明がつく。肉に含まれているタンパク質はらせん状の構造をしており、加熱すると大量の肉汁を排出しながらねじれて縮む性質を持っている。だから焼きすぎた肉は硬くてパサパサになってしまうのだ。

ところがこのタンパク質が一定時間塩と接触すると、構造が変化してねじれたり縮んだりしにくくなる。肉汁も排出されにくくなり、柔らかくてジューシーな肉に焼き上がる。

ミンチした肉は特殊なケース

ただし、ミンチした肉の場合はまったく事情が異なる。この機会に、子どもたちが大好きなハンバーグの作り方を考えなおしてみよう。

肉を挽いたり細かく切ったりすると、中に含まれるすべての物質が破壊される。タンパク質のほとんども外に排出される。そこに塩を加えて混ぜると、急速にタンパク質が変質する。からまり合ってねばねばしたジェル状になり、肉の欠片同士が互いにくっつき合う。これは肉のテリーヌやパテを作る際に最適な詰めものになる。もし肉の塊が大きければ、たとえ塩をふっても表面しかジェル状にはならない。だがミンチした肉の場合は内側までジェル状になるため、テリーヌの詰めものにすると肉同士が張りついて崩れにくくなる。スーパーマーケットに売られているフランクフルトソーセージの断面のようになるのだ。

ミートボールを作る場合も同様だ。ひき肉に塩を浸み込ませて全体をジェル状にすると、ソースで長時間煮ても形が崩れない。だが、ハンバーガーに使うパティなどスピーディーに焼き上げるものは、逆に肉をジェル状にしないようにしよう。

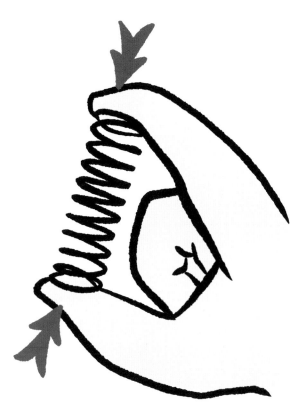

タンパク質の構造はバネに似ている。

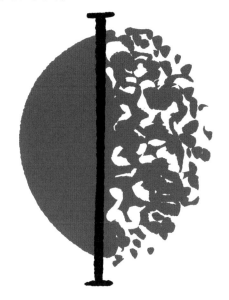

ミンチした肉は、塩を浸み込ませるか否かで食感ががらりと変わる。

魚がパサついてしまうので、焼く直前に塩をふらない

« Il ne faut jamais saler le poisson avant cuisson, sinon il devient sec. »

またしても大昔の伝説だ。
肉だけでもうんざりなのに、
魚までそんなふうに言われたらもう我慢の限界だ。
何でもかんでも信じ込むのはやめよう。
事実だけを、本当の真実だけを信じよう。

どこが間違い？

確かに、塩をふった魚の切り身からは水が出る。それは確かだ。間違いない。そして肉より魚のほうが水が出るスピードも早い。しかしだからといって、塩はすぐに切り身の奥まで入り込むわけではない。スターウォーズのジェダイのようにフォースでも使わない限りそんなことにはならない。

まず、魚の皮目からは塩は入らない。10%の脂肪分、30%のコラーゲンによって、魚の皮は外から侵入しようとするものをしっかり防いでいるからだ。

一方、コラーゲンが少ない魚の身からは確かに塩が入りやすい。だが、浸透圧によって中から大量の水が出てくるにはかなり時間がかかる。魚が焼き上がるまでの時間、そして拡散作用によって魚の内側全体に塩が行きわたるまでの時間よりはるかに時間がかかる（P.164〜165）。

それに、魚を焼いている間も、肉のときと同様に蒸気が勢いよく噴出されるので、塩は身の内側には入れない（P.28〜35）。

ということで、切り身だろうが、一尾丸ごとだろうが、焼く直前にふった塩のせいで魚がパサつくことは断じてない。もし魚がパサパサになったとしたら、それは単に焼きすぎただけにすぎないのだ。

魚は、焼く前に塩をふったり
塩水に漬けたりしてもパサつかない。

塩をふった魚からは確かに水が出る。だがそれには時間がかかる。

調理科学の視点

魚に塩をふると、肉と同じ現象が起こる一方（P.28〜35）、そのスピードは肉よりはるかに早い。パサパサになるどころか、魚に関しては塩をふるほうがずっとメリットが大きい。

水が出るより焼き上がるほうがずっと早い

魚の種類によって脂肪分の含有量など身の状態は異なるが、塩をふってから中の水が表面に出てくるまでにだいたい5〜7分かかる。魚が焼き上がるほうがずっと早い。それに焼いている間は、熱された魚から噴出する蒸気に押し返されて、塩は中に入れない。

魚に塩をふっておかないと、焼いたときに白っぽい泡が出る。

より光沢が出ておいしく焼き上がる

魚の切り身を焼くと、表面に少しずつ白っぽい泡が現れる。これは魚に含まれるアルブミンというタンパク質が熱され、凝固して浮き上がってきたものだ。
塩はこのアルブミンの性質を変えて、凝固して浮き上がるのを抑制する。これによって魚の身は透明感と光沢が出て、よりおいしく焼き上がる。

身が引き締まって、風味がよくなる

魚に塩をふると、浸透圧によって身から水が出てくる。出てきた水の一部を軽く拭きとることで、魚の味が濃くなり、身が引き締まる。身が引き締まると噛む回数が増えるので、舌の上の味蕾に味が伝わりやすくなり、香気成分も唾液にしっかりと溶けて嗅粘膜まで上りやすくなる。つまり、より風味が高く感じられるのだ。

魚にあらかじめ塩をふっておくと、身が引き締まる。

これが正解!

そもそも「焼く直前に」というタイミング自体が間違っている。早めに塩をふっておけば結果は変わってくる。塩は魚の性質を変化させられるので、上手に使えば魚の身をよりおいしくできる。

プロの料理人のように塩をふろう

信じられないかもしれないが、塩は魚の本来の風味を引き出してくれる。プロの料理人、とくに優秀な寿司職人はそれをよく知っていて、実際に調理をするかなり前に魚に塩をふっておく。

20分前に塩をふろう

魚の切り身の両面にたっぷりと塩をふる。排出した水に魚が浸からないよう、金網の上、あるいは斜めにした皿の上にのせる。そのまま冷蔵庫に20分置く。冷水でよくすすぎ、クッキングペーパーでしっかり水分を拭きとってから焼きはじめる。簡単だからぜひ試してみよう。

前日に塩をふろう

魚の品質を改善したいなら、調理する前日に軽く塩をふっておこう。金網や斜めにした皿の上にのせて、ラップフィルムをかけて冷蔵庫に入れて一晩置く。翌日には身がしっかりと引き締まって、どんなに安っぽい魚でもまるでマグロのような食感になっているはずだ。

プロの料理人は黙って
魚にあらかじめ塩をふる。

早めに塩をふっておこう。

魚の食感を変えたいときは、
前日に塩をふっておいてもいい。

丸ごと一尾に塩をふろう

皮つきの魚一尾の場合、両面と腹の内側に塩をふる。多めの塩をまんべんなくふりかけて、内臓を取り除いた腹の中にもしっかりと塩を広げる。金網にのせて冷蔵庫に入れる。ラップフィルムはかけない。腹の内側に塩が均等に行きわたるよう、20分経ったら魚をひっくり返す。腹の内側には消化器官を守るための粘膜がついているので、塩を浸みこませるためにしっかり時間を置くこと。冷蔵庫に一晩置くのが望ましい。

魚一尾の外側と内側に塩をふり、
20分経ったらひっくり返す。

塩水に漬けよう

皮なしの切り身の場合、濃度6%の塩水（100mℓの水に塩およそ6g）に20分漬けておいてもよい。より光沢が出て、身が引き締まり、ジューシーにおいしく焼き上がる。冷水でよくすすぎ、クッキングペーパーで水分をしっかり拭きとってから焼きはじめよう。

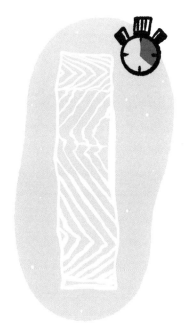

切り身を塩水に漬けるのも効果的。

砂糖を加えよう

サーモンやマスのように脂がのった魚の場合、塩の分量の4分の1ほどを砂糖に代えてみよう。焼いたときに表面がカラメリゼされて、正直言ってめちゃくちゃおいしい。一度やったらやみつきになるかもしれない。

少し砂糖を加えると
表面がカラメリゼされる。

焼く直前に野菜に塩をふると、大量の水分が出てべちゃべちゃになる

« Saler les légumes avant la cuisson leur fait perdre beaucoup d'eau et les transforme en purée. »

焼く直前にナスやズッキーニに塩をふって、
焼きすぎてしまえばもちろんそうなる。
だが、もう少し早めに塩をふっておけば、
まったく別の結果になるはずだ。

どこが間違い？

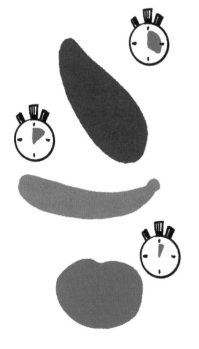

野菜は種類によって水分が出る量と
早さが異なる。

焼く直前にナスやズッキーニに塩をふれば、焼いている間に大量の水が出るのは当たり前だ。そもそも、焼いている間にフライパンが水浸しになるのを防ぐため、あらかじめ塩をふってあえて水分を出しておくものなのだ。

だが、水の出かたは野菜によって異なる。ナス、ズッキーニ、トマトなどは、水をたっぷり含んだ大きな細胞で構成されているので、塩をふるとすぐに大量の水が出る。一方、ニンジン、インゲン豆、アスパラガスなどは細胞が小さく、ゆっくりと少しずつしか水が出ない。試しに、ニンジンやインゲン豆を少量の油と一緒にフライパンで炒めてみよう。水はほとんど出ないはずだ。だがこれがナスやズッキーニなら、野菜が水浸しになるほどの水分が出てくるだろう。

調理科学の視点

肉や魚にあらかじめ塩をふっておくと、浸透圧と拡散作用によって素材のジューシーさが保たれることはすでに見てきた（P.164〜165も参照）。だが、野菜の場合は少し事情が異なる。塩をふって水分を排出させると、素材が柔らかくなり、味が凝縮される。そのプロセスは途中までは肉や魚と同じだ。野菜に塩をふると浸透圧によって水が排出される。だが肉や魚と違って、野菜は繊維ではなく細胞で構成されている。これが大きな違いだ。野菜の細胞が塩に触れると、細胞内に含まれる水分の一部が排出され、膨圧（細胞内に溜まった水で細胞膜が膨らみ、内側から細胞壁を押している状態のこと）が弱まる。細胞壁ペクチンのネットワークで細胞同士がつながったまま、ひとつずつの細胞は縮んで柔らかくなる。
そして肝心なのはこれからだ。拡散作用によって野菜に塩が浸み込むと、今度はこの細胞壁ペクチン自体が破壊され、これにくっついていた味分子がはがれ落ちる。すると咀嚼したときに素材の味がしっかり感じられるようになる。そうでないと、野菜を食べても味の一部しか感じられない。

塩に接触することで水分が排出されて、
野菜の細胞は縮んで柔らかくなる。

これが正解！

塩をふることで、野菜の細胞の構造が大きく変化することはわかった。ではそれを利用して、おいしく野菜が食べられるよう工夫してみよう。うちの奥さんにも教えてあげないと……。

野菜は茹でるより、蒸し焼きにするほうが
おいしさを閉じ込められる。

野菜を茹でたり
蒸したりするのはもうやめよう

野菜を茹でたり蒸したりして食べる人は多いだろう。熱湯によって加熱すると、野菜の中の水分もほぼ沸騰して細胞がもろくなり、細胞壁ペクチンが破壊されて溶け出す。野菜は水分を失い、柔らかくなって食べやすくなる。
だが、たとえ野菜が柔らかくなっても、茹でたり蒸したりすると、素材の味の大半が水に流されて失われてしまう。

野菜は蒸し焼きにするのがいい

そう、おわかりだろうか？　細胞壁ペクチンを破壊して素材の味を引き出すには、茹でたり蒸したりする代わりに、加熱する3〜4時間前に塩をふっておけばいいのだ。そうすれば、細胞から水分と一緒に味分子が排出される。だが、水に流されて素材の味が失われることはない。むしろ逆に、素材の味が強調される。
そこで、野菜にあらかじめ塩をふっておいて、出てきた水と一緒にフライパンに入れて中火にかけよう。水が足りなければ少量の水を加えてもよい。それからフタをして加熱し、最後にフタをはずしてこんがりと焼き色をつけるとよい。

いつ塩をふるべきか？

うちの奥さんは塩をふるタイミングがわからない。いつも適当に塩をふっている。
そんな人のために、調理をするどのくらい前に塩をふればよいかが一目でわかるリストを作成した。
愛する妻よ、きみのために作ったよ。

3日前

しっかり厚みのある肉（ローストビーフ肉、牛や仔牛の肩ロース肉ブロック、もも肉ブロック、すね肉ブロックなど）

2日前

やや厚みのある肉（仔牛のローストビーフ肉、仔牛リブロース肉、豚もも肉、仔豚すね肉、仔豚ロース肉の塊、豚肩ロース肉、仔羊肩肉、ラムラック、ローストチキン用丸鶏、大型の家禽肉ホールなど）

前日

薄切りの肉（ステーキ肉、仔豚ロース肉、ラムチョップ、塩水に漬けておいたほうがよい乾燥豆類、大型で皮つきの魚一尾など）

20分前

魚の切り身（塩をふっても塩水に漬けても可）、生食用の野菜、茹で卵

調理中

新たに食材を加えるたびに、味見をしてから少量の塩を足す。

調理後

味見をしてから最高品質の塩を少量ふる。

12時間前

小型で皮つきの魚

3〜4時間前

丸のままの野菜

1時間前

鶏肉の切り身、あらかじめ水分を出しておく必要があるカット野菜（ナス、ズッキーニ、トマトなど）

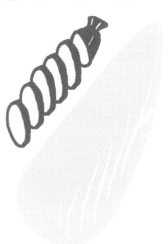

食べる10分前

カットトマト

早く焼き上げるには、火力を上げればよい

« Pour cuire plus vite, il suffit d'augmenter un peu la température de cuisson. »

そんなことをしては絶対にだめ！
これは完全に間違いだ。

どこが間違い？

こんなことを言う人は、ごく単純なことを忘れている。いわゆる「熱伝導」、正確に言うと「食品の内部における熱伝導」の仕組みだ。食品における熱伝導は、外側から内側へ、つまり熱が加えられている場所からそれ以外の場所へ向かって、主に水を介して進んでいく。そのため、食品の水含有量が少ないと熱は伝わりにくくなる。さらに食品の熱伝導率は、鍋やフライパンの材質である金属に比べて2000〜7000倍も低い。調理器具より食品のほうがずっと熱が伝わりにくいのだ。だからといって温度を上げると、水分蒸発量が増える上、強火で焼かれた表面がどんどん乾燥して硬くなるため、かえって熱が内側に伝わりにくくなってしまう。

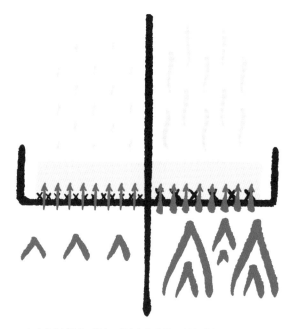

火力を上げると、強火で焼かれた食品の表面が乾いて硬くなり、
内側に熱が伝わりにくくなる。

調理科学の視点

ここでは野菜の話は脇に置いておこう。野菜を加熱する目的は、柔らかくして食べやすくすることにあるからだ。

一方、肉と魚を加熱する目的は、野菜とはまるで異なり、素材に弾力をつけることと有害な細菌を除去することにある。ぐにゃぐにゃと柔らかくてちっともカリッとしていない牛リブロース肉や、ぶよぶよして締まりのない魚の切り身など、誰も食べたくはないはずだ。

高温で肉に火を通すと、表面が乾いて硬くなり、内側まで熱が伝わりにくくなる。ステーキ肉の場合はそれでも構わない。それほど厚みがないので、中心まで火が通るからだ。だが、ローストビーフ肉のようにしっかり厚みがある肉の場合、熱が長距離を移動しなければならず、中心まで火が通るのにかなり時間がかかる。

移動する距離が長いのに加えて、もし肉の表面が乾いて硬ければ、熱の伝わり方はさらに遅くなる。中心まで火が通る頃には、肉は焼けすぎてがちがちになり、食べられたものではなくなってしまう。

食品の熱伝導に関しては、ある計算式が存在する。「厚みのある食品に火を通す場合、中心まで熱が伝わるのに要する時間は、基本となる食品との厚みの差の二乗に等しい」。つまり、基本となる肉に比べて2倍の厚みがある肉の場合、中心まで火が通るのに2の二乗で4倍の時間がかかる。3倍の厚みなら3の二乗で9倍、4倍の厚みなら4の二乗で16倍かかるのだ。

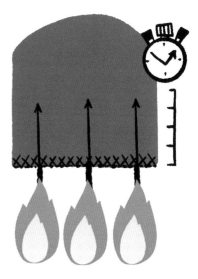

火力を上げると表面の温度は上がるが、
内側への熱の伝わり方は
決して早くならない。

これが正解！

火力を上げても何の役にも立たない。むしろ温度を低めに保つほうが、表面をパサパサにせずに中心まで火を通すことができる。それには3つの方法があり、それぞれにメリットとデメリットがある。

はじめに表面に焼き色をつけてから、火を弱めよう

もっとも一般的な方法。最初に強火で表面にこんがりと焼き色をつけ、それから弱火にしてゆっくり中まで火を通す。

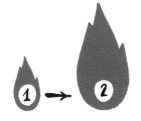

はじめに中心までじっくりと火を通してから、焼き色をつけよう

より高度なやり方。火を中までじっくり通した後で、表面にさっと焼き色をつけるのだが、そのときに火力をかなり強くする必要がある。肉の表面のタンパク質の凝固がはじまるので、きれいに焼くにはテクニックが必要だ。

低温で長時間火を入れよう

多くの人が目にしている一般的なレシピの加熱温度は、調理技術が未熟で、調理器具が発達しておらず、人々の味覚もそれほど洗練されていなかった時代に書かれたものだ。現在では、食品をより柔らかくジューシーに仕上げるために、低温で長時間調理するやり方が好まれている。

Le poulet rôti
ローストチキン

ローストチキン（プーレ・ロティ）の作り方ならよく知っている、
と皆さんは思うかもしれない。
え、タコ糸で縛ってまん丸に成形して焼くんだって？
だがこれでは胸肉がパサついたり、皮がぶよぶよになったりしてしまう。

いつものローストチキン

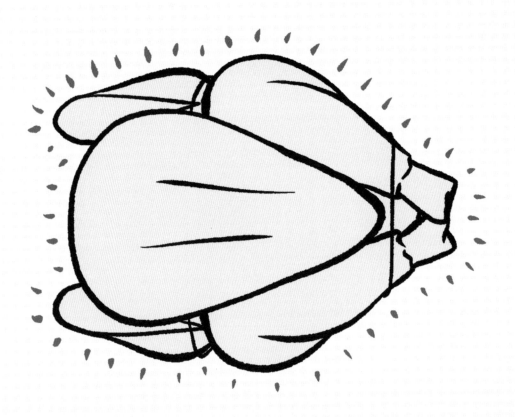

ぼくが提案したいのはこちら。
流線形のローストチキンだ。焼きムラができず、
身はジューシーに、皮はパリッと焼き上がる。
次に詳しく説明しよう。

アルテュール式ローストチキン
―

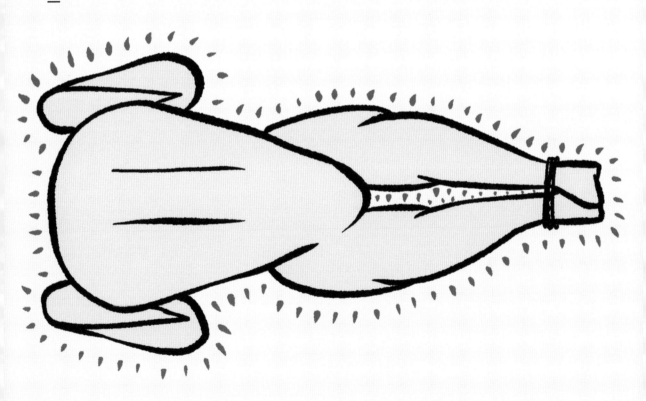

注意すべきポイント

理想的なローストチキンとはどういうものか？　身がジューシーで、皮がパリッとしていて、焼き汁がおいしいもの。うん、誰もがそう思うはずだ。作るのは簡単そうで、実際そうなのだが、そのためにはいくつか注意すべきポイントがある。これまで誰も言ってくれなかったことをここで教えよう。

❶
パサつき、焼きすぎ、
生焼けを避けよう

鶏肉は大きく3つの部位に分けられ、それぞれ特徴が大きく異なる。
●胸肉：あまり運動していない部位。白っぽく、分厚く、脂肪とコラーゲンがなく、パサつきやすい。
●手羽：胸肉より多く運動している部位。薄くて、脂肪は多いが、コラーゲンは少ない。
●もも肉：一日中運動している部位。やや厚く、脂肪が多く、コラーゲンも豊富。
それぞれの部位に適した温度で、中心まできちんと火を通せば、いずれも柔らかくジューシーに焼き上げられる。

●胸肉：65℃
●手羽：70℃
●もも肉：75℃
もも肉がせっかく柔らかくジューシーに焼けても、胸肉がパサついてしまうのはよくある話。焼きすぎてしまった胸肉から肉汁が失われてしまうからだ。塩がタンパク質の構造を変えることはすでに述べた。加熱されたタンパク質はねじれて縮み、大量の水分（肉汁）を排出するが、塩を浸み込ませればそれを抑制できる。つまり、肉に前もって塩をふっておけばよいのだ。

☞ 参照：熱伝導 P.44
　　　　塩 P.22

胸肉は65℃で焼ける。

手羽は70℃で焼ける。

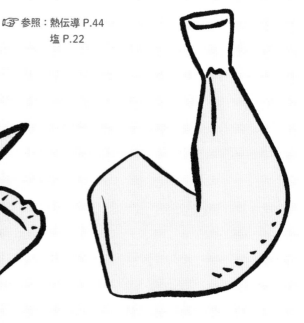

もも肉は75℃で焼ける。

❷ 皮をパリッとさせよう

皮をしっかり乾燥させるとパリッと焼き上がり、脂肪分を
溶かすとカリッとした食感になる。
皮の脂肪分を溶かすには、140℃で2時間以上オーブンに
入れ、加熱して液化して流し落とさなくてはならない。
さらに、皮をこんがり焼いてパリッとさせるには、250〜
300℃の高温でさっと加熱する必要がある。

☞ 参照：カリカリ感 P.84

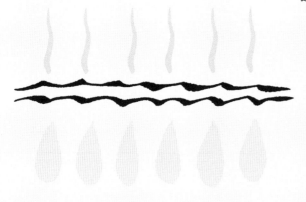

皮に含まれる水分を蒸発させ、脂肪分を溶かす。

❸ 焼き汁をおいしくするコツ

香味野菜やハーブの匂いが移り、肉の脂肪分が浸み込み、
皮から出た肉汁が流れ込むと焼き汁はおいしくなるが、そ
れには時間がかかる。
焼き汁が焦げつかないよう、温度調整にも気をつけること。
また、より多くの肉汁が出るように、焼き汁をスプーンで
すくってこまめに肉の上からふりかけるとよい（アロゼと
いう）。

☞ 参照：メイラード反応 P.68

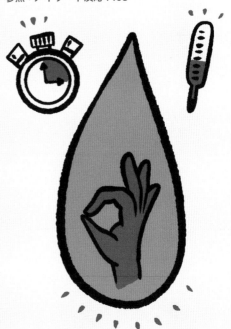

香味野菜やハーブの匂いが焼き汁に移るには、
低温でじっくり火入れする必要がある。

やりがちだけどやってはいけないこと

両脚を胴体にくっつけて
タコ糸で縛ると、
焼きムラができない

誰もが知っているやり方だが、これでは理想と真逆の結果を生むだけだ。
両脚を胴体にぴったりとくっつけると、もも肉には胴体と接していない外側からしか火が入らない。
だが、タコ糸をほどいて両脚を広げれば、両側から火が入る。一番火が入りにくいもも肉が早く焼けるので、胸肉も焼きすぎてパサパサにならずに済む。
そう、均一に焼くには、タコ糸をはずして両脚を広げるべきなのだ!

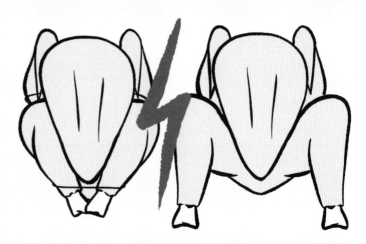

両脚を胴体から離すと焼きムラができない。

腹の中は骨に覆われているので、調味料を入れても肉に味はつかない。

肉に味をつけるには
腹の中に
塩コショウをふればよい

ここで解剖学のレッスンをするつもりはないが、これはあまりにも鶏の構造を知らなさすぎる発言だ。
鶏の腹の中は、下は肩甲骨と胸椎に、上は竜骨突起と軟骨に、両脇は肋骨に覆われている。
つまり、塩コショウだろうがハーブだろうが、骨の奥にある肉に味や香りはつけられない。
焼き汁には味がつくかもしれないが、肉そのものには無理だ。

肉の表面に油やバターを塗り、塩コショウをふってから焼きはじめる

こうする人はかなり多いが絶対にやめよう。

理由① コショウは50℃以上で焦げるので、肉が焼き上がる頃には焦げてしまう。

理由② 表面が油の膜に覆われるため、塩コショウは肉の中に入らない。

理由③ 油やバターが熱されて液化すると、塩とコショウも一緒に流れて下に落ちてしまう。一見よさそうに思えるが、実は何の役にも立たない。

片方のもも肉を下にして焼きはじめる

きっと誰もがこういう説明をどこかで読んだことがあるだろう。「もも肉には火が通りにくいので、まずは片方のもも肉を下にして15分焼き、ひっくり返してもう一方のもも肉も下にして15分焼こう」。だが、これはとんでもない間違いだ。

片方のもも肉を下にして焼いても、もう一方のもも肉もオーブン内の熱にさらされる。同時に胸肉も熱にさらされる。どこを下にしようが、何の役にも立たない。

もしこれが、コンロにかけた鍋や、オーブンに30分入れて熱しておいた鍋に入れるのならわかる。その場合、熱い鍋底に接したもも肉だけに火が通るからだ。だが、天板にのせたり鍋に入れたりしてオーブンに入れ、片方のもも肉を下にして焼きはじめても何の意味もない。

片方のもも肉を下にして焼きはじめても、オーブンに入れたのでは何の意味もない。

やっぱりロースターで回転させながら焼いたローストチキンが一番だ

ロースターで回転させながら焼くと、胸肉、もも肉、手羽のいずれにも同じようにしか火が通らない。もも肉がおいしく焼けた頃には胸肉は焼きすぎになり、胸肉がおいしく焼けた頃にはもも肉はまだ生焼けだ。つまり、常にどこかしらうまく焼けていない部位が出てくるのだ。

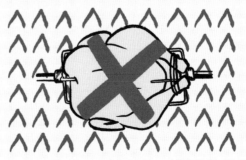

ロースターで焼いたローストチキンはいつも胸肉がパサパサだ。

Le poulet rôti d'Arthur
アルテュール式ローストチキンの作り方

いつものローストチキンなら作り方は簡単。鶏肉に塩コショウをして、表面にバターや油を塗り、180～220℃のオーブンで1時間30分焼くだけだ。だが、ここではもっとおいしく作れる方法を教えよう。少し時間はかかるが、それだけの価値がある仕上がりになるはずだ。

材料（4人分）
地鶏の丸鶏（1500～2000g）1羽
バター　150g
オリーブオイル　適量
好みの香味野菜とハーブ（ニンジン、タマネギ、ニンニク、タイム、ローズマリー、オレガノ、セイボリー、タラゴン、パセリなど）　適量
塩　少量

所要時間
下準備　25分
乾燥　2～5日
塩漬け　12時間
寝かせ　12時間+10分
加熱　2時間50分

7～4日前 / ⏱ 下準備：5分
　　　　　　 ⏱ 乾燥：2～5日

❶
両脚をまっすぐに伸ばして皮を乾燥させる

なぜ？

前述したように、両脚を胴体にぴったりくっつけると外側からしか火が入らない。もも肉を均一に焼き上げるには、両脚を胴体から離して内側からも火が入るようにしよう。
皮をあらかじめ乾燥させておくとパリッと焼き上がる。冷蔵庫に入れておく時間はなるべく長いほうが望ましく、最短でも2日間。よりパリッとさせたいなら3～5日間乾燥させるとよいだろう。

両脚を上にして吊るしておく。

背中を下にして冷蔵庫に入れる。

どうやって？

精肉店で鶏肉を購入するとき、数日間冷蔵庫で寝かせてから焼く旨を伝えよう。新鮮なものをくれるはずだ。スーパーマーケットで買うなら、消費期限を確かめて新しいものを選ぼう。両脚を留めてある糸をほどいてまっすぐに伸ばす。その際、次のいずれかを行う。
やり方① 両脚を両サイドに広げる。ただし、ちょっとだらしない形になる。
やり方② 両脚を縦に伸ばす。縦に伸ばすとももも肉の厚みが薄くなるので、早

く火が入る。数分ほど引っ張っていれば自然に伸びるが、両足の先端を糸で結べば簡単だ。結んだ糸をフックに引っかけて吊るし、完全に伸びたら冷蔵庫に入れる。見慣れた丸鶏とはまるで違う、すらりとした姿になるはずだ。
皮を乾燥させるには、胸肉を上にして金網にのせて冷蔵庫に入れる。金網がなければ、縁のついた皿の上に2本の箸、金串、丸めて伸ばしたアルミホイルなどをのせて、その上に鶏肉をのせ

る。下から空気が通るようにするのが肝心だ。そのまま2～5日間置いて乾燥させるが、皮がまんべんなく乾くように1日ごとに箸（金串など）の向きを変えること。身も乾いてしまうのではと心配するかもしれないが、外側は皮に、内側は骨に守られているので大丈夫。空気に触れなければ乾燥はしない。

2日前 / ⏰ 下準備：5分 ⏰ 塩漬け：12時間

❷
胸肉の皮と身の間に 塩を入れる
―

胸肉の皮をはがして、身に塩をふる。

なぜ？

前述したように、あらかじめ肉に塩をふっておいて中まで浸み込ませると、タンパク質の構造が変わってジューシーに焼き上げられる（P.28〜35）。鶏胸肉の場合、焼いている間に出てくる肉汁の損失が40％は抑えられる。なかなかのものだろう？

どうやって？

胸肉の上の皮を指でそっとつまんで、身から皮をはがす。スプーンやゴムベラではがしてもよい。
胸肉と皮の間に小さじ1/4ほどの塩を入れて、指でまんべんなく広げる。中までしっかり浸み込ませるために冷蔵庫で一晩寝かせる。

前日 / ⏰ 下準備：5分 ⏰ 寝かせ：12時間

❸
胸肉の皮と身の間に バターを塗る
―

胸肉の皮と身の間にハーブを
混ぜたバターを広げる。

なぜ？

一石二鳥とはまさにこのことだ。これを行うだけで、あっさりしがちな胸肉がおいしくなり、しかもジューシーに仕上げられるのだから。
油脂は匂いを吸収して広げる働きを持つ。だから肉に香りをつけるには、単にハーブを加えるより、みじん切りにしたハーブをバターに混ぜて肉の上に塗るほうがずっと効果的だ。
胸肉にバターを塗ることで、焼いている間に液化したバターが全体に広がって膜を作り、肉汁の蒸発を防ぐこともできる。

どうやって？

好みのハーブ1種類または数種類をみじん切りにして、常温に置いて柔らかくしたバターに混ぜ込む。胸肉の皮と身の間に塗り広げて、冷蔵庫に入れて一晩寝かせる。

当日／ 🕐 下準備：10分　 🍽 加熱：2時間50分　 ⏱ 寝かせ：10分

❹ 鶏肉を前もって冷蔵庫から出してお……かなくてもよい

—

なぜ？

正直なところ、焼きはじめるときの鶏肉の温度はどうでもいい。前もって出しておくかおかないか、好きなようにすればいい（P.66〜67）。

どうやって？

いずれにしても、冷蔵庫から出した鶏肉は、クッキングペーパーで水分をよく拭きとって完全に乾かしておくこと。

❻ 叉骨を取り除く

—

なぜ？

胸肉を切り分けるとき、上の方にあるV字形の骨が引っかかってきれいにカットできないことがよくある。この骨は叉骨（人間の鎖骨）だが、焼く前にあらかじめ取り除いておこう。

どうやって？

V字の根元を手で上向きに引っ張って取り出す。

叉骨は「幸運の骨」とも呼ばれる。

❺ 脂の塊を取り出す

—

なぜ？

精肉店での処理の仕方によっては、鶏の腹の中に脂の塊が入ったままになっていることがある。これが残ったままだと焼き汁の味が悪くなるので必ず取り除く。

どうやって？

ナイフの先端を使って取り出す。

❼ アキレス腱を切る

—

なぜ？

加熱すると、下もも肉（ドラムスティック）のふたつの筋肉の片方は収縮して骨からはずれ、もう片方はアキレス腱に引っかかる。そのため、焼き上がったときに肉がちぎれたりアキレス腱が丸見えになったりして、見た目があまり美しくない。

どうやって？

アキレス腱を根元からナイフで切り、肉を骨からきれいにはがす。

不要なアキレス腱はカットしよう。

❽ 焼き汁をおいしくするための準備をする

—

なぜ？

焼き汁を単なる脂だと思っているなら、大きな間違いだ。焼き汁は肉を焼いた後に溜まるとろりとしたおいしい液体で、肉の味を引き立ててくれる。おいしいので、ぜひパンにつけて残さず味わおう。

焼き汁をよりおいしくするために、香味野菜やハーブをみじん切りにして天板に入れよう。小さくカットすることで風味を最大限に引き出せる。

どうやって？

香味野菜やハーブをみじん切りにする。ニンジン、タマネギ、ニンニク、マッシュルーム、タイム、ローズマリー、パセリ、タラゴンなどを好みで選ぼう。それらをオーブン用の天板に敷きつめ、バター（あまり高温にしない場合）、オリーブオイルを少量加える。もし精肉店から鶏首や手羽をもらえたら、2〜3つにカットして加えると焼き汁にコクが出る。焼いた肉から出てくる脂や肉汁がこれに加わることで、よりおいしい焼き汁になる。

あるいは、腹の中に詰めものをしてもよい。前述したように、腹の中に何を入れても肉の味には影響を与えない。だが、加熱された詰めものから出てくる汁によって焼き汁においしい味がつく。とくに少量のバターを加えると、肉汁の風味を逃さずに閉じこめてくれるのでおすすめだ。

EN OPTION
参考

詰めもの（ファルス）

||||||||||||||||||||||||||||||||||||||||||||||||||||||||||||||||||||||||||||||

FARCI AVEC DES CROÛTONS AILLÉS
ニンニク風味のクルトンファルス

- バゲットパン　1/4本
- オリーブオイル　大さじ1
- ニンニク　1片
- バター　大さじ1
- 好みのハーブ　適量

フライパンにオリーブオイルを入れて中火にかけ、角切りにしたバゲットパンを炒めてクルトンを作る。きれいに焼き色がついたら、クッキングペーパーにのせて冷ます。ニンニクの皮をむいて芽を取り除き、クルトンの全面にこすりつける。

鶏の腹の中にバターを入れ、クルトンと好みのハーブを詰める。

FARCI AUX FOIES DE VOLAILLE
鶏レバーのファルス

- 鶏レバー　200g
- オリーブオイル　大さじ2
- コニャック　大さじ1
- エシャロット　1片
  （皮をむいてみじん切り）
- マッシュルーム　大1個
  （さいの目に切る）
- ニンニク　2片（つぶす）
- 卵　1個
- パセリの葉　2本分（刻む）
- パン粉　大さじ2
- ナツメグパウダー　1つまみ
- バター　大さじ1
- 塩コショウ　少々

フライパンにオリーブオイル大さじ1を入れて強火にかけ、鶏レバーを2分ほど炒める。両面に焼き色がついたらバットに上げる。

熱いフライパンにコニャックを入れてフランベし、鶏レバーにかける。

フライパンに残りのオリーブオイルを入れて中火にし、エシャロットとマッシュルームを5分ほどかき混ぜながら炒める。ニンニクを加えてさらに2分ほど炒めてから取り出しておく。

鶏レバーを角切りにしてボウルに入れ、他のすべての材料を加えて混ぜる。塩コショウをふり、全体をよく混ぜ合わせる。鶏の腹の中に詰める。

FARCI D'ESTRAGON
タラゴンのファルス

- タラゴン　2束
- バター　大さじ2

鶏の腹の中にバターを入れ、ざっくりと刻んだタラゴンを加える。

UNE POINTE D'ACIDITÉ
レモンとハーブのファルス

- レモン　1個
  （軽くつぶして半分にカット）
- タイム1/2本または
  タラゴン1束（ざっくりと刻む）
- バター　100g

鶏の腹の中にバターを入れ、レモンとハーブを加える。

⑨ オーブンの予熱の温度を高くしすぎない

なぜ？

肉の中心まで火が入るには時間がかかるが、高温にすればいいというものではない。温度を高くしすぎると、肉のタンパク質がねじれて縮み、肉汁が排出され、肉質がパサパサになってしまう（P.44〜45）。
低めに温度を設定しておけば、中心まで火が通っても外側が焼けすぎにならない。肉全体に均一に火が通って、肉質もパサつきにくい。

どうやって？

オーブンを140℃に熱しておく。それ以上にはしないこと！

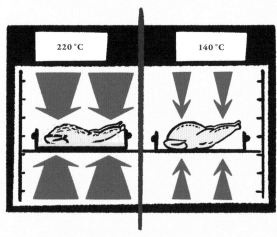

肉がパサつかないよう、
オーブンは低温に保つこと。

⑩ 胸を下にして鶏肉を置く

なぜ？

鶏肉の胸を上に、背中を下にしてオーブンに入れる人が多いと思うが、これからは決してそうしないように。胸肉を上にすると、上ヒーターから放射される赤外線が直接当たるため、他の部位より早く焼けてパサついてしまう。
逆に、胸を下にしてオーブンに入れると、下ヒーターと胸肉の間に天板が入るので、じかに放射熱が当たらずに済む。ゆっくり焼けるのでパサつきにくい。
そしてまたしても一石二鳥。焼いている間に肉汁が上から下へ流れ落ち、胸肉と皮の間に蒸気がたまるので、さらにパサつきにくくなるのだ。

どうやって？

実に簡単。胸を下にしてオーブンに入れればいい。焼いている間にひっくり返す必要はない。

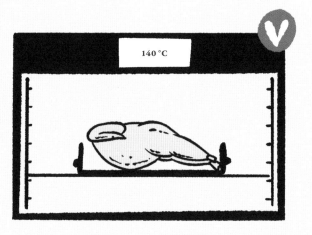

胸を下にしてオーブンに入れる。

11 天板を正しい位置に入れる

なぜ？

もも肉や手羽がある背中側は、胸肉より高い温度でないと焼き上がらないので、より強い火力が必要になる。
そのためには高さを利用しよう。オーブンの中段に天板を入れるのではなく、なるべく天井に近い上段に入れる。そうすると、背中側の肉は上ヒーターの放射熱をじかに受けるので早く焼ける。一方、下ヒーターの放射熱から遠く、天板によってオーブン全体の熱からもさえぎられている胸肉は低温でじっくりと焼ける。

どうやって？

天板をオーブンの上段に入れる。

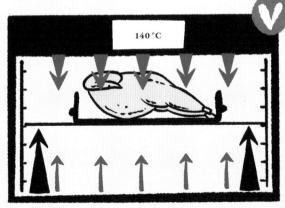

140℃

オーブンのなるべく上の段に天板を入れる。

12 鶏肉の上に油やバターをのせる

なぜ？

空気は熱を伝えにくい。だが、そこにバターや油が加わると、脂肪分がオーブンの熱を吸収して、すぐに鶏肉に伝えてくれる。
もうひとつメリットがある。脂肪分は皮から出てくる香りの大部分を吸収する。そのおかげで肉の香りが閉じこめられ、焼き汁もおいしくなる。

どうやって？

鶏肉全体に刷毛でオリーブオイルを薄く塗る。あるいは、鶏肉の上にバターをのせ、溶けたら全体を薄い膜で包むようにして刷毛で広げる。

脂肪分は熱伝導率を高め、味と香りを吸収する。

13
時間が経つのを
じっくりと待つ
—

なぜ？

本レシピでは、肉がパサつかないよう通常より低い温度で焼いている。そのため、しっかり中まで火が入るのに時間がかかる。

どうやって？

オーブンに2時間40分は入れること。そのくらい焼くと、もも肉は外がパリッとして中がしっとりとし、胸肉は中がジューシーに焼き上がる。

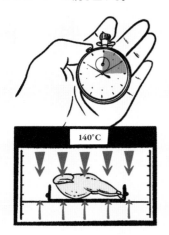

通常は200℃で1時間30分のところを、
よりおいしく仕上げるために
140℃で2時間40分、
さらに250〜300℃で10分焼こう。

14
焼いている途中でアロゼする
—

なぜ？

「身を柔らかくジューシーに仕上げるために、焼いている途中で鶏肉に焼き汁をふりかけよう」……と書かれているのを、どこかで読んだことはないだろうか？　そう、焼き汁をかける、つまり「アロゼ」は大切だ。だが理由が間違っている。焼き汁は皮の内側には決して浸み込まない。鶏の皮は水分を通さないからだ。いや、たとえ入ったとしても、以下のふたつの理由から肉の中には浸み込まない。

理由① 肉を加熱すると、中に含まれる水分が蒸気になって噴出する。蒸気が勢いよく噴出している間、液体はそれに逆らって中に入ることはできない。

理由② 脂肪の粒子は大きいので、肉の繊維の中に浸み込むことはできない。

そうではなく、アロゼは以下の3つの理由から行われる。

理由① 脂肪分はメイラード反応を促進し、焼き色をつけ、肉汁の量を増やす（P.68〜69）。

理由② 皮から出る肉汁が増えると、天板の下に流れ落ちる汁の量も増え、焼き汁がおいしくなる。

理由③ 肉汁を多く含む焼き汁をアロゼすることで、皮の上に肉汁の一部が残って皮がおいしくなる。

どうやって？

天板にたまった焼き汁をスプーンですくい、鶏肉の上からまんべんなくかける。15〜20分に一度ずつ行おう。

15
鶏肉を休ませてから、
再びオーブンに入れて
焼き色をつける
—

なぜ？

「ローストチキンを焼いた後は、肉を落ち着かせるために休ませる」……と書かれているのを、どこかで読んだことはないだろうか？　そう、休ませるのは正しい。だが、理由が間違っている。

肉を休ませると、肉の中心にある肉汁が毛管現象によって乾燥した部分に引きこまれるので、肉質がしっとりする。そして温度が下がることで、肉汁にわずかにとろみがついて、切り分けたときに外に流れ出しにくくなる。

ただし、問題がひとつ。肉を休ませてしまうと皮がしっとりと柔らかくなり、パリッとした食感が失われてしまう。

どうやって？

そこで、完全に焼き終えてから休ませるのではなく、10分休ませてから、再びオーブンに戻すとよい。オーブンから鶏肉を取り出し、天板にたまった焼き汁を鍋に空ける（他の調理やソースに使うこと）。オーブンを250〜300℃に設定する。鶏肉を10分寝かせて、熱したオーブンの中段に入れる。天板の向きを90度ずつ変えながら10分ほど焼いて、皮全体をまんべんなく乾燥させ、焼き色をつけてパリッとした食感にさせよう。

鶏肉を休ませてから、再び高温の
オーブンに入れて焼き色をつける。

鶏肉に焼き色をつける前に

| | | |

AIL EN CHEMISE
皮つきニンニクのコンフィを作る

- 皮つきニンニク　10片

鶏肉をオーブンから出す40分前に、天板に皮つきニンニクを入れる。焼き汁をアロゼしながらゆっくりと火を入れる。

DES CROÛTONS DORÉS
POUR UNE BELLE SALADE
こんがり焼いたクルトンを作る

- バゲットパン　1/4本
　（小さめの角切り）

鶏肉をオーブンから出す20分前に、天板にバゲットパンを入れる。焼き汁の味と匂いをつけながらこんがりと焼き上げる。
出来上がったクルトンは、ローストチキンに添えるサラダに散らして使おう。

DES HERBES FRAÎCHES
フレッシュハーブで香りをつける

- 好みのハーブ
　（パセリ、オレガノ、タラゴン）
　10本（ざっくりと刻む）

鶏肉をオーブンから出す10分前に、天板にハーブを加えて焼き汁に香りをつける。

鶏肉が焼き上がった後に

PRÉSENTÉ SUR UNE SALADE
ルッコラサラダ

- ルッコラ　1束
- パルミジャーノ・レッジャーノ
　適量（削る）
- レモン　1個（果汁を搾る）
- オリーブオイル　適量
- 鶏肉の焼き汁で焼いたクルトン
　数個

オリーブオイルとレモン果汁を混ぜてドレッシングを作る。
ルッコラをボウルに入れ、ドレッシングとクルトンを加えて混ぜる。
鶏肉が焼き上がったらすぐに切り分けて、パルミジャーノ・レッジャーノを散らしたルッコラサラダを添えて供する。

LA CARCASSE
鶏ガラ

鶏ガラは捨てないこと。ファスナーつきプラスチックバッグに入れて冷凍し、フォン・ド・ヴォライユ（鶏のだし）を作るのに使おう（P.144〜163）。

まとめ
いつものローストチキン vs.
アルテュール式ローストチキン

いつものローストチキン —
🕐 下準備：10分　🍲 加熱：1時間〜1時間30分

アルテュール式ローストチキン —
🕐 下準備：25分　🕐 乾燥：2〜5日　🕐 塩漬け：12時間　🕐 寝かせ：12時間10分　🍲 加熱：2時間50分

J-5　　　　　　　　　　　**J-2**　　　　　　　　　**J-1**

7〜4日前
鶏肉の両脚をまっすぐに
伸ばし、足の先端を糸で
結ぶ。
冷蔵庫で2〜5日寝かせ
て皮を乾燥させる。

2日前
胸肉の身から皮をそっと
はがし、塩小さじ1/4を
皮と身の間に入れて全体
に広げる。
塩を浸み込ませるために
冷蔵庫で一晩寝かせる。

1日前
みじん切りにしたハーブ
を混ぜたバターを、胸肉
の皮と身の間に広げる。
冷蔵庫で一晩寝かせる。

確かに一見したところ、いつものローストチキンに比べてぼくのローストチキンは時間がかかって面倒くさそうかもしれない。だが、こうして比較してみたら意外と悪くないと思わないか？

材料（4人分）
地鶏の丸鶏（1500〜2000g）　1羽
バター　150g
オリーブオイル　適量

好みの香味野菜とハーブ
（ニンジン、タマネギ、ニンニク、
タイム、ローズマリー、オレガノ、
セイボリー、タラゴン、パセリなど）　適量
塩　少量

当日
糸でしっかり縛った鶏肉を
天板にのせる。
鶏肉の腹の中にハーブと塩
コショウを入れる。
鶏肉の上から油またはバタ
ーをアロゼし、塩コショウ
をふる。
オーブンに入れて
180〜220℃で
1時間〜1時間30分焼く。

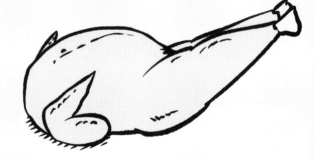

当日
鶏肉を前もって冷蔵庫から
出してお……かなくてもよい。
鶏肉の水分をよく拭き取る。
脂の塊と叉骨を取り除く。
下もも肉のアキレス腱を根
元からナイフで切る。
香味野菜、ハーブ、バター
（オリーブオイル）を天板に
入れる。あるいは腹の中に
詰めものをする（参考）。
鶏肉の上にオリーブオイル
かバターをのせる。

オーブンを140℃に熱して
おく。
胸を下にして鶏肉を天板に
のせ、オーブンの最上段に
入れる。
15〜20分ごとにアロゼし
ながら2時間40分焼く。
鶏肉を取り出して、天板にた
まった焼き汁を鍋に空ける。
オーブンを250〜300℃に
設定する。
鶏肉を10分寝かせて、熱し
たオーブンの中段に入れる。
10分で焼き色をつける。

食品に味をつけるには 加熱前に コショウをふる

« Toujours poivrer avant cuisson
pour donner des saveurs. »

加熱前に肉や魚に塩コショウをして、
味をビシッと決められる料理人はさすがだって?
やっぱりプロにしかできない技だって?　うーん……。

どこが間違い?

これもまた、数ある間違った思い込みのひとつだ。「コショウの味は加熱されている間に粒から出てきて、食品の内側に浸透する」と、一般的には考えられているらしい。
確かに塩は加熱されると溶けて味が広がるが、コショウはそうではない。果皮の味が焼き汁に移ることはあるかもしれないが、繊維や細胞で構成されている肉、魚、野菜のような固体の内側に味がつくことはほとんどない。

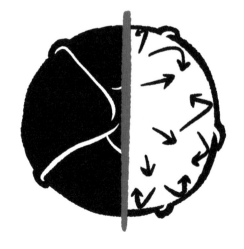

コショウの味は拡散されず、
粒の中にとどまる。

調理科学の視点

加熱前や加熱中にコショウがふられた食品においては、塩の場合と似たことが起きている（P.28～35）。

まず、コショウは食品に直接接触できない。肉汁に流されて下に落ちたり、天板の外に弾かれたり、蒸気に飛ばされたりしてしまうからだ。

さらに、こちらがより重要なのだが、高温で加熱されるとコショウは焦げてしまう。肉や魚や野菜と同じだ。実は、コショウの風味は40℃を超えると消えてしまい、それ以上加熱すると苦くなる。フレッシュなよい香りは失われてしまう。食品につくのは求めていた味ではなく、苦くてえぐみのある味になる。

そして第三に、ナガコショウ（ヒハツ）を除くすべてのコショウは、液体に味をつけやすい。水であろうがブイヨンであろうが、コショウを10分ほど浸けただけで苦味とえぐみがついてしまう。茶葉を熱い湯で煎じるのと同じ現象だ。

コショウは熱さに耐えられない。

これが正解！

簡単だ。コショウについてきちんと理解して、正しい使い方をしよう。

塩は結晶、コショウは果実

一般的に、コショウは塩と同じように扱われる。だから無意識にどちらも似たものだと思ってしまいがちだ。だがそれは大きな間違い。塩は結晶で構成された鉱物で、コショウはコショウ科コショウ属の植物だ。塩は水に溶けるがコショウは溶けない。塩は無生物だがコショウは生物だ。塩は高温で熱されても焦げないがコショウは焦げる。見た目は乾燥しているが、コショウは果実なのだ。

そして、大きさ2～3mmの粒状のコショウより、挽いてパウダー状にしたコショウのほうがずっと早く、そして激しく焦げる。試しに、小さじ1杯の挽いたコショウだけを熱したフライパンに入れてみよう。すぐに焦げたきつい匂いがして、目や喉がひりひりしてくるはずだ。たとえ使う量が少なくても、料理にも同じことが起こる。食品にも焦げた味がついてしまう。

コショウと塩は同じ性質ではない。

これが正解！(続き)

コショウの「香りのピラミッド」を知ろう

コショウは香水に似ている。実際、プロは香水と同じように、コショウにもトップノート、ミドルノート、ラストノートという表現を使っている。

• **トップノート**：コショウを鼻に近づけたときの匂い。料理を食べてすぐに鼻に上ってくる匂いでもある。

• **ミドルノート**：トップノートの次に現れる匂いで、食品と一緒に噛んだときに感じられる。味覚、嗅覚、三叉神経的感覚（P.18〜21）、触覚などが刺激される。

• **ラストノート**：食べた後に残る余韻で、30分ほど続くことがある。

香水と同じように、コショウも傷みやすい。密封して冷暗所に保管し、早めに使いきろう。とくに挽きコショウは酸化して不快な匂いになりやすいので、必ず使う直前に挽くこと。

コショウの味と香りは、香水と同じように「香りのピラミッド」で表現される。

正しくコショウを挽こう

知らない人が多いが、これは非常に大事なことだ。粒が細かいほど、ピリ辛さが強調される。粒が粗いほど、香りと味がわかりやすくなる。だからコショウの風味を最大限に味わうには、乳鉢で挽くのが一番いい。大きさにばらつきが出るので、口に入れるごとに異なる味と香りを楽しめる。

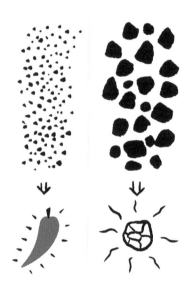

挽いたときの粗さは味と香りに大きな影響を与える。

挽くタイミングを考えよう

上質なコショウを手に入れて、良質なペッパーミルを使い、食べる直前に挽こう。それだけで料理の味がまったく違ってくる。

コショウを挽くのは必ず最後に！

ぜひとも使ってみたいコショウリスト

ふだん使いしたいコショウ

ペンジャ産ホワイトペッパー

動物的な匂い、ほのかなメンソール香

ふだん使いに最適。味と香りの余韻が長い。赤身肉によく合うが、牡蠣やフルーツにも。

ペンジャ産ブラックペッパー

赤ワインに似たスパイシーな香り

赤身肉、豚肉、魚、野菜に最適。とくにソースを使った料理によく合う。日常的に使いたい。

こだわりのコショウ

ヴィチペリフェリブラックペッパー

ウッディでフローラルな香り

肉料理によく合うが、とくに豚肉と仔羊肉にピッタリ。フォワグラ、ジャガイモ、シェーヴルチーズにも合わせたい。夏のフルーツに使ってもいい。

ネパール産ナガコショウ（ヒハツ）

スパイスとシナモンの香り

加熱前から使える唯一のコショウ。味の余韻が長く、蒸し煮にした肉料理、カレー、脂ののった魚に合う。

希少なコショウ

カンポットブラックペッパー

フルーティーな香り、ほのかなメンソール香

赤身肉、家禽肉、脂ののった魚、サラダ、オーブン焼きにした野菜、甘酸っぱいまたは甘じょっぱい料理にピッタリ。できれば日常的に使いたい上質なコショウ。

マラバルホワイトペッパー

スモーク香、動物の皮の香り

バターやクリームベースのソース、赤身肉、白身肉、家禽肉、魚、貝類、野菜、甘酸っぱいまたは甘じょっぱい料理によく合う。

ティムットペッパー

柑橘類の香り、軽い麻酔作用あり

フレッシュな香りが家禽肉、魚、甲殻類、野菜、チョコレート系デザート、柑橘類を使ったサラダにピッタリ。コショウというより山椒の仲間だが、非常に使い勝手がよい。

ヒートショックのせいで硬くなるので、肉は焼く前に常温に戻しておく

« Sortir la viande à l'avance
évite un choc thermique
qui la ferait durcir
à la cuisson. »

きっと誰でも、料理書、料理雑誌、テレビ、
精肉店などでこう言われるのを見聞きしたことが
あるだろう。だがこれは大きな間違いなので、
決して信じないように。

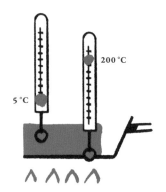

焼きはじめるときの肉の温度が
5℃だろうが20℃だろうが、
フライパンに接する表面の温度は
105〜110℃までしか上がらない。

どこが間違い？

冷蔵庫から出してすぐに肉を焼こうが、常温に戻してから焼こうが、「ヒートショック」（急激な温度差による衝撃）の度合いは変わらない。驚いただろうか？　物理学的に考えてみよう。大気圧において水は100℃で沸騰し、それ以上にはならない。そして、肉を構成する物質の70%は水だ。おわかりだろうか？　たとえ200℃に熱したフライパンや鍋に肉を置いても、水をたっぷり含む肉の温度はせいぜい105〜110℃にしかならないのだ。

そう、冷蔵庫から出したばかりの肉であろうが、常温に戻した肉であろうが、あるいは温めた肉であろうが、「ヒートショック」の度合いは変わらない。いずれの場合も、熱したフライパンに肉を置いた途端、表面の温度はあっという間に105〜110℃に達するが、決してそれ以上にはならないからだ。

それに、こうした急激な温度変化はあくまで肉の表面においてだけだ。中の温度は少しずつしか上がらないので、この「ヒートショック」のせいで内側の肉質が硬くなることはない。もし肉が硬くなったとしたら、それはただ単に焼きすぎただけなのだ。

調理科学の視点

肉の中心の温度を上げるにはかなり時間がかかる。おそらく想像以上に時間がかかる。たとえば2kgの仔羊もも肉ブロックを180℃のオーブンで焼く場合、肉の中心が55℃になるのにおよそ1時間かかる。焼きはじめの温度が20℃（常温）だったとして、たった35℃上げるだけで1時間もかかる計算になる。かなりの強火で焼いたとしても、肉の温度は少しずつしか上昇しないのだ。

薄切りの肉は常温に戻してから
焼くほうがよい。

これが正解！

「ヒートショック」が肉の硬さに影響しないことはわかった。ではどうすればうまく焼けるのか、コツを教えよう。

肉の厚さを考慮しよう

もっともよい状態に焼けた肉とはどういうものか？　それは、外はこんがりと色づいてカリッとしており、中は柔らかくてジューシーになっている状態だ。そう考えると、肉の熱伝導率があまりよくないことは、肉によってメリットになる場合とデメリットになる場合がある。

肉は薄いほど火が通りやすい。ステーキ肉、エスカロープ、リブロース肉といった薄切り肉は、熱が中心まで伝わるのにあまり時間がかからない。強火でさっと焼いて中をジューシーに仕上げるには、外側を焼きすぎないよう、あらかじめ肉を常温（20℃）に戻しておくほうがよいだろう。

そして、肉は厚いほど火が通りにくい。仔羊もも肉やローストチキンのように分厚い肉は、焼き上がるのにかなり時間がかかる。薄切り肉と同じ火加減にすると表面が焼けすぎてしまうので、低温のオーブンでじっくり焼く必要がある。この場合、冷蔵庫から出したばかりの肉、あるいは1時間ほど冷凍しておいた肉を使おう。冷やそうが常温だろうが、肉の表面は同じように温度が上昇し、同じように色づく。だが、冷たい肉の内側はゆっくりとしか温度が上がらない。つまり、冷たい肉を低温のオーブンに入れてじっくりと焼き上げることで、灰色がかって硬くなる外側の層をなるべく薄く抑え、内側をまんべんなくジューシーに焼き上げられるのだ。

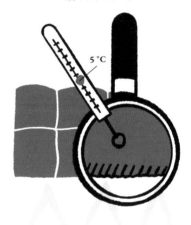

分厚い肉は冷蔵庫から出して
すぐに焼くほうがよい。

薄切り肉を安全な方法で常温に戻そう

薄切り肉を冷蔵庫から出して、そのまま自然に常温（20℃）に戻すと、だいたい2時間はかかる。だがその間に細菌が増殖してしまう。なるべく細菌を増やさないよう、よりスピーディーに常温に戻そう。安全なのはファスナーつきプラスチックバッグを活用する方法だ。肉をバッグに入れ、ファスナーを開けたままそっと常温の水に入れる。水圧に押されて空気が出ていき、バッグが肉にぴったりとくっついてからファスナーを閉じ、水の中に完全に沈める。

このやり方なら、だいたい20分ほどで肉の中心まで常温になる。時間が短縮できるので、そのぶん細菌の増殖も抑えられる。

ファスナーつきプラスチックバッグを
活用すれば、肉を安全に常温に戻せる。

焼いた肉が褐色になるのは カラメル化のせいで、 それは高温で 火を通したときに起こる メイラード反応によるものだ

*« La couleur brune des viandes est due à leur caramélisation,
et se produit à de fortes chaleurs grâce à la réaction de Maillard. »*

「小さな赤いぼくのコルヴェット、ベイビー、
きみは速く行きすぎる」(※)きみはまったく関係のない
ふたつの化学反応を混同しているんだ。
「席を詰めてくれ、ベイビー、鍵をくれ」(※)
ぼくがきちんと説明してあげるよ。

どこが間違い？

20年ほど前から、あちこちで「メイラード反応」という言葉を耳にするようになった。だが、多くの人は「カラメル化」と混同している。
ここであらためて整理しておこう。まず「カラメル化」は、スクロース（ショ糖）、つまりごく一般的なテーブルシュガーが熱されて、186℃の融点に達する直前にカラメル状になることだ。
そして「メイラード反応」は、還元糖（フルクトース、グルコース、ラクトース、マルトースなど。スクロースではない）と、タンパク質の構成物質であるアミノ酸の間で起こる反応だ。

しかも「メイラード反応」は、たったひとつの反応を示しているのではなく、還元糖とアミノ酸の間に起こる複数の反応を総称したものだ。一枚のステーキ肉を焼くのに、何千種類もの反応が起きている。さらに、カラメル化は常に160℃くらいの温度で起こるのに対し、メイラード反応は常温でも起こりうる。もちろん温度が低いと進行には時間がかかるが、反応が起こることは確かだ。
つまり、「カラメル化」と「メイラード反応」には何の因果関係もない。まったくの無関係なのだ。

（※）『リトル・レッド・コルヴェット』プリンス (1982) より

調理科学の視点

同じように褐色の物質を生成することから、「メイラード反応」と「カラメル化」は混同したり関連づけたりされがちだ。だが、実際はまったく別の性質の反応だ。たとえば、同じ赤い車でも赤いコルヴェットと赤いヤリスの違いはわかるだろう？　だったら「メイラード反応」と「カラメル化」だって混同しないでほしい。

肉はカラメル化されない

カラメル化するスクロースは主に植物に含まれる。サトウキビ、テンサイなどがそうだ。肉にはほとんど含まれていない。含まれていてもごく微量であるため、肉はカラメル化できない。化学的に不可能なのだ。植物の一部はカラメル化するが、肉はカラメル化しない。簡単だろう？
「でもサーモンをカラメル化させる料理があるじゃないか」と、皆さんは思うかもしれない。それは砂糖を加えているからだ。サーモンだけでなく肉でもカラメル化させる料理はある。だがそれは自然にカラメル化したのではなく、砂糖、つまりスクロースを少々加えてあえてカラメル化させたにすぎない。

スクロースを含む野菜は、加熱されることでカラメル化する。

スクロースを含まない肉は、加熱されてもカラメル化しない。

ダイアナ・ロスの言う「チェイン・リアクション」（連鎖反応）が起きている

メイラード反応は複合的な反応だ。たったひとつの反応ではなく、複数の異なる化学反応が連続して指数関数的に発生する状態を指す。

熱と水が加わることで、一部のアミノ酸と還元糖が反応する。反応によって水分を失ったアミノ酸は、香気成分を生成する（生ハムなどは常温でも反応が起きる）。その香気成分が別のアミノ酸と反応してさらに水分を失い、別の香気成分とメラノイジンという褐色色素を生成する。火力が強いほど、香気成分と褐色色素が生成されるスピードは早くなる。焼いた肉や野菜が褐色になるのはこの色素に由来する。アミノ酸と還元糖の量と種類によって、生成される香気成分が異なり、それによってさまざまな風味が生まれる。鶏胸肉とステーキ肉を同じように焼いて、同じようにメイラード反応が起きても、まったく別の風味がするのはそのためだ。
あとふたつ、ぜひ知っておいてほしいことがある。
1. メイラード反応は、湿度が高いところでは起こらない。つまり、茹でたり蒸したりした場合は起こらない。
2. メイラード反応は、酸味が強いところ、具体的にはpH6以下では起こらない。そのため、赤ワインでマリネした肉にはこんがりした色がつきにくい。焼き色をつけたいならマリネする前に焼くとよい（P.104〜109）。

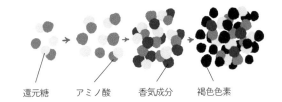

還元糖　　アミノ酸　　香気成分　　褐色色素

これが正解！

メイラード反応をより加速させるには、加熱中に少量の油脂を加えるとよい。試しに2枚のステーキ肉を焼き比べてみよう。ひとつは少量の油脂を加えて、もうひとつは油脂をまったく使わずに焼いてみる。味の違いは歴然としているはずだ。
科学的に言うと、油脂を加えたほうの反応は厳密にはメイラード反応で

はない。アミノ酸と還元糖に脂質成分が介入し、別の香気成分を生成しているからだ。
つまり、油脂を使った加熱料理における反応は、一般的に考えられているのとは違って、純粋な意味でのメイラード反応ではない。実際に起きているのは、アミノ酸、還元糖、脂質の三者間の反応なのだ。

還元糖＋アミノ酸＝おいしい！

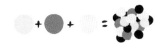

還元糖＋アミノ酸＋脂質＝
すっごくおいしい！

Le steak au poivre
ビーフステーキの
ペッパーソース

ビーフステーキのペッパーソース (ステーク・オ・ポワーヴル) ほど簡単なものはない、と昔の人たちは言う。「ステーキ肉を焼いて、コショウをたっぷりふって、エシャロットとコニャックを少量加えて、生クリームを加えたら、ほら完成だ!」……だが、本当にそうなのだろうか?

いつものビーフステーキのペッパーソース
—

そんなことを言う人は、ビーフステーキのペッパーソースについて何も
わかっていないのだ。そう、本物のビーフステーキのペッパーソース
はそんなものではない。では、パリのビストロ料理の奥義をここでお
教えしよう。

アルテュール式ビーフステーキのペッパーソース
ー

注意すべきポイント

ビーフステーキのペッパーソースはとてもおいしい料理だ。柔らかくてジューシーな肉、ほどよい粗さに挽かれたコショウの心地よい香り、とろりとして香り高いソース、長く残る深い余韻……。確かに簡単に作れる料理だが、満足のいく仕上がりにするにはいくつか注意すべきポイントがある。

❶

脂肪分が少ない肉を選ぼう

脂肪分がなるべく少ない肉を選ぼう。肉の内側と外側のどちらにおいても同様だ。

肉の内側に網の目状に入り込んでいる脂肪分、いわゆるサシは、この料理には適さない。クリーミーなソースと一緒に口にするとべとべとしすぎて、吐き気をもよおしかねない。また、舌の上の味蕾に脂肪がからみつくと、コショウの繊細な味が感じられなくなる。

肉の外側についた脂身には、硬くて筋っぽいコラーゲンが多く含まれている。ソースをかけるとどこにあるのかわからなくなるので、知らずに口に入れたときの不快感は大きい。いくら噛んでも噛み切れず、いつまで経っても飲みこめない。

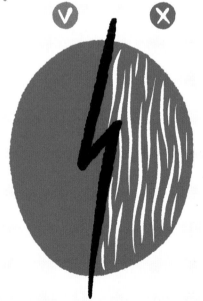

サシが入っていない肉を選ぼう。

❷

「靴底肉のペッパーソース」にしない

エスカロープやリブロース肉の切れ端のように薄い肉を使ったレシピを読んだり、動画を見たりしたことがあるだろうか? あんなものはステーキではない。たっぷりのソースで煮た硬い靴底にすぎない。

ステーキにはしっかり厚い肉を使うべきだ。表面をきつね色にこんがり焼いて、内側はレア(ブル)またはミディアムレア(セニャン)に仕上げつつ、奥まできちんと火を入れる。ミディアム(ア・ポワン)のステーキなど論外だ。だから肉は適切な厚さでなくてはならない。厚すぎても薄すぎてもいけない。

肉質はなるべく柔らかいものを選ぼう。ピリッとした刺激とカリッとした食感のコショウと、力強くてリッチなソースとのバランスが一番よいからだ。サーロイン(フォーフィレ)を選んでもよいが、柔らかくてジューシーなヒレ肉(フィレ)がやっぱり一番適しているだろう。調理する前日に塩をふっておくとプロ級の味になるはずだ。分厚いヒレ肉、少なくとも厚さ4cmのもの、できたら5cmのものを選ぼう。

そうそう、肝心なことを言い忘れていた。ステーキ肉にラードベーコンを巻いたり、タコ糸で縛ったりするのは絶対にやめてほしい。精肉店で売られているトゥルヌド(ヒレ肉の赤身がしっかりした希少部位。円形に整えてまわりにラードベーコンを巻いてタコ糸で縛って使うのが定番)にこれらがついていたらはずしてもらおう。この料理には必要ない(実は他の料理でも不要だが)。

☞ 参照:
熱伝導 P.44
ローストビーフ
P.188
塩 P.22

分厚い肉を使おう。

❸ 適切なコショウを選ぼう

コショウはこのレシピにおける重要な食材のひとつだ。単なる調味料ではない。ビーフステーキのペッパーソースは、決してコショウ味ステーキではない。昔の人たちが作る料理と一緒にしてはいけない。

ホワイトペッパー（白コショウ）は使わないこと。しっかりと力強い、果皮がついたブラックペッパー（黒コショウ）を使おう。

ブラックペッパーの種類も重要だ。コニャックと生クリームによく合い、力強く、ふくよかで、ウッディで、ピリッと刺激の強いコショウがいい。そう、ペンジャ産ブラックペッパーだ。この料理にはこのコショウが一番合う。

え、コショウがあまり効いていないほうがいいって？ そんな人にはサラワク産ブラックペッパーをおすすめしよう。くれぐれもその辺の変なコショウは使わないこと。

☞参照：コショウ P.62

品質のよい粒コショウを使おう。

❺ ソースに適した生クリームを選ぼう

生クリームはソースの基本だ。植物性油脂や添加物を含まない、生乳だけで作った生クリームを使おう。乳脂肪分が高いものを選ぶと濃厚でやや甘みのある味になり、コショウとよく合う。

ホイップクリーム、フレッシュなど生乳以外の成分を含むものや、長期保存できる高温殺菌クリームは使わないこと。

最適なのはクレーム・ドゥーブルだ。ペースト状の、ほんのりと甘味と酸味がある濃厚なクリームで、これでこの料理のソースを作ればおいしくできること間違いない。手に入るようなら使ってみよう。

生クリームとホイップクリームは別ものだ。

❹ 苦くて辛すぎるステーキにしない

粉コショウはもちろん、ペッパーミルも使わないこと。ひとつずつの粒が粗くてごつごつしているほうがいい。加熱中に細かい粒が熱いフライパンの上に落ちて、焦げて苦くなるのを避けるためだ。

粒を粗めに挽くのは、香りを引き出すためでもある。粉コショウや細かく挽きすぎた粒コショウの場合、香りよりも辛さのほうが強調されてしまう。

選択肢はふたつだ。ひとつは、乳鉢ですりつぶす。もうひとつは、布巾の間に入れて麺棒で叩く。いずれにしても、細かくしすぎず、粗めに粉砕すること。

☞参照：コショウ P.62

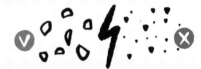

使う直前に粉砕しよう。

❻ おいしい焼き汁がソースの決め手

ソース作りには、生クリームの他にも大事な要素がある。そう、ペッパーソースがおいしくなるかどうかは、焼き汁の味にかかっているのだ。

フライパンの材質によって肉の焼け具合には差があり、おいしい焼き汁の量も左右される。焼き汁が少ないとソースには不利だ。味気なく、風味がなく、香りが乏しいソースにしかならない。さあ、料理オンチの元カレ（元カノ）が買ったテフロン加工フライパンはゴミの日に出して（ついでに元カレ（元カノ）の思い出も捨てて）、そして今回は中華鍋は使うのはやめて、料理上手な親友からもらった鉄製またはステンレス製のフライパンを取り出そう。

だが、たとえ適切なフライパンを使っても、肉をきれいに焼けなければおいしい焼き汁は作れない。そのためには、決してコショウをふらないこと。コショウをふった肉はメイラード反応が妨げられ、表面に焼き色がつかなくなり、そのせいで焼き汁の量も少なくなり、結果的においしいソースが作れなくなる。では、どうすればいいのか？ もちろん解決策は用意してあるのでお楽しみに。

☞参照：メイラード反応 P.68

おいしい焼き汁を作るにはステンレス製のフライパンを使おう。

やりがちだけどやってはいけないこと

焼く1時間前に
冷蔵庫から肉を出して、
常温に戻しておく

これについてはすでに書いたが、確認のためにもう一度……。

こんないい加減な話は決して鵜呑みにしないように。今回の料理のように厚さ4～5cmの肉を使う場合、肉の奥まで完全に常温に戻すには少なくとも4時間はかかる。嘘だと思うなら温度計を使って試してみるといい。

一番いいのは、ファスナーつきプラスチックバッグを使う方法だ。バッグに肉を入れて常温の水に入れると、30分もすれば常温に戻る。空気より水のほうが熱を伝えやすいからだ。

細菌の増殖の心配をする必要もない。30分間程度なら、危険なほど細菌が増えはしないからだ。

バターに油を混ぜると
焦げつきにくくなる

こんなことが書いてある料理書はもう燃やしてしまおう！ いや、真面目な話、バターは130℃に達すると水分が蒸発しはじめ、温度が急速に上がって焦げはじめる。油を混ぜようが混ぜまいがそれは変わらない。油が入るとバターの焦げた色が見えにくくなるだけだ。だが、焦げた味と匂いはそのまま残る。こんなくだらないアドバイスにしたがうより、250℃まで焦げない澄ましバターを使うほうがずっといい。

コショウは
ステーキ肉の両面に
まぶす

粉砕したコショウを皿にのせ、その上にステーキ肉をのせて強く押しつけてコショウをまぶす。ひっくり返して裏面も同様にする……ステーキを焼くとき、おそらく多くの人がこうしているだろう。

だが、肉の両面にコショウをまぶすのには大きな問題がある。フライパンと肉の間にコショウの層ができてしまうのだ。え、「だから何?」だって? 実は、このコショウの層がステーキの味を大きく左右する。メイラード反応が妨げられ、表面にこんがりした焼き色がつかなくなり、そのせいで焼き汁の量も少なくなり、結果的においしいソースが作れなくなる。さらに、コショウがフライパンの上で焦げることで、ソースに苦味とえぐみがついてしまう。

肉を早く安全に常温に戻すには
コツがある。

バターは130℃以上で焦げはじめる。
油を混ぜても変わらない。

コショウの層のせいで、
肉にきれいな焼き色がつかなくなる。

コショウを
~~フライパンの上で炒ると~~
~~香りが高くなる~~
—

そう言い張る人は、優秀なコショウ専門家や焙煎職人の話にぜひ耳を傾けてほしい。まず、コショウは高温に耐性がない。一定の温度以上になると、味と香りが変質して元に戻らなくなってしまう。

さらに、コーヒー豆やカカオ豆の焙煎は慎重を期して行われている。豆が苦くならないよう、理想的な温度の上下2℃を超えないよう厳密に温度調整されているのだ。だが、フライパンでそれほど微妙な調整はできない。その上、他のさまざまな要素を考慮する必要もある。焙煎する豆の品質、水分含有量、大きさ、熱を伝導させる脂質の量……。さらに、赤外線放射温度計で常に温度を測り続けなくてはならない。もしフライパンでコショウを炒れば、理想的な温度より20℃は上回ってしまうだろう。優秀な焙煎職人の許容値の10倍以上になる。

つまり、フライパンの上でコショウを炒ることはできない。焦げてしまうからだ。焦げたコショウが好きなら、まあそれは構わない。蓼食う虫も好き好きだ。だがそれは、あくまで「焦げたコショウ」であって「炒ったコショウ」ではない。

肉を焼き終えたらすぐ、
~~フライパンの上で~~
~~フランベする~~
—

ふつうのレシピにはよくこう書かれている。「焼けた肉をフライパンから取り出し、焼き汁を煮詰めてから、コニャックをフランベする」……なるほど。だが、それだとフライパンに残っているコショウの粒が焦げてしまう。ソースにもその焦げたコショウが使われることになる。肉から出た大量の脂も焦げてしまう。さらに、もしバターと油を混ぜて肉を焼いたなら、そのバターも焦げてしまう。

だから、焼けた肉を取り出した後、そのままフライパンの上でコニャックをフランベしてはいけないのだ。

まずは、余分な脂とコショウの粒を取り除き、焼き汁だけを残してコニャックをフランベしよう。それからソースを作りはじめればおいしくできること間違いない。

ソースを作るときは、
~~材料を加えるたびに~~
~~煮詰める~~
—

白ワインを入れたら煮詰めて、生クリームを入れたらさらに煮詰めて、フォン・ド・ブフ（牛のだし）やフォン・ド・ヴォライユ（鶏のだし）を入れたらもう一度煮詰めて……いや、そんなのは馬鹿げている。それでは煮詰めるたびに焼き汁が蒸発して、しまいにはソースに焼き汁がほとんど残らなくなってしまう。

一番いいのは、焼き汁が残ったフライパンに加える前に、白ワイン、生クリーム、フォン・ド・ブフをそれぞれ別々に煮詰めておくことだ。最後にすべてを合わせて、弱火で3〜4分加熱すればいい。それぞれの材料の味と香りが混ざり合い、とろりとしたおいしいソースが完成するはずだ。

コショウを炒ることはできない。
焦げてしまう。

コショウの粒と脂を取り除いてから
フランベしよう。

材料を加えるたびに煮詰めていたら、
焼き汁の香りと味が飛んでしまう。

Le pavé au poivre d'Arthur
アルテュール式
ビーフステーキのペッパーソースの作り方

ビーフステーキのペッパーソースで一番大切なのはソースだ。牛肉はとろりとしておいしいソースの引き立て役にすぎない。そう考えると、この料理をどうすればおいしく作れるかがわかるはずだ。いつものビーフステーキのペッパーソースの作り方は忘れよう。コショウをまぶした肉をフライパンで焼いて、そのままフランベして、生クリームをどばっと入れて、ソースを何度も煮詰めるのはやめて、ペッパーソースをいかにおいしく作るかに神経を集中させよう。そこが一番重要なのだから。

前日 / 🕐 下準備：10分
　　　　 ⏱ 寝かせ：12時間

材料（4人分）
厚さ5cmの牛ヒレステーキ肉　4枚
エシャロット　1個（皮をむいて薄くスライス）
コニャック　50mℓ
辛口白ワイン　200mℓ
フォン・ド・ブフ　400mℓ
クレーム・ドゥーブル　200mℓ
ペンジャ産ブラックペッパー（粒）　30g
バター　30g
オリーブオイル　大さじ2

所要時間
下準備　35分
加熱　30分
寝かせ　12時間＋35分

① 牛肉に塩をふる
—

なぜ？
ジューシーで柔らかく焼き上げるために、牛肉には前日に塩をふっておく（P.28～35）。

どうやって？
肉のすべての面にまんべんなく軽く塩をふる。翌日まで冷蔵庫に入れておく。

② コショウ入りバターを準備する
—

なぜ？
バターは味や香りを吸収しやすい性質を持っている。だからこそ、匂いを遮断するためにアルミパーチ紙やプラスチック箱に入れて売られているのだ。前日にコショウを混ぜておくことで、バターが吸収したコショウの風味がソースにもたらされる。

どうやって？
バターを1時間ほど常温に置いて柔らかくする。粒コショウを粗めに粉砕し、柔らかくしたバターに混ぜ込む。小皿に入れてラップフィルムをかけ、冷蔵庫に入れておく。

バターはコショウの味と香りを吸収する。

当日／🕐 下準備：25分　⏱ 寝かせ：35分　🍲 加熱：30分

③ 牛肉を早く常温に戻す

なぜ？

牛肉は、最初にオーブンで中心が40℃になるよう加熱して、最後にフライパンで表面に焼き色をつける。あらかじめ常温（20℃）に戻しておけば、温度をあと20℃上昇させるだけで済むので、時間を短縮できて外側が焼けすぎずに済む。

どうやって？

冷蔵庫から出した牛肉を、ファスナーつきプラスチックバッグに入れ、空気を抜いてファスナーをしっかり閉じる。キッチンシンクや大きめのボウルに常温の水を溜めて、肉入りバッグを30分間浸けておく。バッグから肉を取り出し、常温になったのを確かめる。

コショウをふる前に、
肉を常温に戻しておく。

④ オーブンを100℃に熱しておく

なぜ？

このレシピではかなり分厚い肉を使うので、中心まで火が通るのに時間がかかる。外側が焼けすぎないよう、オーブンは低めの100℃に設定しよう。

どうやって？

オーブンを100℃に設定する。表面が乾燥するのでヒーターのみで加熱し、ファン（対流モード）は使わない（P.186〜187）。

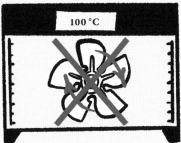

ファンで熱を循環させると、
食品の表面が乾燥してしまう。
この料理の牛肉には使わないこと。

⑤ 粒コショウを粗めに粉砕する

なぜ？

コショウの風味は粒の内側に閉じこめられており、ピリ辛さは果皮（外側の黒い皮）によってもたらされる。したがって、細かく粉砕すると果皮のピリ辛さが強調される。逆に、粗めに粉砕すると風味が強調される。
また、粒が粗くて不揃いだと、粒全体が熱いフライパンに接触しにくくなり、焦げて苦味とえぐみが出るのを抑えられる。

どうやって？

布巾の間に粒コショウを入れて、麺棒や鍋の裏で叩く。ひと粒が2〜3片に割れるくらいで十分だ。ざっくり粗めにつぶすだけにとどめ、くれぐれも粉々にはしないこと。すり鉢とすりこぎを使ってもよいが、細かくなりやすいので気をつけよう。

粒コショウを粉砕するには、
麺棒や鍋の裏で叩くとよい。

❻ 牛肉の水分を拭き取る
—

なぜ？

牛肉の表面が濡れていると、焼いている間にコショウが下に落ちやすくなる。表面が乾いていれば、コショウが肉にぴったりと張りついて落ちにくくなる。

どうやって？

肉の裏表と側面を、クッキングペーパーで軽く叩きながら水分を吸い取る。

❼ 牛肉の片面にのみ コショウをまぶす
—

なぜ？

前述したように、メイラード反応を起こして肉のおいしさを引き出すために、コショウは片面にしかまぶさない。裏と表の両面にコショウをまぶしてしまうと、こんがりした焼き色がつかなくなり、ジューシーな肉にはならなくなる。焼き汁の量も減り、肉だけでなくソースの味にも影響を及ぼす。

どうやって？

牛肉の片面だけにコショウをまぶす。もう片方の面はこんがりと焼き上げて、焼き汁がたっぷり出るようにする。

❽ 牛肉にコショウを張りつける
—

なぜ？

焼いている間に肉をひっくり返すが、肉の表面の繊維が熱によって収縮し、肉汁が排出され、その勢いでまぶしたコショウの一部が下に落ちてしまう。コショウがフライパンに大量に落ちるのを避けるため、なるべく肉の繊維と繊維の間に挟みこもう。こうしておけば落ちる量を少なく抑えられる。

どうやって？

粗めに挽いたコショウを皿やバットに広げて、牛肉をそっとのせ、上から強く押しつける。繊維と繊維の間にコショウの粒が挟まるようにする。

コショウが肉に張りつくよう、
肉の表面の水分を拭き取る。

粗めに挽いたコショウを皿やバットに
広げて、その上に牛肉をそっとのせる。

牛肉の上に手のひらをのせ、
下に広げたコショウに強く押しつける。
繊維と繊維の間に
コショウが入り込むようにする。

❾ 牛肉を低温のオーブンで 焼きはじめる

なぜ？

もし牛肉をはじめからフライパンで焼けば、熱したフライパンに接した面からしか火は入ってこない。肉の奥まで火が通り、中心が適切な温度になるには時間がかかるので（P.44〜45）、焼けすぎた表面に灰色がかった硬い層ができてしまう。

肉全体にまんべんなく火を通すには、低温のオーブンでじっくり焼くのが一番いい。表面が焼けすぎて硬くなってしまうこともない。

どうやって？

天板の上に、それぞれ十分な間隔を空けて牛肉を並べる。コショウをまぶした面を上にすること。オーブンの中段に入れ、100℃で15〜20分ほど焼く。

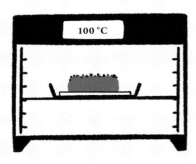

100℃のオーブンで、
ゆっくりじっくりと焼く。

❿ ソース用の材料を 別々に煮詰める

なぜ？

牛肉を焼き終えた後で、材料を加えるごとにソースを煮詰めていると、材料が蒸発して香気成分の多くが消え、フライパンに残っていた焼き汁もなくなってしまう。キッチンにはよい香りが充満するかもしれないが、代わりにソースの香りが失われる。せっかくの焼き汁のおいしさも失われ、味気ないソースになってしまう。

その上、煮詰めるのに5〜10分ほどの時間がかかるので、その間にせっかくの肉が冷めてしまう。もったいない！

どうやって？

火にかけた鍋に白ワインを入れ、2/3の量になるまで煮詰めて、カップなどに空けておく。クレーム・ドゥーブルも同様にする。フォン・ド・ブフは半量になるまで煮詰める。

ソースの材料を別々に煮詰める。
焼き終えた肉が冷めずに済む上、
それぞれの材料の香りと味を
最大限に維持できる。

EN OPTION 参考

ソースを アレンジする

|||||||||||||||||||||

PAS DE FOND DE BŒUF ?
フォン・ド・ブフの代わりに……

• フォン・ド・ヴォライユ（鶏のだし）
1000㎖

フォン・ド・ブフの代わりにフォン・ド・ヴォライユを使うと、よりあっさりした味わいになる。

他の材料を加える前に、フォン・ド・ヴォライユ1000㎖を200㎖になるまで煮詰めてから使うこと。

NOTES ACIDULÉES
軽めのソースに仕上げる

クレーム・ドゥーブルの代わりにふつうの生クリームを使う。より軽くて爽やかなソースになる。

11
牛肉の温度を確かめる

なぜ?

オーブンで焼いている牛肉が生焼けではないか、逆に焼きすぎていないかを確かめる。

どうやって?

最後に焼き色をつけるときにもう一度火が入ることを考慮しながら、温度を測ろう。料理用温度計を用意して、肉の中心の温度を測定する。

• レア(ブル)の場合：40℃で焼き終える。

• ミディアムレア(セニャン)の場合：45℃で焼き終える。

• それ以上? 却下。この料理はミディアム(ア・ポワン)やウエルダン(ビアン・キュイ)では食べないこと。硬くてパサパサになってしまう。

もし料理用温度計がなければ、竹串を準備しよう。肉の中心に刺してそのまま30秒待ち、引き出して唇に当てる。

• 唇とほぼ同じ熱さなら40℃。

• 唇より少し熱いなら45℃。

まだ肉に火が通っていなければ、さらに4〜5分オーブンに入れて、もう一度温度を確かめる。オーブンから取り出したら5分ほど寝かせる。

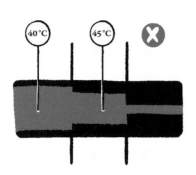

焼きすぎないよう、肉の中心の温度を測る。

12
牛肉の表面をこんがりと焼く

なぜ?

牛肉の表面に焼き色をつけ、肉の味を引き出し、ソースの要となる焼き汁を作る。

どうやって?

鉄製またはステンレス製のフライパンを強火で熱する。かすかに煙が上がりはじめたら、オリーブオイルを大さじ2杯入れ、牛肉をそっと置く。コショウをまぶした面を上にすること。すぐに中火にして、45秒ほどそのままにして焼き色をつける。コショウが下に落ちる危険性があるので側面は焼かない。コショウが落ちないよう肉をそっと取り出し、フライパンを冷ます。フライパンに残った脂を3/4ほど取り除き、前日に準備しておいたコショウ入りバターを加える。中火にかけてバターが泡立ってきたら、今度はコショウをまぶした面を下にして牛肉を置く。溶けたバターをアロゼしながら2分ほど焼く。

牛肉を取り出し、アルミホイルをかぶせておく。フライパンにコショウの粒が残っていたら取り除く。焼き汁はそのまま残しておく。

焼き汁はソースの要になる。

ソースをさらにアレンジする

DES NOTES D'AIL ET DE THYM
ニンニクとタイムの香りをつける

• ニンニク　1片(皮をむいてみじん切り)
• タイム　4本

コショウ入りバターと一緒にニンニクとタイムを加える。タイムは肉にソースをかける前に取り除く。

UN POIL D'ACIDITÉ
ほのかな酸味を加える

• 粒マスタード　小さじ1/2

とろりとしたソースに少しだけ酸味をつけたいなら、他の材料を加える前に少量の粒マスタードを入れてもよい。フライパンでそのまま2分ほど熱してから、他の材料を加える。

UNE TOUCHE DE FRAÎCHEUR
フレッシュさをプラスする

• 塩漬けグリーンペッパー　小さじ1

ソースにフレッシュさを補いたいなら、煮詰めた材料を加えるのと同時に塩漬けグリーンペッパーを加えよう。

NOTES DE TÊTE DE COGNAC
コニャックのトップノートの香りをつける

• コニャック　小さじ1/2

コニャックをフランベすることでラストノートは加えられるが、好みでトップノートを加えてもいい。ソースの仕上げにたらすこと。

13 エシャロットを加える

なぜ？

エシャロットの香りでソースの味を引き立たせる。また、エシャロットに含まれる水分でフライパンにこびりついた焼き汁を溶かす。

どうやって？

薄くスライスしたエシャロットをフライパンに加えて、2〜3回かき混ぜながらしんなりするまで2分ほど炒める。

エシャロットでソースの味を引き立たせる。

14 フランべする

なぜ？

コニャックのアルコール臭を飛ばし、芳醇な風味だけを残す。

どうやって？

換気扇から離れた場所でフライパンにコニャックを注ぎ、ライターかマッチで火をつけてフランべする。

ファイヤー！

15 ソースを作る（ようやく）

なぜ？

いよいよ本レシピのファイナルステージ。大事なソースを完成させるときがやってきた！

どうやって？

コンロを弱火にして、煮詰めておいた白ワインをフライパンに加える。フライパンにこびりついた焼き汁を木ベラでこそぎながら30秒ほどかき混ぜる。煮詰めておいたフォン・ド・ブフ、煮詰めておいたクレーム・ドゥーブルを加える。好みで砕いた粒コショウを少し加えてもよい。とろみがつくまで2〜3分ほど加熱する。スプーンですくってたらしたときに薄い膜が張る程度を目安にすること。味見をして、好みの味になるよう塩をふる。

16 仕上げをする

なぜ？

牛肉を軽く温めて、ソースをかける。

どうやって？

牛肉をフライパンに戻す。コショウをまぶした面を上にすること。寝かせている間に出てきた肉汁も加える。肉の上にソースをたっぷりアロゼしながら、2分加熱する。

17 いただきます！

フライパンから牛肉をそっと取り出して、温めておいた皿の上にのせる。温めておいたソースポットにソースを入れる。さあ、家族みんなを呼んでびっくりさせよう。

EN OPTION 参考

ビーフステーキの ペッパーソースのつけ合わせ

||||||||||||||||||||||||||||||||||||||||||||||||||

DES ASPERGES POÊLÉES OU DES FRITES
炒めアスパラガス、またはフライドポテト

• グリーンアスパラガス　1束　• オリーブオイル　大さじ2

フライパンにオリーブオイルを入れて熱し、グリーンアスパラガスを数分炒めてつけ合わせにしよう。だが一番のおすすめは、パリのそこら辺のビストロよりずっとおいしい「アルテュール式フライドポテト」だ。

参照：フライドポテト P.94

まとめ

いつものビーフステーキのペッパーソース vs.
アルテュール式ビーフステーキのペッパーソース

いつものビーフステーキのペッパーソース —

⏱ 下準備：5分　🍳 加熱：15分

J

当日
テーブルコショウを皿の上に広げ、ステーキ肉をのせてコショウをまぶす。裏面も同様にする。塩をふる。

バターと油を入れたフライパンにステーキ肉を入れ、コショウを炒りながら両面を焼く。肉を取り出す。

アルテュール式ビーフステーキのペッパーソース —

⏱ 下準備：35分　🍳 加熱：30分　⏰ 寝かせ：12時間35分

J-1　　**J**

前日
牛肉に軽く塩をふる。
コショウ入りバターを準備する。
どちらも翌日まで冷蔵庫に入れておく。

当日
牛肉をファスナーつきプラスチックバッグに入れ、常温の水に30分浸す。
オーブンを100℃に熱しておく。
粒コショウを粗めに粉砕する。
クッキングペーパーで牛肉の水分を吸い取り、粉砕したコショウを肉の片面にまぶしてぎゅっと押しつける。
コショウをまぶした面を上にしてオーブンに入れ、15〜20分焼く。

白ワイン、クレーム・ドゥーブル、フォン・ド・ブフを別々に煮詰めて、それぞれ別の器に入れて取っておく。
肉の中心の温度を測り、好みの焼き加減にする。
フライパンにオリーブオイルを入れて中火にかけ、コショウをまぶした面を上にして肉を置き、こんがりと焼き色がつくまで45秒ほど焼く。
肉をフライパンからそっと取り出す。

肉を焼いている間に起きていることを科学的に理解した上で、いつもの作り方のそれぞれの工程を改良すれば、よりおいしくて長く余韻が残るビーフステーキのペッパーソースを作ることができる。

材料（4人分）

厚さ5cmの牛ヒレステーキ肉　4枚
エシャロット　1個（皮をむいて
薄くスライス）
コニャック　50mℓ
辛口白ワイン　200mℓ
フォン・ド・ブフ　400mℓ

クレーム・ドゥーブル　200mℓ
ペンジャ産ブラックペッパー（粒）　30g
バター　30g
オリーブオイル　大さじ2
塩　適量

エシャロットを加え、コニャックでデグラセする（煮溶かす）。白ワイン、高温殺菌クリーム、取り出しておいた肉から出た肉汁を少量加える。沸騰させて数分煮詰める。

別のフライパンで肉を温めなおす。ソースを作ったフライパンに肉を移して、スプーンでアロゼする。皿に盛りつけて完成。

フライパンに残った脂を取り除き、コショウ入りバターを入れる。バターが泡立ちはじめたら、コショウをまぶした面を下にして肉を置き、アロゼしながら2分ほど焼く。肉を取り出す。コショウの粒が残っていたら取り除く。エシャロットを加え、かき混ぜながらしんなりするまで2分ほど炒める。コニャックを加えてフランベする。

煮詰めておいた材料を加え、焼き汁をこそぎ落とす。
好みで砕いた粒コショウを加える。
とろみがつくまで2～3分ほど加熱する。
塩をふる。
コショウをまぶした面を上にして、牛肉をフライパンに戻す。
上からソースをたっぷりアロゼする。
いただきます！

油で揚げたり焼いたりした料理はカリッとしておいしいが、油っぽいのが難点だ

« Oh là là, le croustillant, c'est bon mais c'est gras ! »

いや、それは聞き捨てならない。正しい作り方を知れば、こんなのは大間違いであるとわかるだろう。

どこが間違い?

フライドポテトを揚げるにしても、肉の表面を焼くにしても、カリッとした食感にするには油脂が必要だ。だが、食品が油っぽくなるのは油脂で炒めたり揚げたりするせいではない。食品に高温の熱を加えると、中に含まれる水分が蒸気になって勢いよく噴き出す。そのせいで油は中には入れない。つまり食品が油っぽくなるのは、加熱中ではなくて加熱後、食品の表面に残っている油脂が蒸気が出てきた穴から入り込むのが原因なのだ。それを避けるためにまずすべきなのは、食品の表面から流れ落ちやすい上質の油を使うこと。あまり質のよくないヒマワリ油を使うのはやめて、ピーナッツオイル、あるいは綿実油(ワタの種子から採った油)を使おう。
もうひとつは、食品の加熱後、クッキングペーパーで余分の油をしっかり拭き取ること。これでフライドポテトの油分の80%は落とせるはずだ。

蒸気の噴出によって油の吸収が妨げられる。

調理科学の視点

食品を加熱すると、熱された水分が蒸気になって噴き出す。そのため、表面には乾燥した硬い層ができる。

その硬い層が薄くて軽くてもろいと、壊れたときにカリッという音がする。もっとも理想的な状態だ。さらに熱すると、バリッとした食感になる。硬い層が分厚くなり、壊れにくくなる。もっと熱すると、ガリガリした非常に分厚い層ができる。ここまでくると食べられないほど硬くなる。

薄くて軽いカリッとした食感にするには、強い火力で一気に高温にしなくてはならない。食品の表面の水分がすぐに蒸気になり、奥まで焼けすぎていない状態だ。食品の温度を一気に上げるには、熱源から食品への熱伝導率を上げる必要があるが、それには油脂が不可欠だ。熱源と食品の間に油を介入させないと、カリッとした段階を経ることなくガリガリとした分厚い層になってしまう。

具体的に言うと、揚げ油は180℃、オーブンは最低でも240℃、フライパンや鍋は180〜200℃にする。たとえば、オーブンに入れる前に食品に油脂を塗ったり、加熱している途中でアロゼしたりすると、庫内の熱を油がすぐに吸収するので食品の温度もすぐに上がる。表面の水分もすぐに熱されて、一気に蒸気になって外に噴き出す。表面には薄くてカリッとした硬い層ができる。

油は食品に香りももたらす。高温で熱すると、油の成分がさまざまな化学反応を起こし、匂い分子と味分子を生成する。それが食品に多くの風味をもたらすのだ。

油によってこんがりした焼き色とカリカリ感がもたらされる。

これが正解！

カリッとした食感にするには、油脂を介して高温で加熱しなくてはいけないとわかった。
だが、他にも注意すべき点はある。

少ない油で揚げるか、たっぷりの油で揚げるか

油脂を使って加熱するものは、すべて「揚げる」と考えよう。ステーキ、ジャガイモのソテーのようにフライパンや鍋に少量の油を入れて「揚げる」場合もあれば、フライドポテトや天ぷらのようにたっぷりの油で「揚げる」場合もある。
だが、いずれも原理は同じだ。熱源と食品の間に油脂を介入させて一気に高温にし、表面をカリッと仕上げる。

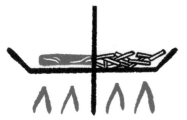

少ない油で「揚げる」場合も、
たっぷりの油で「揚げる」場合もある。

強火にするか、弱火にするか

肉類、魚類、フライドポテト、大半の野菜は、中が焼けすぎないよう、高温で一気に火を通す。一方、ジャガイモなどのデンプン質の野菜（フライドポテトを除く）は、外側に焼き色をつけている間に中まで火を通さなくてはならないので、低めの温度で長めに火を通す。厚みがある食材は、中まで火を通している間に外が焦げてしまうので「揚げる」のには向いていない。

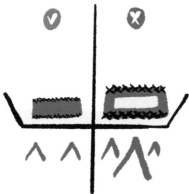

「揚げる」のは薄い食材に向いている。

油の種類を選ぼう

バターは130℃で焦げはじめる。したがって、デンプン質の野菜のように低温で加熱する食品には向いているが、高温での加熱には使えない。ただし、澄ましバターなら250℃まで焦げない。
油を混ぜればバターは焦げないと信じている人も多いが、それは大きな間違いだ。バターは油を加えても焦げる。ただ、希釈されて見た目がわかりにくくなるだけだ。
ピーナッツオイル、オリーブオイル、グレープシードオイルなど、高温に耐えられる上質の油を使おう。くれぐれもヒマワリ油は使わないように。

油を加えようが加えまいが、
バターは130℃に達すると焦げはじめる。

食品同士の間隔を空けよう

食品を加熱すると、中に含まれている水分が蒸気となって外に噴出する。だが、その水分が何かに妨げられて下に溜まってしまったら、食品は茹でられたようになり、焼き色もつかず、カリッとした食感にもならない。複数の食品を同時に加熱する場合、蒸気が逃げられるよう間隔を十分に空けておこう。

食品をのせたら
火力を強くしよう

フライパンや鍋をあらかじめ高温に熱しておいても、常温の食品をのせれば温度は急激に下がる。食品はカリッとした食感にならず、中に含まれている水分によって茹でられたようになってしまう。食品をのせたら火力を強くして、温度が下がらないよう気をつけよう。

食品に焼き色がついてカリッとするよう、
間隔を十分に空けよう。

食品をのせたら、温度が下がらないよう火力を強くしよう。

Les frites
フライドポテト

ぼくの家にも、マッ○のフライドポテトが好きな子どもたちがいる。
というか、マッ○のフライヤーで火を入れた冷凍フライドポテトだが。
しかし、それは過去の話だ。

マッ○のフライドポテト
—

今では、うちの子どもたちはマッ〇よりパパのフライドポテトのほうが
好きだ。そう、外側がカリッとして、中がおいしく、まるで雲のように
軽い「アルテュール式フライドポテト」のほうが人気が高いのだ。

アルテュール式フライドポテト
―

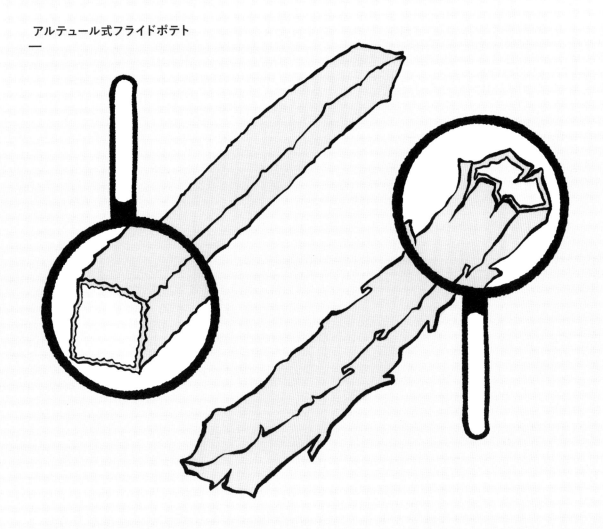

注意すべきポイント

おいしいフライドポテトの第一条件は、外側がカリッとしていることだ。
だが、カリッと仕上げるのは簡単ではない。
たいていは期待通りにならずにガッカリすることになる。

❶

適切な種類のジャガイモを選ぼう
—

これは基本中の基本だ。まず、糖が少ないもの。糖が多いと、
外側がカリッとする前にカラメル化して褐色になってしま
う。そして、デンプンが多いもの。そのほうが軽い仕上が
りになる。とくに、出荷される前に数カ月間倉庫で寝かせ
たものは、その間に糖がデンプンに変化して理想的な状態
になる。サンバ、ビンチェ、アグリア、フォンタヌ、アルテ
ミスなどの品種がよい。

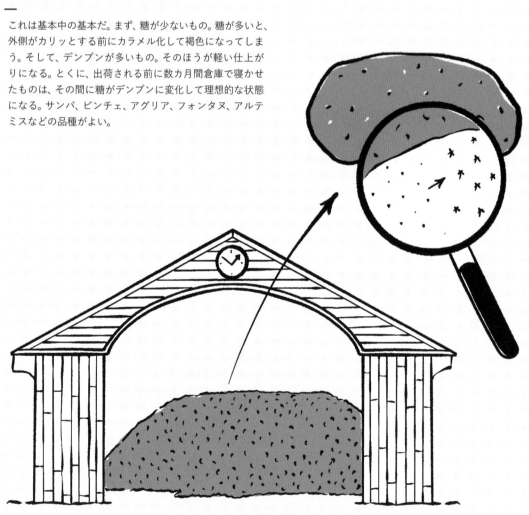

寝かせている間に、ジャガイモの糖がデンプンに変化する。

② 食感と味のバリエーションを出そう

ジャガイモを切るのにポテトカッターを使うと、ひとつず
つがまったく同じ大きさになり、食感も味わいも均一にな
る。つまり単調な仕上がりになる。ナイフを使って自分で
カットすれば、大きさに差が出るので食感と味わいにバリ
エーションが生まれる。

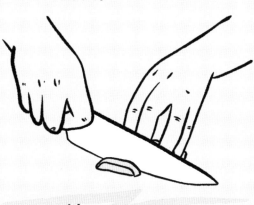

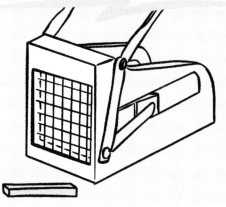

ナイフでカットすると、
食感と味わいにバリエーションが生まれる。

③ ポテト同士がくっつかないようにしよう

ジャガイモを高温で加熱すると、中に含まれる水分が微小
な蒸気の泡になって噴出する。それにデンプンの粒が混ざ
ると、ねばねばしたジェル状の物質ができる。フライドポ
テト同士がくっつきやすいのはこの糊化した物質のせいな
のだ（パスタがくっつきやすいのとの同じ原理）。
フライドポテト同士をくっつきにくくさせるために、表面
のデンプンと糖を水道水で洗い流してから加熱しよう。

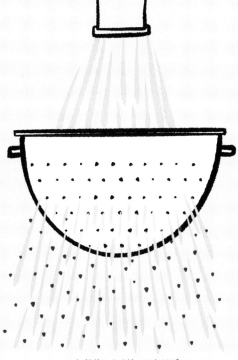

加熱前によく洗っておけば、
フライドポテト同士がくっつきにくくなる。

❹ 上質な揚げ油を使おう

揚げ油は180℃以上に熱されるので、高温に耐えられるものを使おう。バージンオリーブオイルはこれほどの高温には向いていない。ヒマワリ油は加熱後に食品の表面に残りやすいので、油っぽさの原因になる。高温に耐性があって流動性が高いピーナッツオイルがおすすめだ。

フライドポテトが国民食のベルギーでは、牛の腎臓のまわりについている脂（ケンネ脂）で揚げるのが定番だ。食用油とケンネ脂を同量で混ぜたり、ケンネ脂の代わりにガチョウやカモの脂を使ってもよいだろう。おいしいフライドポテトができること間違いない。

❺ 揚げ油はたっぷり使おう

揚げ油は多すぎるくらいたっぷりと使おう。理由は簡単だ。たとえあらかじめ油を高温に熱しておいても、生のジャガイモを入れれば温度は低下する。油の量が少ないと一気に50℃近く落ちることもある。これではおいしいフライドポテトはできない。簡単に言うと、250gのフライドポテトを作るには油1リットル、500gなら2リットル用意するとよい。え、油がもったいないって？　詳しくは後述するが、1回揚げただけで捨てるわけではないので心配しないように。3リットル用意しておけば鬼に金棒だろう。

❻ 揚げ油が あふれないようにしよう

揚げ油があふれたら非常に危険なので、くれぐれも気をつけて！　前述したように、高温で加熱したジャガイモからは、中に含まれている水分が蒸気になって噴き出す。揚げている間に次々と上ってくる小さな泡がそうだ。こうして気体になった水蒸気は、分子同士が離れているので、液体としての水より1500倍ほどスペースを取る。だから全体の体積が大きくなって油があふれる場合があるのだ。これを避けるために、ジャガイモを一気に大量に入れないようにしよう。

高温に耐えられない油は使わないこと。

揚げ油はケチケチしないでたっぷりと。

一気にたくさん入れないで！

ふにゃふにゃした フライドポテトにしない

柔らかくてふにゃふにゃしてしまうのは、フライドポテト向きではないジャガイモを使っているか、油の温度が低すぎるかのどちらかだ。表面に硬い層ができていないのが原因だ。前述した注意点に気をつけてもう一度トライしてみよう。

ふにゃふにゃなポテトにならないよう
気をつけよう。

茶色くてふにゃふにゃした フライドポテトにしない

表面がカリッとする前に茶色っぽくなってしまうのは、これもまたフライドポテト向きではないジャガイモを使っているせいだ。糖が多すぎるので、硬い層ができる前にカラメル化してしまう。だから食感もふにゃふにゃしている。残念なフライドポテトの典型だ。

ジャガイモの種類が適切でないと、
茶色くて柔らかいフライドポテトになる。

❾ 油っぽい フライドポテトにしない

高温で加熱したジャガイモから、中の水分が蒸気になって噴き出すと、噴き出し口に微小な穴が開く。ジャガイモの表面についた油がその穴から中に入るのが、油っぽくなる原因だ。フライドポテトをフライヤーや鍋から取り出したら、すぐにクッキングペーパーで油を拭き取ろう。丁寧に拭けば油分の80％は落とせるはずだ（20％残っているくらいでちょうどいい）。

☞ ❹〜❾の参照：カリカリ感 P.84

油は加熱後にジャガイモの中に入り込む。

やりがちだけどやってはいけないこと

揚げ油を十分に熱しておかないと、フライドポテトが油っぽくなる

揚げ油を高温にしておかないと、ジャガイモの中に油が入ってくると思っている人はとても多い。だが、それは違う。ジャガイモは80%が水でできている。そして水と油は仲が悪い。反目し合い、避け合っている。つまり、ジャガイモのほとんどが水である以上、油が中に入ってくるはずはないのだ。

そして前述したように、高温の揚げ油に入れたジャガイモからは、中の水分が蒸気の泡になって噴き出す。この勢いに逆らって油が中に入り込むことはありえない。そんな離れ業ができるのは、DCコミックスのワンダーウーマンくらいだ。

フライドポテトが油っぽくなるのは、揚げ油から取り出した後、ジャガイモの表面についた油が蒸気の穴から入り込んでしまうせいだ。

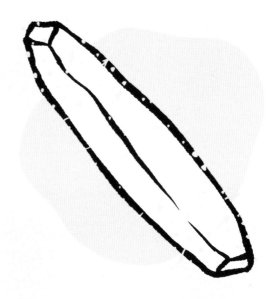

構成物質の80%が水であるジャガイモに、油が入り込むはずがない。

80%が水分であるジャガイモに、それ以上水が入り込むことはない。
むしろ、揚げる前に水に浸けておくほうがいい。

揚げる前にジャガイモを水に浸けると、水分でべちょべちょになる

いや、ジャガイモはもともと水をたっぷり含んでいる。前述したように構成物質の80%は水だ。それ以上の水は入らない。そんな隙間はない。むしろ、揚げた後にフライドポテト同士がくっつかないよう、表面のデンプンと糖を洗い流すために、最短でも20分、できれば3〜4時間は水に浸しておこう。

フライドポテトは、揚げた後で塩をふるとふにゃふにゃになる
──

いや、これもありえない。理由は簡単だ。フライドポテトの表面は、サハラ砂漠の石のように乾いている。どこを探しても水一滴見つからない。乾いているからこそカリッとした食感なのだ。ということは、もちろん塩をふってもふにゃふにゃにはならない。むしろ積極的に塩をふることをおすすめしたい。表面を覆っている薄い油の膜のおかげで、ふった塩が下に落ちずに済む。もしフライドポテトがふにゃふにゃしているとしたら、それは断じて塩のせいではない（理由は前述しているのでもう一度読んでおこう）。

塩をふったからといって
フライドポテトは柔らかくならない。

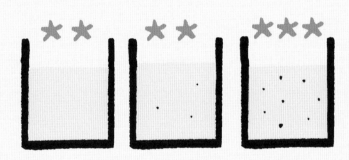

上質な油は、きちんと漉してさえいれば、使うほどに風味が増す。
ただし、使える回数には限度がある。

フライドポテトをおいしくするには、新しい揚げ油を使う
──

これも間違い。揚げ油は使用済みのもののほうがいい。

高温で熱された油は、フライパンで熱されたバターと同じ状態になる。つまり、構成分子が変化し、さまざまな化学反応が起こる。それによって香気成分が生成され、油の風味がよくなる。また、両親媒性分子（界面活性剤）も生成され、ジャガイモの水分子と揚げ油の油分子が結びつきやすくなる。つまりジャガイモが熱い油と接触しやすくなり、より均等にきれいな色がつくようになる。

結論を言うと、1～3回使った後の揚げ油を使えば、風味がよくて色もきれいなフライドポテトが作れる。

ただし、条件がある。まず、使いすぎに気をつけること。同じ揚げ油を5～7回以上は使わない。それから、油は1回使うごとに必ず漉すこと。細かい屑を取り除き、油こし紙で漉してから、乾燥した冷暗所に保存する。使いすぎて劣化した油はどろりと重くなり、食品にべっとりとくっつき、きれいな色がつきにくくなる。発煙点（煙が発生する温度）が低くなり、すえた匂いがするようになる。

Les frites McArthur
アルテュール式フライドポテトの作り方

通常、自家製フライドポテトは2回に分けて揚げる。
1回目は140℃、2回目は180℃で、1回目と2回目の間に少し寝かせる。最後に塩をふって完成だ。
だが、ここでは2通りの作り方を教えよう。
作り方A 表面をしっかり乾燥させた、カリッと軽い食感のフライドポテト。
作り方B 1回揚げた後で冷凍した、天ぷらのような食感のフライドポテト。こちらの場合、食べる前日から準備する。

材料（4人分）
ジャガイモ（サンバ、ピンチェ、アグリア種など） 1200g
ピーナッツオイル 3000mℓ

所要時間
A.アルテュール式フライドポテト
下準備 30分
加熱 35〜40分
乾燥 2時間〜4、5時間
B.アルテュール式天ぷら風フライドポテト
下準備 30分
冷凍 12時間
乾燥・解凍 4〜5時間
加熱 30〜35分

---

❶ ジャガイモの皮をむく

なぜ？
ジャガイモの皮には、グリコアルカロイドの一種、ソラニンが含まれている。菌類や昆虫から身を守るための有毒物質で、人間も大量に摂取すると食中毒のような症状を起こす。念のために取り除いておくほうがよいだろう。

どうやって？
中を傷つけないよう、良質なピーラーを使って皮をむく。

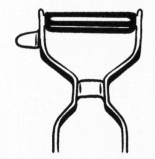

縦型でも横型でも、好みのピーラーを使おう。

❷ ナイフでカットする

なぜ？
フライドポテトは、太さによって食感と味が変わる（P.100）。

どうやって？
表面をわざとざらつかせるために、あまり切れ味のよくないナイフを使おう。ジャガイモの表面積を増やすと、カリッとした部分が広くなる。作り方Aは1.2cmの太さ、作り方Bは1cmの太さにカットする。

きちんと研いでいないナイフを使うことで、表面積が広くなる。

❸ 水洗いする

なぜ？
ジャガイモをカットすると白っぽい汁が出るが、これは水分とデンプンが混ざったもので、加熱すると糊のようにねばついた物質になる。また、糖がついていると、表面に硬い層ができる前に茶色くなってしまう。水洗いしてデンプンと糖を流し落としておくと、きれいなブロンド色のカリッとしたフライドポテトになる。

どうやって？
ボウルに溜めた冷水で何回か繰り返して洗おう。水が透明になるまで続けること。

きれいに水洗いする。

❹ 水分を拭き取る

なぜ？

布巾でしっかりと水分を拭き取り、ジャガイモの表面に残っているデンプンをきれいにぬぐう。

どうやって？

誕生日にお義母さんからもらった布巾で、しっかりと水分を拭き取ろう。

次の工程で水を使って茹でるけれど、その前に水分をしっかりと拭いておこう。すべての行動に意味があるのだ。

❺ 茹でる（もちろん水で！）

なぜ？

熱湯で茹でたジャガイモは、割れたり裂けたりしやすくなる。それは細胞内のデンプン粒が、ジャガイモに含まれる水分と茹で湯を吸収するせいだ。水をたっぷり含んだデンプン粒は体積が50倍に増える。
膨張して裂けたジャガイモは、体積が大きくなり、表面積も広くなる。表面積が広いということは、そのぶん揚げたときのカリカリ感が増しておいしいフライドポテトになる。

どうやって？

大きな鍋にたっぷり水を入れ、湯気が立ちはじめ、ところどころに小さな泡が立つまで加熱する。決して完全には沸騰させないこと。
ジャガイモを入れる（いや、大丈夫だから心配しないで！）。ジャガイモの表面がざらついてきて、かすかに膨らみはじめ、角がごくわずかに裂けるまで15〜20分、必要であればさらに4〜5分ほど茹でる。ただし、茹ですぎて折れたり砕けたりしないよう気をつける。網じゃくし（灰汁取り）で壊さないようにそっとすくい、金網の上にのせて茹で湯を蒸発させる。ジャガイモ同士を重ねないよう気をつけること。

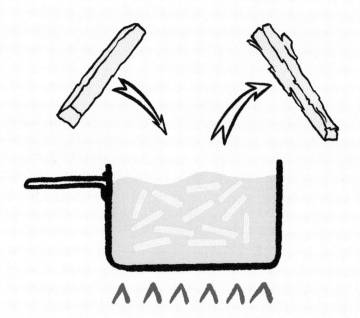

ジャガイモを茹でると表面積が広くなる。
つまり、揚げたときのカリカリ感が増しておいしいフライドポテトになる。

A.アルテュール式フライドポテトの作り方

❻ 乾燥させる

なぜ？

このレシピで目指しているのは、表面のカリッとした硬い層を軽くて薄い状態にすることであって、分厚くて重たい状態にすることではない。そのためには油で揚げる前にしっかり乾燥させて、でこぼこした表面の水分を完全に除去しておこう。

どうやって？

ジャガイモを金網の上にのせ、常温で4〜5時間置いて乾燥させる。
もっと早く乾かしたいなら、ファンの風を当てよう。オーブンの機能に非加熱でファンを回す「解凍モード」があればそれを使う。なければ扇風機を使う。2時間ほど風を当てれば乾燥するはずだ。

ファンの風を当てるとより早く乾く。

❼ 160℃の油で揚げる（1回目）

なぜ？

薄くて軽くてカリッとした層を作るための第一段階。160℃の油で揚げてごく薄い層を作る。まだ表面に色はつけない。

どうやって？

オーブンを120℃に熱しておく。揚げ油を160℃に熱する（フライヤーを160℃に設定する）。ジャガイモを投入すると30℃ほど下がるので温度は高めにする。3リットルの油に600gのジャガイモを入れて、4〜5分ほど揚げる。投入後すぐにそっと油をかき混ぜて、全体に均等に熱が行きわたるようにする。加熱中に数回繰り返す。
油から取り出し、クッキングペーパーを敷いた大きめのバットに並べる。すべての面の油をしっかりと拭き取り、冷めないようにオーブンに入れておく。残りのジャガイモも同様にする。

1回目でカリッとした層の下準備をする。

❽ 200℃の油で揚げる（2回目）

なぜ？

1回目でごく薄い層がついたので、今度はそれを少し厚くする。200℃の油でさっと揚げれば、三つ星シェフ並みのカリッとした薄くておいしい層ができるはずだ。もし温度を180℃にしたら、表面が揚げ上がるのにより時間がかかり、硬い層が厚くなりすぎてしまう。

どうやって？

揚げ油の温度を200℃にする（フライヤーを200℃に設定する）。半量のジャガイモを投入し、きれいなブロンド色になるまで1〜2分ほど揚げる。決して褐色にはしないこと。
油から取り出し、クッキングペーパーを敷いたバットに並べる。すべての面の油をしっかりと拭き取り、冷めないようにオーブンに入れておく。残りのジャガイモも同様にする。

2回目でカリッとしたきれいな色の層を作る。

❾ いただきます！

フライドポテトにフルール・ド・セルをふる。好みでソースを添えて食卓に出そう。

B.アルテュール式天ぷら風フライドポテトの作り方

❻ 乾燥させて、160℃の油でさっと揚げる（1回目）

なぜ？

表面の硬い層の下地を作るために、さっと3分だけ揚げる。すでに茹でて火を通してあるので、揚げ時間は短くても大丈夫。

どうやって？

茹でたジャガイモを金網の上にのせ、常温で1時間乾燥させる。
揚げ油を160℃に熱する（フライヤーを160℃に設定する）。3リットルの油に600gのジャガイモを入れ、3分ほど揚げる。ときどきそっとかき混ぜて、全体に均等に熱を行きわたらせる。色づく前に油から取り出し、クッキングペーパーを敷いた大きめのバットに並べる。すべての面の油をしっかりと拭き取る。残りのジャガイモも同様にする。

1回目でカリッとした層の下地を作る。

❼ 冷凍する（そう、マッ○と同じように！）

なぜ？

フライドポテトの一番の魅力は、外側と内側の食感の差にある。外側のカリッとした層との差を大きくするため、内側は羽根のようにふんわり軽く仕上げよう。揚げた後で冷凍するのはそのためだ。この工程にはふたつの効果がある。もし自分の子どもに「ねえ、パパ（ママ）、どうして冷凍なんかするの？」と尋ねられたら「それはね、冷凍するとジャガイモの中にある水が凍るからなんだよ」と答えよう。液体の水より固体の氷のほうが体積が大きい。理科の授業で習っただろう？　体積が大きくなるとジャガイモの細胞が破裂し、次に揚げたときにほとんどの水分が外に排出される。こうして内側がふんわり軽くなるのだ。
もうひとつの効果は、いかなる温度下でも水が「飽和蒸気圧」を持っていることにある。つまり、水はたとえ凍っていても蒸発（昇華）する。冷凍している間もジャガイモの外側は乾燥し続ける。つまり、凍らせている間も表面のカリカリ感は増しているのだ。

どうやって？

ジャガイモが冷めたら、金網にのせて12時間冷凍庫に入れる。いや、大丈夫だから、本当に心配しないで。

冷凍するとジャガイモに含まれる水分の体積が大きくなる。

❽ 160℃の油で揚げて、ふんわり軽く仕上げる（2回目）

なぜ？

外側を厚くて軽い層に、内側をふんわり柔らかく仕上げるために、さっと揚げる。上質の天ぷらのような食感にしよう。

どうやって？

ジャガイモを冷凍庫から取り出し、常温に3～4時間置く。オーブンを120℃に熱しておく。揚げ油を160℃に熱する（フライヤーを160℃に設定する）。ジャガイモの1/3の量を投入し、ときどきそっとかき混ぜながら4分ほど揚げる。きれいなブロンド色にし、決して褐色にはしないこと。おいしいフライドポテトはブロンド色でなくてはならない。決して焦がしてはいけない。
油からフライドポテトを取り出し、クッキングペーパーを敷いた大きめのバットに並べる。すべての面の油をしっかりと拭き取り、冷めないようにオーブンに入れておく。残りのジャガイモも同様にする。

まるで天ぷらのようにサクサクした食感のフライドポテトになる。

❾ いただきます！

フライドポテトにフルール・ド・セルをふる。好みでソースを添えて食卓に出そう。このポテトのサクサク感は15分ほどで消えるので、おいしいうちに食べよう。

フライドポテトは 太さで食感と味が変わる

フライドポテトはカットの仕方によって、外側のカリカリ部分（表面積）と内側のふんわり部分（体積）の割合が変わってくる。

同じ分量のジャガイモを使っても、太くカットする（表面積に対して体積が大きい）ほどふんわり感が強まり、細くカットする（体積に対して表面積が広い）ほどカリカリ感が強くなる。

また、同じ分量のジャガイモを使っても、体積に対して表面積が広いほど、揚げた後に油を吸収しやすくなる。つまり、細いフライドポテトほど油っぽくなりやすい。

シュヴー・ドール（ブロンドの髪）
太さ 2.5mm 未満

パイユ（麦わら）
太さ 2.5mm

アリュメット（マッチ棒）
太さ 5mm

ポン＝ヌフ
太さ 1cm
パリのポン＝ヌフ（新橋）の上に出ていた屋台で売られていたことから
この名前がつけられた。もっとも標準的な太さ。

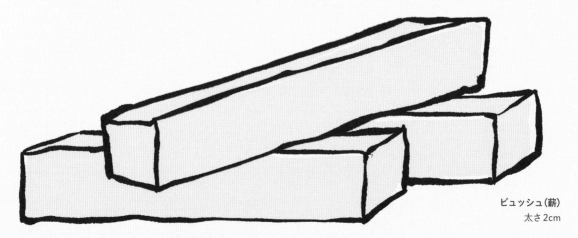

ビュッシュ（薪）
太さ 2cm

EN OPTION
参考

フライドポテトに添えるソース

KETCHUP MAISON
自家製ケチャップ

- オリーブオイル　大さじ1
- タマネギ　1/2個
  （皮をむいて薄切り）
- ニンニク　1片（皮をむいて薄切り）
- ブラウンシュガー　大さじ3
- リンゴ酢（またはバルサミコ酢）
  大さじ2
- クローブ　1/2個（砕く）
- カイエンヌペッパー　微量
- ホールトマト缶　400g
- 塩コショウ　少々

フライパンにオリーブオイルを入れて弱火にかける。タマネギを入れて透明になるまで5分ほど炒め、ニンニクを加えてさらに1分ほど炒める。塩コショウ以外の残りすべての材料を加え、とろみがつくまでフタをせずに30〜40分煮込む。粗熱が取れたらミキサーにかけ、スプーンの背で押しながら目の細かい濾し器に通す。塩コショウをふって冷蔵庫に入れておき、使う30分前に常温に戻す。

SAUCE AU BLEU
ブルーチーズソース

- ブルーチーズ（ロックフォール、
  フルム・ダンベールなど）　大さじ4
- クレーム・ドゥーブル　大さじ2
- ウスターソース　小さじ1/2
- レモン果汁　小さじ1/4
- 塩コショウ　少々

塩コショウ以外のすべての材料をボウルに入れて混ぜ、塩コショウをふる。冷

蔵庫に入れておき、使う30分前に常温に戻す。

KETCHUP SUCRÉ-SALÉ
スイートケチャップソース

- 自家製ケチャップ　150mℓ
- パイナップル果汁　小さじ1
- 米酢（またはホワイトビネガー）
  小さじ1
- ブラウンシュガー　小さじ1
- しょうゆ　小さじ1
- 水（またはチキンブイヨン、
  またはビール）　大さじ1
- 塩コショウ　少々

塩コショウ以外のすべての材料を鍋に入れて混ぜ、ブラウンシュガーが溶けるまで5分ほど弱火で加熱する。冷まして塩コショウをふる。冷蔵庫に入れておき、使う30分前に常温に戻す。

SAUCE À LA MOUTARDE SUCRÉE
スイートマスタードソース

- 粒マスタード　大さじ4
- ブラウンシュガー　大さじ1/2
- ハチミツ　大さじ1
- 水（またはチキンブイヨン、
  またはビール）　大さじ1
- 塩コショウ　少々

塩コショウ以外のすべての材料を鍋に入れて混ぜ、ブラウンシュガーが溶けるまで5分ほど弱火で加熱する。冷まして塩コショウをふる。冷蔵庫に入れておき、使う30分前に常温に戻す。

KETCHUP BARBECUE
バーベキューケチャップソース

- 自家製ケチャップ　150mℓ
- ブラウンシュガー　小さじ1
- ハチミツ　小さじ1/2
- ウスターソース　小さじ2
- マスタード　小さじ1/2
- タバスコ　数滴
- 水（またはチキンブイヨン、
  またはビール）　大さじ1
- 塩コショウ　少々

塩コショウ以外のすべての材料を鍋に入れて混ぜ、ブラウンシュガーが溶けるまで5分ほど弱火で加熱する。冷まして塩コショウをふる。冷蔵庫に入れておき、使う30分前に常温に戻す。

SAUCE AU CHEDDAR FONDU
チェダーチーズソース

- すりおろしたチェダーチーズ
  大さじ6
- 片栗粉（または小麦粉）　小さじ1/2
- 牛乳　大さじ1
- タバスコ　数滴
- 塩コショウ　少々

チェダーチーズと片栗粉をボウルに入れて混ぜ、牛乳とタバスコを加える。テフロン加工フライパンに入れてとろ火にかけ、チーズが溶けるまで加熱する。塩コショウをふる。熱いうちに使うか、冷めたら電子レンジに数秒入れてチーズを溶かしてから使う。

まとめ
いつものフライドポテト vs.
アルテュール式フライドポテト

いつものフライドポテト —

🕐 下準備：30分　🍲 加熱：10分　🕐 寝かせ：1〜4時間

当日
ジャガイモの皮をむき、
ポテトカッターでカットする。
水洗いして乾かす。

140℃の油で6〜8分揚げる
（1回目）。
クッキングペーパーで油を
拭き取る。
1〜4時間寝かせる。

A.アルテュール式フライドポテト —

🕐 下準備：30分　🍲 加熱：35〜40分　🕐 乾燥：2時間〜4、5時間

当日
ジャガイモの皮をむき、
1.2cmの太さにカットする。
水洗いして、水分を拭き取る。

15〜20分ほど茹でる。
金網にのせて常温で4〜5時
間、あるいはファンの風を当
てて2時間乾燥させる。

B.アルテュール式天ぷら風フライドポテト —

🕐 下準備：30分　🍲 加熱：30〜35分　❄ 冷凍：12時間　🕐 乾燥・解凍：4〜5時間

前日
ジャガイモの皮をむき、
1cmの太さにカットする。
水洗いして、水分を拭き取る。
15〜20分ほど茹でる。

常温で1時間ほど乾燥させる。
160℃の油で3分揚げる
（1回目）。
クッキングペーパーで油を拭
き取り、冷めたら冷凍庫に12
時間入れる。

当日
冷凍庫から出して、常温で
3〜4時間解凍する。

160℃の油で4分揚げる
（2回目）。
クッキングペーパーで油を拭
き取り、塩をふって食べる。

「アルテュール……あなたったら、たかがフライドポテトを作るのに2日もかけて、しかも乾燥させるのに2〜5時間もかけるの？　馬鹿じゃない？」 そう、ぼくはフライドポテト馬鹿だからそうするのだ。まあ、そう言わずに試しにやってみてほしい。ちょっとした工程を一つひとつ丁寧にこなすだけで、驚くような仕上がりになる。いつものフライドポテトが絶品料理に生まれ変わるのだ。間違いない。

材料（4人分）
ジャガイモ（サンバ、ビンチェ、アグリア種など）　1200g
ピーナッツオイル　3000mℓ

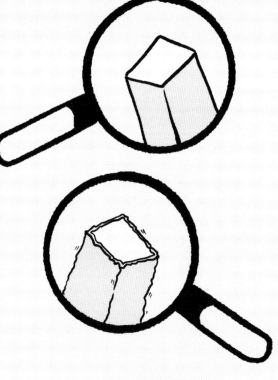

180℃の油で2〜3分揚げる
（2回目）。
油を拭き取り、塩をふって
食べる。

160℃の油で4〜5分揚げる
（1回目）。
クッキングペーパーで油を拭
き取り、冷めないよう120℃
のオーブンに入れておく。

200℃の油で1〜2分揚げる
（2回目）。
クッキングペーパーで油を拭
き取り、塩をふって食べる。

肉を柔らかくし、味をつけるためにマリネ液に漬ける

« Faire mariner les viandes
leur donne du goût
et les attendrit. »

ブフ・ブルギニョンを作ったり、ジビエ肉や豚ロース肉をマリネしたりするときに、よく聞く言葉だ。
だが実際は、マリネ液に漬けても肉は柔らかくならないし、味もつかない。むしろ肉にとってデメリットしかない。

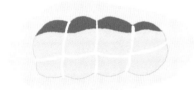

マリネ液は表面にとどまり続ける。

マリネ液は水の分子の間を
通りぬけられない。

水と油は反目し合う。

どこが間違い？

肉を柔らかくしたり味をつけたりするには、マリネ液が肉の奥まで浸み込まなくてはならない。マリネ液がどこまで浸み込むかを調べるには、香気成分と分子の大きさが同じである食用色素を使えばいい。結果は明らかだ。食用色素を加えたマリネ液に48時間浸けたところ、牛肩バラ肉で深さ3mm、豚ロース肉で深さ5mm、鶏もも肉で深さ7mmまでしか染まっていなかった。つまり、マリネ液は肉の奥まで浸透しないのだ。理由は主に3つある。

第一に、肉の構成物質のほぼ70%が水であること。肉の繊維の中はすでに水分がほぼ飽和状態なので、これ以上は水分を吸収できない。マリネ液を構成するワインの85%、ビネガーの90%が水なので吸収されるのは不可能だ。

第二に、マリネ液に含まれる香気成分の分子は、たった3つの原子が結合してできている水の分子の間を通りぬけるにはあまりにも大きすぎること。

そして第三に、マリネ液の主要な材料のひとつに油があること。皆さんもご存知のように、水と油は仲が悪く、反目し合っている。マリネ液の油も、肉の中の水分とは決して混ざり合わない。

つまり、マリネ液が肉の中に浸透しないのなら、何をどうしたって肉を柔らかくしたり味をつけたりはできないのだ。それどころか、マリネ液は肉の表面に悪影響すら及ぼしている。

そしてこんなデメリットも！

セビーチェをご存知だろうか？ 生魚の切り身を香味野菜、ハーブ、レモン果汁などでマリネしたペルー料理だが、マリネ液に数分漬けただけで魚の色が変わり、まるで火を通したようになる。レモンに含まれるクエン酸の作用で魚の表面のタンパク質が変質してジェル状になり、色が変わって身が引き締まるのだ。

実は、肉でもまったく同じことが起こる。柑橘類に含まれるクエン酸やビネガーに含まれる酢酸に肉を浸してから加熱すると、より多くの肉汁を失い、硬い肉になってしまうのだ。さらに、ワインに含まれるアルコール分は、浸透圧によって肉に含まれる水分の一部を吸収し、いっそう肉を乾燥させて硬くする。

とどめに、ワインに含まれるさまざまな酸もまた、肉の表面を海綿状に変えてしまい、焼いたときにきれいな色をつきにくくさせる。

つまり、肉をマリネ液に漬けても何もよいことはなく、むしろデメリットしか見当たらないのだ。

マリネの起源

冷蔵庫がなかった時代、肉をどうやって保存するかは人々の悩みの種だった。そんなとき、肉をブドウ酢、ワイン、スパイス、フルーツなどに漬けておくと、酸化しにくくなることがわかった。ワインに含まれるアルコール分の殺菌作用のおかげで、長期保存が可能になるとも考えられていた。

マリネには他のメリットもあった。ワイン、香味野菜、スパイス、ハーブなどに漬けると、古い肉の悪臭をごまかせる上、傷んだ部分も見えにくくなる。

つまり、もともとマリネは、肉を柔らかくしたり、味をつけたりするための作業ではなかったのだ。

調理科学の視点

マリネ液が肉の内側にはほとんど浸み込まないことはわかった。だが、マリネ液に漬けてから加熱した肉を食べると、まるで肉全体にマリネ液が浸み込んでいるように感じるのはどうしてだろう？

理由は簡単だ。マリネ液が浸み込んだ表面の肉と、浸み込んでいない内側の肉をほぼ同時に口にしているせいだ。ふたつの味が混ざり合って、まるで肉全体にマリネ液が浸み込んでいるように感じられるのだ。

これが正解！

ふつうのマリネ液は食品の奥まで浸み込まないとわかった今、効果的にマリネをする方法を
探してみよう。

塩を加える

マリネ液に塩を加えるのは有効な方法だ。肉に塩をふった後しばらく置けば、奥深くまで塩が浸み込むのは前述した通りだ（P.28〜35）。マリネ液に塩を加えると、そこに含まれる他の物質も肉の中に浸透しやすくなる。塩ほど深くは浸透しないが、それなりの作用をもたらす程度には浸み込む。それに肉の奥まで塩が入れば、加熱しても肉汁が排出されにくくなる。

マリネ液の5％を目安に塩を加えよう。マリネ液が1リットルならおよそ50g、1.5リットルならおよそ75g、2リットルならおよそ100gだ。

マリネ液は塩と相性がよい。

砂糖を加える

豚ロース肉、牛ハラミ肉、鶏胸肉などのあまり厚みのない肉で、マリネ液に長時間漬けるわけではない場合は、マリネ液の5％程度の砂糖を加えてみよう。浸透しやすくなるわけではないが、焼いたときに表面がカラメル化してきれいな色がつきやすくなる。

砂糖はカラメル化を促進する。

乾燥食材のみでマリネする

乾燥食材のみでマリネし、それらの食材をくっつけたまま加熱して、肉の表面と内側の味にコントラストをつけるのもおもしろいだろう。香味野菜、ハーブ、スパイス、パン粉などを好みで使う。ごく少量の油を加えれば、材料同士がまとまって肉の表面にくっつきやすくなる。

塩漬けにする

塩漬けも乾燥食材を使ったマリネの一種だ。塩、スパイス、ハーブ、砂糖などに肉や魚を漬け込んで乾燥させ、味や香りを熟成させる。燻製にして他の香りをつける場合もある。塩漬けにされた食品の代表格に、マグレ・ド・カナール・セシェ（鴨胸肉の生ハム）、グラブラックス（サーモンの塩漬け）などがある。

塩を使わずに塩味をつける

焼いた肉を濃厚なソースで食べるときは、塩の代わりにしょうゆ、魚醤（ナンプラー、ニョクマム）、アンチョビペーストなどでソースに味をつけてみよう。いずれも塩味をつけられる上、グルタミン酸が含まれているので「うま味」も付与できる。ソースがよりリッチでまろやかな味わいになる。

塩をふる以外にも塩味をつける方法はある。

ヨーグルトでマリネする

タンドーリチキン、ビリヤニなどの
インド料理は、スパイスを加えたヨ
ーグルトで肉をマリネする。肉料理
の下ごしらえとして非常に効果的な
方法だ。ヨーグルトに含まれる乳酸
菌の作用でスパイスが肉の中に浸み
込みやすくなる上、加熱時に肉汁が
排出されにくくなり、柔らかくてジ
ューシーな肉に焼き上がる。

ヨーグルトはマリネの効果をアップさせる。

つけ合わせの野菜や
フルーツをマリネする

つけ合わせの野菜やフルーツをマリ
ネしてもよい。クエン酸を含むレモ
ン果汁や酢酸を含むビネガーに漬け
ると素材の風味を引き出せる。水分
を排出させるために砂糖でマリネし
てもよい。焼いたときにカラメル化
しておいしくなるという効果もある。

酵素で肉を柔らかくする

肉を弱火でじっくり焼くと、肉を硬
くしているコラーゲンの繊維が溶け
て、肉質が柔らかくなる。あらかじ
め酵素を浸み込ませておくと、この
コラーゲンがさらに溶けやすくなる。
パパイン酵素を含むパパイヤ（とく
に青パパイヤ）、またはブロメライ
ン酵素を含むパイナップルの果汁を
マリネ液に少量加えてみよう。市販
のジュースには酵素は含まれていな
いので必ず生の果実を搾ること。

パイナップル果汁には肉質を
柔らかくする作用がある。

焼き汁でマリネする

焼いた肉を焼き汁でマリネして、一
晩置いてから食べるとよりおいしく
味わえる。すでにぼく自身が何度も
試したことがあるので実証済みだ。
一応断っておくが、肉は吸い取り紙
ではないので、焼き汁を吸い込むわ
けではない。焼いたときに肉の繊維
が収縮して、繊維同士の間に隙間が
できる。毛管現象によって焼き汁が
そこに入り込むのだ。それによって
肉を噛んだ瞬間に口の中に焼き汁が
広がり、よりジューシーで香り高く
感じられる。
焼いた肉が冷めてから焼き汁をたっ
ぷりかける。表面が乾かないようラ
ップフィルムかアルミホイルをかけ
て一晩寝かせよう。

おいしさが凝縮された焼き汁で、
焼いた後の肉をマリネしよう。

これが正解!(続き)

ワインは
フランベしてから使う

前述したように、ワインに含まれるアルコール分は肉をパサつかせる。それならあらかじめアルコール分を飛ばしておこう。鍋やフライパンにワインを入れて加熱し、フランベすればよい。料理を作るときはちょっと頭を使うことが大切なのだ。

マリネ液に使うワインは
必ずフランベしておくこと。

マリネする前に
焼き色をつける

前述したように、マリネ液は肉の奥まで浸み込まない上、焼いたときに表面に焼き色がつきにくくなる。ところがこのふたつの問題を一気に解決する方法がある。そう、マリネする前に肉の表面に焼き色をつけておくのだ。生肉をマリネするよりこのほうがずっと効果的だ。

肉に焼き色をつけると、熱した鍋やフライパンに接した表面から肉汁が出て、繊維が収縮し、繊維同士の間に谷間のような隙間ができる。その隙間によって肉の表面積が広くなり、そのぶんマリネ液が中に浸み込みやすくなるのだ。

表面に硬い層ができるから、むしろマリネ液が浸み込みにくくなるのではと思う人もいるかもしれない。だが、それはないので安心してほしい。

繊維同士の隙間からマリネ液が入り込む。

冷蔵庫に短時間置くだけの
マリネは省略して構わない

前述したように、マリネにはものすごく時間がかかり、たとえ48時間置いても肉の表面から数ミリの深さまでしか浸み込まない。だから、もしレシピに「肉を1〜2時間マリネする」と書いてあったら、時間がもったいないので省略して構わない。短時間マリネしようがそのまま焼こうが、結果はまったく同じだからだ。さらに「冷蔵庫で肉を1〜2時間マリネする」とレシピに書いてあったら、輪をかけて意味がないのでやらなくてよい。冷蔵庫では分子の活動は抑制されるので何の役にも立たない。

冷蔵庫ではマリネの作用は
大幅に抑制される。

薄い肉をマリネする

前述したように、マリネ液は肉の奥まで浸透しにくい。だからマリネするなら薄い肉にしよう。肉の両面から液が浸み込むので、薄いほど肉全体に味と香りがつきやすくなる。鶏肉、豚肉、牛肉のいずれでも、柔らかい肉をさっと焼き上げたいなら1cm以下の厚さにしよう。じっくり加熱する硬い肉の場合は、後述する注入を行うのが効果的だ。

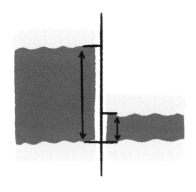

肉が薄いほどマリネの効果は高くなる。

衛生上注意すべきポイント

一回使ったマリネ液は決して再利用しないこと。生肉の表面には細菌が生息しているので、マリネ液にも移る。使用後のマリネ液を後でソースに使う場合は、殺菌のために必ず数秒間沸騰させること。念のために言っておくが、冷凍しても細菌は死なないので気をつけよう。

マリネ液を注入する

効果的に肉をマリネできるよい方法をもうひとつ教えよう。シリンジ（注射器）を使って肉の内側にマリネ液を注入するのだ。いや、驚かないでほしい。ぼくは数年前から実際に何度も実行して、家族にも好評を博している。ぜひやってみてほしい。

まず、マリネ液を弱火で20分ほど加熱し、香りと味を最大限に引き出す。マリネ液を冷ましている間に、100均のコスメ売り場でシリンジ型のスポイトを買ってこよう。

目安として、1kgの肉に対して300gほどのマリネ液を注入する。まんべんなく行きわたるよう、少なくとも1cm間隔で行う。繊維と繊維の間だけでなく、繊維の内側にもシリンジを押しこんで注入しよう。もし注入した液が漏れ出ても心配しないように。すべての液体が肉に吸収されるわけではない。そのまま一晩寝かせて翌日調理する。きっと素晴らしい仕上がりになるはずだ。

厚い肉にはマリネ液を注入する。

マリネするときの容器を選ぶ

マリネにはアルミ、銅、鋳物ホーローなど金属製の容器を使わないこと。マリネ液に含まれる酸が金属と反応して、不快な味と匂いが肉についてしまう。ガラス製、またはプラスチック製の容器を使おう。

おすすめは、ファスナーつきプラスチックバッグだ。マリネ液と肉を入れたら、空気を抜いてファスナーを閉じる。肉に液をしっかりからめて冷蔵庫に12〜24時間入れる。マリネ液が全体に行きわたるようたまにひっくり返すこと。

アルミ、銅、鋳物ホーロー

ガラス、プラスチック

Le bœuf bourguignon
ブフ・ブルギニョン

19世紀から伝わる伝統料理、ブフ・ブルギニョン（牛肉の赤ワイン煮ブルゴーニュ風）。だがレシピ通りに作っても、マリネ液が浸みていない肉には味がなく、ぐつぐつ煮込んだせいで肉質は硬くてパサパサで、ソースは酸っぱいワインの味がして……。

いつものブフ・ブルギニョン
—

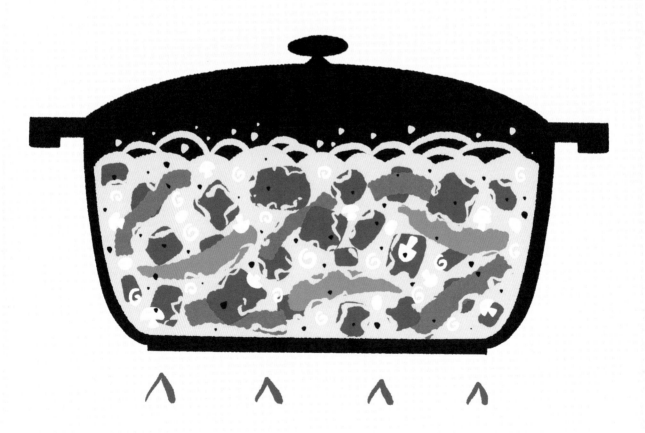

今こそ古臭いレシピをバージョンアップしよう。
マリネする前に牛肉の表面をさっと焼いて、オーブンでゆっくり肉の
内側まで火を入れて……ほら、家族みんなが舌鼓を打つブフ・ブルギ
ニョンの出来上がりだ！

アルテュール式ブフ・ブルギニョン
─

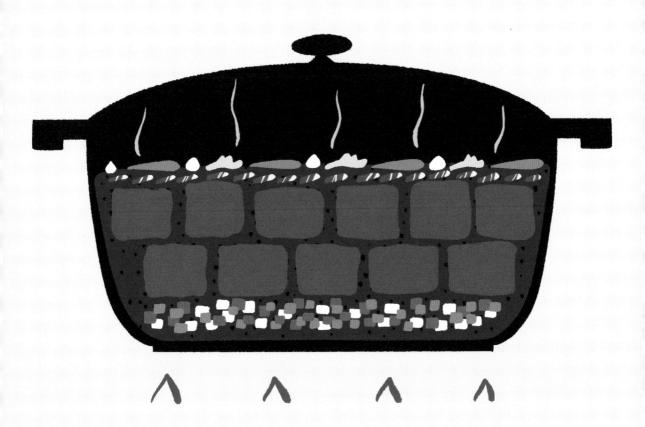

注意すべきポイント

おいしいブフ・ブルギニョンを作るには、高品質の牛肉、そして上質なワイン
が欠かせない。パサついて味のない肉や、食欲をなくすような灰色っぽいソー
スにしないよう、マリネ中や加熱中の肉の変化について知っておこう。

❶ 酸っぱいソースや甘ったるいソースにしない

せっかくのブフ・ブルギニョンのソースが、酸っぱすぎた
り甘ったるかったりしたらガッカリだ。原因は、ソースの
主要材料であるワインの品質が悪いことにある。
ワインは加熱すると味と香りが引き出される。濃縮される
ことで、もともと持っていた特徴がより強調されるのだ。
そのため、酸味が強いワインを使うと酸っぱいソースにな
り、甘みのあるワインを使うと甘ったるいソースになる。
だから、甘すぎず酸っぱすぎず、味はしっかりしているけ
れど濃すぎない、上質なワイン（できればブルゴーニュワ
イン）を使おう。最高級ワインを使う必要はないが、安売り
ワインは厳禁だ。ワインはブフ・ブルギニョンの要だと肝
に銘じよう。

おいしいソースを作るには、安価すぎない良質な
ブルゴーニュワインを使おう。

❷ 灰色がかった水っぽいソースにしない

ブフ・ブルギニョンのソース作りに失敗すると、灰色がか
った茶色の水っぽい液体になりがちだ。見るからにまずそ
うな仕上がりになってしまう。
ソースのもととなる水分（ワインとフォン・ド・ブフ）にし
っかりとろみをつけるには、加熱によって牛肉に含まれる
コラーゲンがゼラチン化される必要がある。ソースがとろ
りとした食感になるのは、ほとんどがこのゼラチン化した
コラーゲンのおかげなのだ。
ブフ・ブルギニョンに使う牛肉は、さまざまな食感を楽し
むために、いろいろな「硬い」部位を取りそろえよう。すね
肉、肩肉、ほほ肉、腕肉……とくに骨つきバラ肉はぜひ使
いたい。骨髄のおかげでソースにとろみがついておいしく
なる。
とくに、筋内脂肪を含む肉が望ましい。加熱によってゆっ
くり溶ける脂肪なので、肉が急激に硬くなるのを避けられ
る。一方、分厚い脂肪が外側を覆っていたり、内側に入り込
んだりしている肉は、食感がよくないので使わないように
しよう。

加熱することでコラーゲンが分解され、ソースにとろみがつく。

❸ 硬くてパサついた肉にしない

なおざりにされがちなのは肉の大きさだ。硬くてパサパサにしないために、肉の部位と同様に大きさにも気を配る必要がある。

肉は加熱すると30％ほど重量が減る。つまり、そのぶん肉汁が失われる。

• 肉が小さいと……体積に対して表面積が広くなる。焼き色をつけた肉の表面の割合が増え、焼き汁が増えてソースの味はおいしくなるが、肉の内側が硬くてパサパサになりやすい。

• 肉が大きいと……体積に対して表面積が狭くなる。焼き色をつけた肉の表面の割合が減り、焼き汁が減ってソースにあまり味がつかなくなるが、肉の内側は柔らかくてジューシーになりやすい。

このバランスをうまく取るには、一辺6〜7cmの立方体にカットするとよいだろう。火が均一に入るように同じ大きさに揃えること。これで肉もおいしくなり、焼き汁もほどほどに増えてソースもおいしくなる。

さらにソースをおいしく、肉を柔らかくジューシーにするには、波刃ナイフ（パン切り包丁）で肉をカットするとよい。

☞参照：
塩 P.22

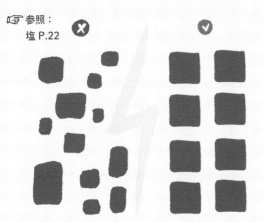

肉を同じ大きさにカットすると、均一に火が通る。

❹ 味のない肉にしない

さあ、ここからがこの料理の最大の重要ポイントだ。賢くマリネしよう！　一般的なブフ・ブルギニョンでは、肉に味と香りをつけるために（とされている）ワイン、スパイス、ハーブでマリネして一晩置く。だがこれでは、ワインのアルコール分のせいで肉の表面が乾き、マリネ液が奥まで浸み込まず、肉の表面に焼き色がつきにくくなり、ソースをおいしくする肉汁も出にくくなる。

これを解決するには、マリネする前に肉の表面に焼き色をつけるとよい。

どういうことか。メイラード反応を覚えているだろうか？表面にこんがりした焼き色をつけることで、肉汁の量が増える。つまり、ソースがおいしくなる。

さらに、焼いたことで表面にできた隙間にマリネ液が入り込み、ジューシーでおいしい肉になる。一石二鳥だ。

その後で、表面を焼いた肉、スパイス、ハーブ、香味野菜（香味野菜もあらかじめ表面を焼いておく）を一緒に煮込めば、おいしさが倍増すること間違いなしだ。

☞参照：マリネ P.104
　　　　メイラード反応 P.68

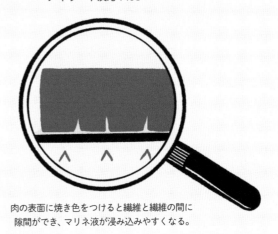

肉の表面に焼き色をつけると繊維と繊維の間に
隙間ができ、マリネ液が浸み込みやすくなる。

やりがちだけどやってはいけないこと

**牛肉に風味をつけるために、
ワインと香味野菜でマリネする**

いや、わかっている、これが伝統的なやり方だということは。
しかし……前述したので詳細は省くが、これは単なる言い
伝えにすぎない。マリネ液は肉の奥まで浸透しない上、肉
の表面をパサつかせる（P.104〜109）。
何百年も前のやり方を、どうしていまだに何の疑いもなく
続けているのか？　かつては、冷蔵庫がなかったので肉を
長持ちさせるために、そして傷んでいるのをごまかすため
に行っていたのを、「風味をつけるため」と言い訳してい
ただけだ。それ以上でも以下でもない。それを何も考えず
に今もやり続けるのは馬鹿げている。

**野菜に風味をつけるために、
牛肉と一緒にワインでマリネする**

いや、こんな理由で野菜をマリネするのは絶対にやめてほ
しい。ワインに含まれているアルコール分は、野菜の細胞
をスカスカの海綿状にして、焼き色をつきにくくしてしまう。
野菜の焼き色がつかなければ、ソースの味にも悪影響を及
ぼす。
とにかく、肉でも野菜でも、アルコール分を含む赤ワイン
にマリネするのは絶対にやめよう。

アルコール分を含むマリネ液に漬けると、
肉の表面がパサつく。

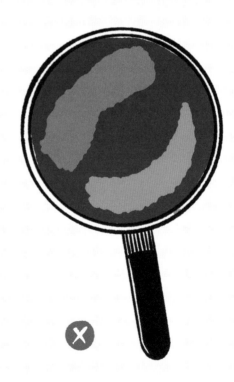

マリネは野菜をスカスカの海綿状にする。

鍋の中に小麦粉をまぶしてから
10分ほどオーブンに入れ、
焼き色をつける
—

いや、これはひどい、ひどすぎる。オーブンに10分入れた後にどうなったかをきちんと観察していたら、こんなことは言えないはずだ。

うちの奥さんを含む多くの人たちは、ワインなどの水分を加えたときにとろみがつくよう、あらかじめ食材に少量の小麦粉を「まぶして」おこうとする。

だが、あらかじめ表面を焼いた牛肉と香味野菜を鍋に入れ、その上から小麦粉をふると、小麦粉は水分を吸ってあっという間にジェル状になる。たとえ20分オーブンに入れても乾きもしなければ、焼き色もつかない。その間に肉は火が入りすぎてパサパサになってしまう。

こんな昔ながらのやり方は忘れて、もっと賢いやり方を行おう。フライパンを中火にかけて、小麦粉だけを5分ほど炒ればいい。牛肉と香味野菜を入れた鍋に炒った小麦粉を加えると、ヘーゼルナッツのような香ばしい風味がつく。

煮込んでいる途中で
チョコレートを数片入れる
—

馬鹿げている。どうしてこんな突拍子もないことをするようになったのか、ここで説明しておこう。

おいしくできたブフ・ブルギニョンのソースはきれいな黒色をしている。灰色でも茶色でもなく真っ黒になる。

つまりチョコレートを加えるのは、失敗したソースに黒い色を足すためなのだ。実に単純明快。だが、味覚的に考えるとこれは邪道中の邪道だ。試しに良質の赤ワインを飲みながら、牛ステーキとチョコレートを一緒に食べてみるといい。決しておいしくないはずだ。

ブフ・ブルギニョンにチョコレートを入れるのは断じてやめてほしい。

食材に加える前に、
あらかじめ小麦粉だけを炒っておこう。

チョコレートは決して入れてはいけない。

Mon bœuf bourguignon de compétition
アルテュール式ブフ・ブルギニョンの作り方

「でもこれは伝統的にこうするものだから……」
ブフ・ブルギニョンのような昔の料理について説明すると、誰もが必ずこう口にする。だがその伝統的なやり方は、もはや少しも理にかなっていない。そのまま無理に押し通しても、きっとおいしくできないだろう。同じ食材で作り方を少し工夫すれば、肉は柔らかくてジューシーに、ソースはコクが出て美しい黒色になり、つけ合わせの野菜もおいしく仕上げられるはずだ。

材料（6人分）
牛肩肉　600g
牛ほほ肉　600g
牛すね肉　600g
牛ネック肉　600g
ブルゴーニュ産赤ワイン　フルボトル
（750mℓ）2本
フォン・ド・ブフ　3000mℓ
ポートワイン　フルボトル
（750mℓ）1本
コニャック　100mℓ
微粒塩　少量

2日前 / 🕐 下準備：10分
🕐 塩漬け：12時間

前日 / 🕐 下準備：20分
🍲 加熱：5時間30分
🕐 寝かせ：12時間

---

❶ 波刃ナイフで牛肉をカットする

なぜ？
きちんと研いである包丁を使うと、切り口が平らになって表面積が小さくなり、断面がすべすべして谷間ができない。一方、波刃ナイフ（パン切り包丁）を使えば、繊維が引きちぎられて断面がでこぼこになる。表面積が大きくなり、でこぼこの谷間からソースが入り込みやすくなる。つまり、肉を口にしたときにおいしさを感じやすくなる。

どうやって？
波刃ナイフを使って、牛肉を一辺6〜7cmの立方体にカットする。均一に火が通るように大きさを揃えること。

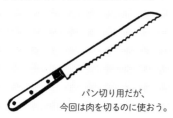
パン切り用だが、
今回は肉を切るのに使おう。

❷ 牛肉に塩を浸み込ませる

なぜ？
前述したように、肉の奥まで塩を浸み込ませると、加熱後も柔らかくジューシーな肉質になる（P.28〜35）。この料理では肉を長時間加熱するので、この工程はとくに重要になる。

どうやって？
大きなボウルにカットした牛肉を入れ、全体的に塩をふる。肉が厚いので、やや多めにふっておくこと。そっとかき混ぜてから表面をラップフィルムで覆い、冷蔵庫に一晩入れる。

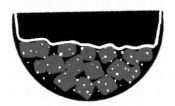
肉に塩を浸み込ませると、
柔らかくジューシーに仕上げられる。

❸ ワインをフランベして煮詰める

なぜ？
前述したように、ワインに含まれるアルコール分のせいで、肉の表面がパサつきやすくなる。ワインを火にかけてフランベし、アルコール分を飛ばそう。さらに、ワインの味と香りを凝縮させるために、水分を蒸発させて半量になるまで煮詰める。こうすることで、肉の味が水分で薄まりにくくなる。
このとき、高温で煮詰めると蒸気と一緒に香気成分も飛んでしまい、ワインの風味が損なわれるので気をつけよう。沸騰しない程度の低温でじっくり煮詰めること。表面が波打つ沸騰寸前の状態も避けて、湯気が上がる程度にとどめる。時間を短縮したいなら大きめの鍋を使うとよい。蒸気が立つ表面積が広がるので、そのぶん早く煮詰められる。

煮込み用

ニンジン　2本（皮をむいて1cm角切り）
タマネギ　1個（皮をむいて1cm角切り）
セロリ　2本（1cm角切り）
ニンニク　4片（皮をむいてナイフの刃
でつぶす）
パセリ　5本
タイム　5本
ローリエの葉　1枚（半分にカット）
干しマッシュルーム　10g
オリーブオイル　大さじ3

つけ合わせ

ミニキャロット　18本
小粒の新タマネギ（ペコロス）　12個
アンズタケ
（なければマッシュルーム）　600g
豚バラ肉のベーコン　150g
（2cm×1cmにカット）

所要時間

下準備　50分
塩漬け　12時間
寝かせ　12時間
加熱　7時間10分

④ フォン・ド・ブフを煮詰める
—

どうやって？

ワインを鍋に入れて表面が波打つまで
加熱し、マッチかライターで火をつけ
てフランベする。炎が消えたらアルコー
ルが飛んだ印だ。ワインを大きめの
フライパンか鍋に移して中火にかけ、
沸騰させずに半量になるまで45分ほ
ど煮詰める。

なぜ？

ワインと同様に、水分を蒸発させて味
と香りを凝縮させ、コクのあるだしに
する。

どうやって？

フォン・ド・ブフ（牛のだし）を大きめの
鍋に入れ、湯気が立つまで加熱する。
沸騰させず、半量になるまで1時間ほ
ど煮詰める。

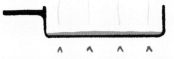

フォン・ド・ブフを煮詰めて
風味を凝縮させる。

⑤ 適切な鍋を選ぶ
—

なぜ？

均等に火を通すために、肉同士が重な
らず、あまり隙間が空かない程度に並
べられ、すべての肉がワインとだしに
きちんと浸かる程度の大きさの鍋を選
ぶこと。
材質は、蓄熱性にすぐれ、弱火でじっ
くりと均一に加熱できる鋳物ホーロー
鍋がもっとも適している。高温でさっ
と加熱するのに向いている鉄製やステ
ンレス製の鍋は使わないこと。

どうやって？

調理台の上に肉を重ねずに並べてみて、
それが収まるような大きさの鍋を選ぶ。

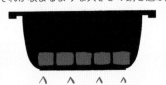

弱火でじっくり加熱するために
鋳物ホーロー鍋を使おう。

❻ 牛肉の表面に焼き色をつける

—

なぜ？

煮込みはじめる前に表面に焼き色をつけることで、メイラード反応によって肉の風味が引き出される。さらに、排出される肉汁でソースにおいしさがプラスされる。

どうやって？

鍋を中火に5分かけてから強火にする。煙が立ちはじめたらオリーブオイルを大さじ3杯加え、全体に油をなじませる。半量の牛肉を入れる。蒸気が逃げられるよう肉同士の間隔を十分に空けること。各面3〜4分ずつ加熱して焼き色をつける。焼き上がったら鍋から取り出し、残りの半量も同様にする。肉汁と脂は鍋底に残しておくこと。

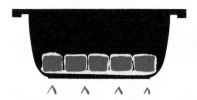

牛肉に焼き色をつけて肉汁を排出させ、ソースをおいしくさせる。

❼ 香味野菜とハーブを小さめにカットする

—

なぜ？

香味野菜とハーブは小さくカットするほど、ワインとフォンにその風味が浸み込みやすくなる。ただし5時間も煮込むので、小さすぎると最後にはどろどろに溶けて、ソースの味を損ないかねないので気をつけよう。

どうやって？

よく研いだ包丁（ナイフ）を準備する。肉を切るのに使った波刃ナイフは使わないこと。野菜を1cmの角切りにし、ハーブを1cmの長さに切る。

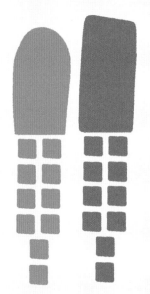

香味野菜とハーブはどろどろにならない程度に小さくカットする。

❽ 香味野菜の表面に焼き色をつける

—

なぜ？

野菜に含まれる糖によってカラメル化され、味が引き出される。さらに、焼き色によってソースにきれいな色がつく（前述したように、この料理のソースは真っ黒にしなくてはならない）。野菜から排出される水分で、牛肉を焼いたときにこびりついた肉汁をはがすこともできる。

どうやって？

❻の鍋をそのまま使う。肉汁と脂を残したまま、香味野菜とハーブを加える。焦がさないようにときどきかき混ぜながら、7〜8分ほど炒めて焼き色をつける。

焼き色をつけた香味野菜によってソースにおいしい味がつく。

❾ コニャックをフランべする

—

なぜ？

コニャックはソースに深みを与える。はっきりと味が変わるわけではないが、風味が増して余韻が長くなる。ごく少量なので含まれるアルコール分は少ないが（つまり肉の表面もそれほどパサつきやすくはならないが）、丁寧な仕事をモットーとする人なら、ぜひフランべしてアルコール分を飛ばしておこう。

どうやって？

❽の鍋の香味野菜とハーブの上にそっとコニャックを注ぐ。マッチかライターで火をつけてフランべする。炎に気をつけて！

❿ 牛肉、煮詰めたワインとフォンを加える

—

なぜ？

すでに牛肉、香味野菜、ハーブに焼き色をつけて風味を引き出した。鍋底にもおいしい汁が溜まっている。これからここにワインとフォンを加え、おいしいソースを作る。

どうやって？

鍋底に香味野菜とハーブを平らに敷き詰め、その上に牛肉を並べる。ゆっくりと均一に火が通るよう、直接鍋底に触れないようにすること。煮詰めたワインとフォンを肉より2cm上までそっと注ぐ。肉同士がくっつかないよう位置を調整する。

⓫ オーブンを熱しておく

—

なぜ？

ブフ・ブルギニョンを代表とする煮込み料理、そして蒸し煮料理は、鍋全体を熱することができるオーブンのほうが、下からしか加熱できないコンロよりおいしく調理できる。たとえ均一に熱を伝える鋳物ホーロー鍋を使ったとしても、その差は決して小さくない。

どうやって？

オーブンを140℃に設定する。牛肉をおいしく煮込むにはこの温度が一番いい。

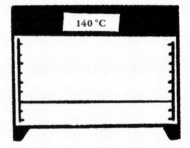

低温でじっくりと加熱すること。

フランべをすることでアルコール分が飛び、コニャックのラストノートが引き出される。

鍋の中の食材を正しく配置できるかどうかで、おいしさに差がつく。

12

「うま味」を加える

—

なぜ？

そのほうがおいしくなるから（P.16〜17）。そしてソースの色が黒くなっておいしそうに見えるから。

どうやって？

干しマッシュルーム（他の乾燥キノコでも可）をミキサー（フードプロセッサー）で砕いてふるいにかけ、鍋に加える。

13

塩コショウはしない

—

なぜ？

これから煮込むという段階で塩をふると、煮詰まった後で塩辛くなりすぎてしまう。コショウについては、熱い液体に入れると成分が溶け出すため、ソースに苦味とえぐみがついてしまう。

どうやって？

塩とコショウは調理の最後にふること。

14

鍋にフタをする

—

なぜ？

鍋にフタをしないと、ソースの水分が蒸発して肉の上部がむき出しになり、オーブンの熱気に直接触れてしまう危険性がある。
フタをしておけば、フタの裏側についた蒸気が凝結して下に落ちるので、ソースが減る心配がない。

どうやって？

⑩の鍋にフタをする。

ソースが減量しないように鍋にフタをする。

15

まずはコンロで加熱する

—

なぜ？

鍋にすべての材料を入れたらいよいよ煮込みに入るが、はじめからオーブンに入れると鍋全体が熱くなるのに時間がかかりすぎる。コンロで加熱すればすぐに適温に達するので、あとはオーブンに入れてその温度を維持させればよい。

どうやって？

鍋を中火にかけて加熱する。

鋳物ホーロー鍋のおかげで、コンロでも全体に熱が行きわたる。

16
沸騰直前より少し下の温度に調整する
―

なぜ？

ブフ・ブルギニョンに使われる硬い部位の牛肉には、コラーゲンがたっぷり含まれている。コラーゲンは58℃以上で溶けてゼラチン化し、ソースにとろみをつける。だがあまり高温にしすぎると、今度はタンパク質が凝固して肉質が硬くなる。そこで、コラーゲンが分解する程度には高く、ただし肉が硬くならない程度には低くなるよう、温度を調整する必要がある。だいたい70〜80℃を維持させよう。

どうやって？

コンロで加熱している間に鍋の中の温度を確かめる。ときどき小さな泡が立つ程度が目安。

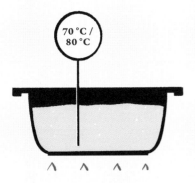

牛肉を柔らかく仕上げるために、
温度が70〜80℃以上にならないよう
気をつける。

17
オーブンを「対流モード」にに設定し、庫内の真ん中に鍋を入れる

なぜ？

鍋全体を均一に加熱するために、庫内の真ん中にくるようにオーブンに入れる。焼き網を中段にセットするという意味ではないので気をつけよう。鍋がオーブンの天井に近すぎると上だけに火が入りすぎてしまう。
加熱方式を「対流モード」（コンベクション／上下ヒーター＋ファン）にして、庫内全体に均一に熱が行きわたるようにする。

どうやって？

オーブンを「対流モード」に設定する。焼き網を下から1/3くらいの段にセットし、その上に鍋をのせる。鍋の中心が庫内の真ん中にあることを確かめる。

「対流モード」で庫内の温度を均一にする。

18
4時間加熱して冷蔵庫に入れる
―

なぜ？

前述したように、コラーゲンは58℃以上で溶けてゼラチン化する。だが一気にそうなるわけではなく、だいたい5時間くらいはかかる。
だが、ここでは4時間しか加熱しない。よく言われるように、煮込み料理はいったん冷ましてから温めなおすとよりおいしくなるからだ。主な理由はふたつ。
第一に、コラーゲンが加熱されてゼラチン化すると、液体を吸収する性質を持つようになる。ブフ・ブルギニョンの場合の液体とは、ワイン、フォン・ド・ブフ、そして香味野菜とハーブから出た汁だ。つまり、一晩置いておくことで、肉の中のゼラチンがこれらのおいしい液体を吸収してくれる。
第二に、加熱すると牛肉の繊維が凝縮し、繊維と繊維の間に谷間のような隙間ができる。寝かせている間にその隙間に液体が入り込み、肉の風味が増す。

どうやって？

鍋を4時間加熱したらオーブンから出す。常温で粗熱を取り、冷蔵庫に入れて一晩寝かせる。

当日 / 🕐 下準備：20分　⌒ 加熱：1時間40分

⑲ ポートワインを煮詰める
—

なぜ？

「は？ ブフ・ブルギニョンにポートワイン？ 馬鹿じゃないの？」という声が聞こえそうだ。

いや、待ってくれ、まずは話を聞いてほしい。ふつうなら、煮込んでいる途中でソースにとろみをつけるために小麦粉を加えるだろう。丁寧な仕事をする人ならあらかじめ炒っておくかもしれない。だがそれだと、小麦粉特有のあまり心地よくない食感が残ってしまう可能性がある。

一方、ポートワインをぎりぎりまで煮詰めて加えれば、ソースにとろみをつけられる上、この料理の主要材料であるワインの特徴を強調できる。まさに一石二鳥。グラスソースにとろみをつけるのと同じ原理だ（P.160～161）。

どうやって？

大きめのフライパンや鍋にポートワインを注ぎ、中火にかける。とろみがついて150mlくらいの量になるまで30分ほど煮詰める。

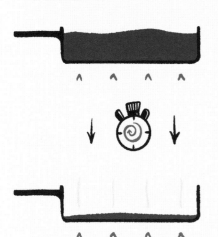

ソースにとろみをつけるために
ポートワインを煮詰める。

⑳ ソースの表面の 脂の一部を取り分ける
—

なぜ？

一晩寝かせたソースの表面には脂が浮かぶ。水分より脂のほうが軽いからだ。この脂には風味が凝縮されているので、一部を取り分けておいてつけ合わせ用の野菜を加熱するときに利用する。

どうやって？

牛肉の品質によって浮かぶ脂の量は異なるが、だいたい2/3の量を取り分けておこう。スプーンですくってボウルに入れ、冷蔵庫に入れておく。

㉑ オーブンを熱しておく
—

なぜ？

だいたい20分間くらい予熱する。その間に鍋を温めなおし、ソースを濾しておくこと。

どうやって？

オーブンを140℃に熱し、「対流モード」に設定する。

㉒ 鍋をコンロで温めなおす
—

なぜ？

冷蔵したソースはややジェル状になるので（上質なフォン・ド・ブフを使っている証拠だ）、温めなおしてなめらかな液状に戻す。

どうやって？

鍋をコンロの中火にかける。ソースがなめらかになるまで10分ほど加熱する。

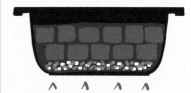

ジェル状になったソースが加熱することで
なめらかになる。

23
ソースを濾す
――

なぜ？

あと1時間ほど煮込めば完成するので、そろそろ仕上げにかかろう。
牛肉を取り出しておき、残りをシノワ（スープ濾し器）で濾す。香味野菜とハーブの風味はすでにソースに移ったはずなので、ソースだけを残す。

どうやって？

鍋からそっと牛肉だけを取り出して、バットに入れておく。できる範囲内で香味野菜とハーブを取り除いて捨てる。大きなボウルの上にシノワをのせ、スープを濾して残った香味野菜とハーブを取り除く。
鍋をいったん洗ってから、バットに入れておいた牛肉を戻す。濾したソース、煮詰めたポートワインを加える。

シノワで濾して、美しくておいしいソースにする。

24
オーブンでさらに1時間加熱する
――

なぜ？

トータルで5時間煮込む予定のところを、まだ4時間しか煮込んでいない。あと1時間頑張ろう。

どうやって？

鍋をコンロの中火にかけて加熱する。うっすらと湯気が上がったらフタをして、オーブンに入れて（庫内の真ん中に位置するようにセットすること）1時間加熱する。

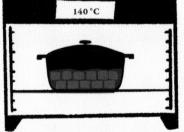

140℃

あと1時間の辛抱だ！
はじめにコンロで加熱して、それからオーブンに入れる。

25
ソースのとろみを確かめる
――

なぜ？

ワイン、フォン、牛肉、香味野菜の品質、火の入り具合によって差があるので、ソースにほどよいとろみがついているかを確認する。

どうやって？

オーブンに入れて30分経ったら、ソースのとろみをチェックする。
• どろっとしていて濃すぎたら、少量の水、または赤ワインを加える。
• さらっとしていて薄すぎたら、肉をバットに取り出してアルミホイルをかけ、ソースだけをコンロの中火にかける。少し煮詰まったら鍋に肉を戻して、もう一度オーブンに入れる。

ソースは、スプーンですくってたらしたときに薄い膜が張る程度のとろみがあるのがよい。
濃すぎても薄すぎてもいけない。

26
つけ合わせ用の ミニキャロットを蒸し煮にする

—

なぜ?

茹でるより蒸し煮にするほうが、ニンジンの風味が失われにくい。

どうやって?

大きめのフライパンを用意し、**20**でソースから取った脂を小さじ1杯入れ、火にかけて溶かす。ミニキャロットを入れ、水をひたひたに注ぐ(入れすぎないこと!)。フタをして中火で10分ほど加熱する。フタをはずして水分を完全に蒸発させる。

27
つけ合わせ用の タマネギを強火で炒める

—

なぜ?

サクッとした食感、ほのかな甘み、心地よい香りを残すために、さっと手早く加熱する。

どうやって?

大きめのフライパンを用意し、**20**でソースから取った脂を小さじ1杯入れ、タマネギをなるべく平らに並べる。水を大さじ2杯加えて、フタをして強火で5分ほど加熱する。フタをはずし、さらに2~3分加熱して焼き色をつける。

28
つけ合わせ用の アンズタケを強火で炒める

—

なぜ?

キノコは90%が水で構成されている。弱火で炒めると、キノコから出た水分がフライパンの底に残り続け、炒めるというより茹でたようになってしまう。強火で炒めれば、キノコの水分がすぐに蒸発するので、きれいな焼き色をつけることができる。

どうやって?

大きめのフライパンを用意し、**20**でソースから取った脂を小さじ1杯入れ、強火にかける。煙が上がってきたところでアンズタケ(またはマッシュルーム)を入れ、キノコの厚みによって5~10分ほど炒めて焼き色をつける。

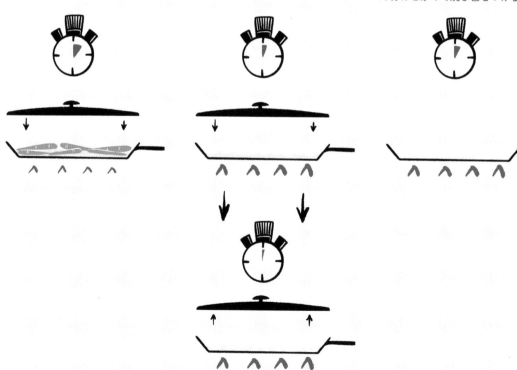

つけ合わせ用の野菜は、一晩寝かせたソースから取った脂で、別々に加熱する。
それぞれの野菜の味と香りを十分に引き出せるやり方で加熱する。

29

ベーコンに焼き色をつける

───

なぜ？

牛肉のとろりとした柔らかさとのコントラストをつけるために、ベーコンはカリッと焼き上げる。

どうやって？

フライパンを中火にかけ、脂を入れずに直接ベーコンを投入する。こまめにかき混ぜながら、きれいに色づくまで10分ほど加熱する。クッキングペーパーの上にのせ、余分な脂を拭き取る。

牛肉の柔らかさ、ソースのとろみとの
メリハリをつけるために、
ベーコンはカリッと仕上げる。

30

いただきます！

───

オーブンから鍋を出す。大きな皿の上に牛肉をのせ、上から大さじ2〜3杯のソースをかける。つけ合わせ用の野菜を添えて、残りのソースを大きめのソースポットに入れる。テーブルに運んで完成だ。

**EN OPTION
参考**

ブフ・ブルギニョンをアレンジする

PAS DE FOND DE BŒUF ?
フォン・ド・ブフがない場合

• フォン・ド・ヴォライユ　3000mℓ

フォン・ド・ブフ（牛のだし）の代わりにフォン・ド・ヴォライユ（鶏のだし）を使ってもよい。使い方は同じで、他の材料と合わせる前に煮詰めておく。フォン・ド・ブフより軽くてあっさりした仕上がりになる。

PAS DE GIROLLES ?
アンズタケが手に入らない場合

クロラッパダケ、シバフタケ、アミガサタケなどの他のキノコか、なければマッシュルームでもよい。厚さ1cmの輪切りにして使おう。ただし、セップ茸（ポルチーニ茸）のような柔らかい食感のキノコは、この料理には合わないので避けること。

ENCORE PLUS D'UMAMI
「うま味」をさらにプラスする

• しょうゆ　大さじ1

ソースの仕上げにしょうゆを少量加えてもよい。

AVEC UN PEU DE FRUITS ROUGES
赤い果実の風味をプラスする

• クレーム・ド・カシス（またはクレーム・ド・フランボワーズ）　大さじ1

煮込みの最後に、クレーム・ド・カシス（黒スグリのリキュール）、またはクレーム・ド・フランボワーズ（ラズベリーのリキュール）を少量加えてもよい。

PLUS DE CROUSTILLANT
カリッとした食感をプラスする

• オリーブオイルで炒めたクルトン
　数枚

バゲットパンを薄くスライスし、少量のオリーブオイルで軽く炒める。つけ合わせ用の野菜と一緒に料理に添えよう。

RETOURNER EN ENFANCE
ジャガイモのピューレを添える

• ジャガイモのピューレ
　1人につき80g

つけ合わせの定番、ジャガイモのピューレを作って添えてもよい。フランス人の子どもがよくやるように、ピューレの山の真ん中に穴を空けて、そこにソースを流して食べてみよう。

まとめ
いつものブフ・ブルギニョン vs.
アルテュール式ブフ・ブルギニョン

材料(6人分)
牛肩肉　600g
牛ほほ肉　600g
牛すね肉　600g
牛ネック肉　600g
ブルゴーニュ産赤ワイン
フルボトル(750mℓ)　2本

いつものブフ・ブルギニョン ―

🕐 下準備：5分　⊙ マリネ：12時間　🍲 加熱：2時間30分

J - 1

前日
牛肉を大きめにカットし、赤ワイン、香味野菜、ハーブでマリネして一晩置く。

アルテュール式ブフ・ブルギニョン ―

🕐 下準備：50分　⊙ 塩漬け・寝かせ：24時間　🍲 加熱：7時間10分

J - 2

2日前
牛肉を一辺6〜7cmの立方体にカットする。
塩をふって冷蔵庫に一晩入れる。

J - 1

前日
ワインをフランベし、半量になるまで煮詰める。
フォン・ド・ブフを半量になるまで煮詰める。
油を引いた鍋で牛肉の表面に焼き色をつけ、取り出しておく。
香味野菜を1cmの角切りにし、ハーブを1cmの長さに切る。
鍋で7〜8分加熱して焼き色をつける。
香味野菜とハーブが入った鍋

でコニャックをフランベする。
鍋の中に香味野菜、ハーブ、牛肉を丁寧に並べる。
煮詰めたワインとフォンを注ぐ。
ミキサーにかけた干しマッシュルームを加える。
鍋にフタをして、コンロの中火で70〜80℃に熱する。
140℃に熱しておいたオーブンの真ん中になるように鍋を入れ、4時間加熱する。
粗熱を取ってから冷蔵庫に一晩入れる。

あ、ちょっと待って！ このページを読まずにスルーするのはやめて！ 確かに「ブフ・ブルギニョンに7時間以上かけるなんて信じられない」という気持ちはわからないでもない。だが、この料理にはそれだけの価値がある。それに、家族をあっと驚かせる機会などそんなにあるわけではない……いや、真面目な話、これだけおいしいブフ・ブルギニョンなのだから、人生に一度くらいは食べておいても損はないはずだ。

フォン・ド・ブフ　3000mℓ	**煮込み用**	パセリ　5本	**つけ合わせ**
ポートワイン	ニンジン　2本（皮をむいて	タイム　5本	ミニキャロット　18本
フルボトル（750mℓ）1本	1cm角切り）	ローリエの葉　1枚	小粒の新タマネギ
コニャック　100mℓ	タマネギ　1個（皮をむいて	（半分にカット）	（ペコロス）12個
微粒塩　少量	1cm角切り）	干しマッシュルーム　10g	アンズタケ（なければ
	セロリ　2本（1cm角切り）	オリーブオイル　大さじ3	マッシュルーム）600g
	ニンニク　4片（皮をむいて		豚バラ肉のベーコン　150g
	ナイフの刃でつぶす）		（2cm×1cmにカット）

J

当日
牛肉の水分を拭き取る。鍋に少量のヒマワリ油を入れて火にかけ、牛肉を香味野菜とハーブと一緒に軽く炒める。
少量の小麦粉を加え、かき混ぜながらさらに5分炒める。
マリネに使った赤ワイン、フォン・ド・ヴォーを加える。

コトコトと2時間ほど煮込む。
ニンジンを熱湯で茹でる。ペコロスをグラッセにする。マッシュルームとベーコンはそれぞれ少量の油で別々に炒める。
すべてのつけ合わせ用の野菜を鍋に加えて完成。

J

当日
ポートワインを中火にかけて150mℓくらいの量になるまで煮詰める。
ソースの表面に浮かぶ脂を2/3ほど取り分けておく。
鍋を中火にかけ、ジェル状になったソースをなめらかな液状に戻す。
牛肉をバットに取り出しておく。
香味野菜とハーブを取り出して捨てる。
ソースをシノワで濾す。
鍋を洗い、牛肉、濾したソース、煮詰めたポートワインを

入れる。
鍋を中火で熱してフタをし、140℃で「対流モード」にしたオーブンで1時間加熱する。
30分経ったらソースのとろみを確認し、調整する。
ミニキャロット、タマネギ、アンズタケを、それぞれソースから取った脂を使って別々に加熱する。
ベーコンに焼き色をつけ、余分な油を拭き取る。
完成したブフ・ブルギニョンを皿に盛りつけ、ソースをソーススポットに入れる。

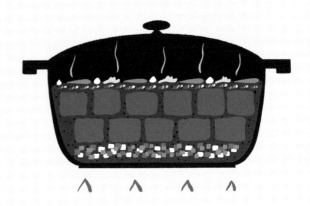

加熱方法は、大きく次の3種類に分けられる。

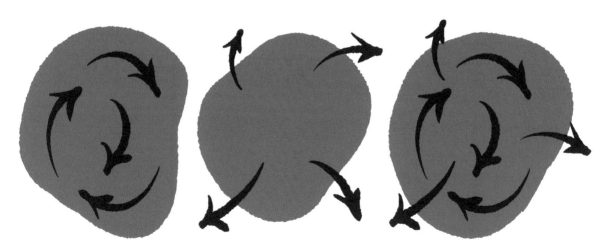

1. 濃縮加熱法 (※1)
2. 拡散加熱法 (※2)
3. 混合加熱法 (※3)

« Les cuissons se divisent en trois catégorics :
les cuissons par concentration, les cuissons par expansion et les cuissons mixtes. »

1世紀以上前から伝わる俗説だが、すでに数十年前に科学的に誤っていることが証明されている。フランスの中等教育課程においても、すでに30年ほど前からこの原理について教えるのをやめているのだ。それにもかかわらず、いまだにテレビ、ラジオ、書籍でこの話をしているのを見聞きする。そろそろ軌道修正してもよいのではないか?

「濃縮加熱法」において肉汁は肉の奥に「逃げ込む」。「拡散加熱法」において肉汁は外へ「流れ出る」。
そして「混合加熱法」では、肉汁の一部は中に「逃げ込み」、一部は外に「流れ出る」というのだ。いやはや……。

※1　濃縮加熱法：食品(主に肉、魚、野菜)を高温で加熱する方法。タンパク質をすぐに凝固させることで表面に硬い層を作り、食品に含まれる成分(肉汁など)を内側に閉じ込めるとする考え方(例：焼く、炒める、揚げる、ロースト、グリル、熱湯から茹でるなど)。
※2　拡散加熱法：タンパク質が凝固するよりも低い温度の液体(水など)を介して食品(主に肉、魚、野菜)を加熱する方法。食品と液体の間で成分の交換が行われ、食品の内側に液体が入り込み、逆に食品に含まれる成分(肉汁など)が液体に拡散するとする考え方(例：冷水から茹でる、煮る、蒸すなど)。

どこが間違い？

物理化学者のエルヴェ・ティスによる、この件に言及した発言を紹介しよう（2005年にはじめて発表され、2018年にも再び言及している）。彼こそが、この原理について最初に疑問を呈し、中等教育課程の料理学科から削除されるきっかけを作った張本人だ。

「濃縮加熱法」と「拡散加熱法」について、わたしはずいぶん前から間違いだと主張し続けてきたし、この件はとっくに片づいたものかと思っていた。（中略）だが、知らなかったという人のためにここで繰り返しておこう。
1世紀ほど前から、どういう歴史的経緯があったのかは知らないが、肉をローストするのは「濃縮加熱法」、煮るのは「拡散加熱法」と言われてきた。ローストすると「肉汁が熱を怖がって肉の中に逃げ込み」、煮ると「肉汁が外に流れ出す」のだという。だが実際は、いずれの場合も肉は収縮し、肉汁は外に流れ出る。肉をローストしたときに天板にこびりつく茶色いものは、収縮した肉から流れ出た肉汁が固まったものだ。熱にさらされた肉は必ず収縮する。この事実は簡単な方法で調べられる。肉の重さを量ればいいのだ。もともと1kgだった肉をブイヨンで煮ると、ブイヨンが沸騰した時点でだいたい750gほどになる。そしてこれは、ブイヨンが冷たいうちに肉を入れても、沸かしてから肉を入れても変わらない。つまり、「濃縮加熱法」で肉汁が閉じこめられたり「拡散加熱法」で肉汁が拡散したりはしないのだ。

エルヴェ・ティス

エルヴェ・ティスとは何者か？

エルヴェ・ティスはフランスの物理化学者で、ハンガリーの物理学者ニコラス・クルティとともに「分子ガストロノミー」という新しい科学分野を創設したことで知られる。料理の過程で生じるさまざまな現象のメカニズムを探究する学問だ。

ティスの研究の成果は、多くの国際科学ジャーナルで発表されている。とりわけ、65℃で1時間茹でる「究極の茹で卵」を提唱したことで広く知られる。とにかく、この分野において、世界中で知らない人はいない有名人なのだ。

調理科学の視点

エルヴェ・ティスはこうも言っている。「現在、加熱法は、熱した固体による加熱法、熱した液体か気体による加熱法、放射熱による加熱法の3つに大きく分類されている。その違いによって、食品の表面が褐色に変化（褐変）したりしなかったりする。つまり、食品の表面に形成される硬い層は、一般的に考えられているように《焼く》、《炒める》、《ローストする》からできるわけではないのだ」

※3 混合加熱法：最初に「濃縮加熱法」を行い、続けて「拡散加熱法」を行う方法（蒸し焼きなど）。
かつては中等教育課程の料理学科でも教えられていた原理だったが、今ではいずれも科学的に誤っていると証明されている。

これが正解！

どのようにして食品に熱が伝わるのか？　これは大変興味深い問題だ。実は、料理における熱伝導のプロセスは主に3通りに分けられる。そう、焼く、炒める、煮る、茹でる、蒸し煮、電子レンジ調理といったあらゆる調理法は、すべてこの3つの加熱法のいずれかに分類されるのだ。え、信じられないって？これから詳しく説明しよう。

伝導熱による加熱

原理：食品を固体（調理道具など）に接触させて熱を伝える。鍋やフライパンを使った調理など。

メリット：食品を高温で加熱することで、外側を乾燥させ、メイラード反応を引き起こし、多くの肉汁を排出させる。食品に風味を作り出したり、おいしさを引き出したりする。

デメリット：一方向からしか食品に火が通らないので、すべての面に均一に火を入れるには頻繁にひっくり返さなくてはならない。でないと中心に火が入る前に外側が焼けすぎてしまう。この加熱法は、主に薄い食品、あるいは小さくカットした食品にさっと火を入れるのに向いている。あるいは、外側と内側のメリハリを楽しむためにこの加熱法が用いられる（外側をカリッと焼き上げるステーキ、魚の切り身、カリッと焼き色をつける野菜など）。

熱した固体と直接接触させて加熱する。

対流熱による加熱

原理：流体（気体と液体）を介して食品のすべての面に均一に熱を伝える。

メリット：対流熱を利用することで、さまざまな調理法が可能になる。ちなみに同じ温度の場合、気体による対流熱（オーブンで焼くなど）より、水や油などの液体による対流熱（煮る、揚げるなど）のほうが早く火が入る。

デメリット：油やオーブンの対流熱だと、食品が乾燥しやすくなる。水や蒸気の対流熱だと、比較的肉汁を失いにくい。また、油とオーブンではメイラード反応が起こりやすいが、水と蒸気では起こらない。対流熱を使った調理法にはさまざまな選択肢がある。それぞれのメリットとデメリットをよく考えた上で調理をしよう。

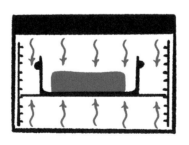

まわりの気体や液体を介して加熱する。

放射熱による加熱

原理：伝導熱と少し似ていて、熱源に面した部分にのみ熱を伝える。

メリット：伝導熱と同じように、食品の外側を乾燥させ、メイラード反応を引き起こし、多くの肉汁を排出させる。

デメリット：失敗しないためには、注意深く調理しなくてはならない。放射熱が強すぎると、食品の表面がすぐに硬くなり、中心まで熱が伝わりにくくなる。そのため、内側がほどよく焼けた頃には外側が焼けすぎてしまうことが多い。外側にいったん焼き色がついた後は、すぐに焦げはじめるので気をつけなくてはならない。

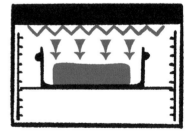

目に見えない赤外線の放射によって加熱する。

伝導熱と対流熱による加熱

原理：伝導熱によって食品の表面に焼き色をつけてから、対流熱で内側に火を入れる（コンロでの蒸し焼き）。
メリット：ふたつの異なる加熱法をひとつの調理に取り入れることで、それぞれのメリットを享受できる。
デメリット：「伝導熱による加熱」より時間はかかるが、それ以外のデメリットはない。

対流熱と放射熱による加熱

原理：熱したオーブンに食品を入れると、庫内に充満する対流熱によってすべての面に均一に熱が伝えられる一方、ヒーターで熱された庫内の側面からは赤外線の放射熱も伝えられる。
メリット：熱されたオーブンの側面から発せられる放射熱を利用して、バランスよく食品を配置したり（庫内の真ん中に置くと均一に火が通る）、逆にしっかり焼きたい部分を熱い側面に近づけたりすることができる。
デメリット：食品を庫内のどこに置くかによって仕上がりが左右される（上方、下方、真ん中、側面に近いか遠いかなど）。

伝導熱、対流熱、放射熱による加熱

原理：コンロで「伝導熱と対流熱による加熱」を行った後、オーブンに入れて放射熱でさらに火を入れる。
メリット：伝導熱で焼き色をつけ、対流熱で内側に火を入れた後、鍋ごとオーブンに入れることで、鍋全体から発せられる放射熱によって食品に均一に火を入れる。
デメリット：「伝導熱と対流熱による加熱」と同様で、デメリットはとくにない。

熱した固体と接触させた後、
気体や液体を介してさらに加熱する。

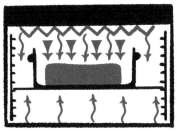

気体や液体による対流熱、
赤外線の放射熱の両方によって火を入れる。

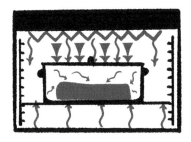

固体との接触、気体や液体による加熱、
そして赤外線の放射の3つのやり方で
火を入れる。

たっぷりの熱湯で野菜を茹でると、素材の風味と食感を維持できる

FAKE NEWS

« Cuire les légumes
dans un grand volume
d'eau bouillante
permet de conserver
leurs saveurs et leur texture. »

それはない。溶媒である水は他のものを溶かす性質があるので、野菜を茹でたら当然風味や食感は失われる。素材の風味を残したいなら、むしろ少ない水で加熱するほうがずっといい。

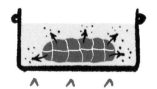

水は溶媒だ。
水で茹でると食材は風味を失う。

どこが間違い？

水は科学的には溶媒と呼ばれる。溶媒とは何か？ 他の物質を溶かす性質を持つ物質で、一般的には液体だ。だから水を使った調理では、食品を構成する粒子の一部が水に溶ける。そして温度を高くするとその性質がさらに強くなる。

たとえば、ニンジンのグラッセ。ニンジンを輪切りにして、少量のバターと砂糖と一緒に鍋に入れ、かぶるくらいの水を入れて火にかける。すると数分でその水が薄いオレンジ色になり、舐めるとニンジンの味がす

る。嘘だと思うならやってみよう。カリフラワーも同様だ。茹でるとカリフラワーの風味が水に移る。キッチンじゅうにその匂いが漂うほどだ。つまり、風味が水に溶けるぶん、カリフラワー自体の味と香りは薄まる。同じことは、サヤインゲン、グリーンピース、アスパラガスなど、あらゆる野菜に言える。いや、野菜だけでなく肉や魚も同様だ。水で茹でた食材は、少なからず風味を失ってしまうのだ。

調理科学の視点

ポイントはふたつある。第一に、水の分子は水素原子2個と酸素原子1個が結合したもので、水素側にプラスの電荷、酸素側にマイナスの電荷を持っている。この性質によって、水は多くの他の分子を引きつけやすく、分子の結合をバラバラにして溶かしてしまう。

第二に、味や香りは、必ず、常に、いつも、絶対に、濃いほうから薄いほうへと移動する。だから野菜、肉、魚などの食品を水に入れて加熱すると、風味が水のほうに移るのだ。フュメ（魚のだし）、ブイヨン（肉のだし）、スープ、ポタージュなどができる理由はまさにここにある。「伝統的な調理法」でポトフを作ると、肉や野菜の風味のほとんどを水が吸収し、具材の味が抜けてしまうのも同じ理由だ（P.168）。

水で茹でたり煮たりするのと同じように、蒸す場合も水蒸気によって食材の風味が失われる。茹でるよりはミネラル分は残るが、味や香りは薄まる。

これが正解！

実は、食品の風味が水に移るのを防ぐ方法がいくつかある。

水分が出る野菜は
水を使わずに加熱する

トマト、ズッキーニ、ナスなど多くの水分が出る野菜は、水を使わずに加熱しよう。フライパンに油脂を引いてさっと焼いた後、フタをしてさらに加熱すれば、野菜の水分だけで茹でたように柔らかくなる。フタをせずに焼いて水分を飛ばしてもよい。

野菜は少量の水で
蒸し煮にする

ほとんどの野菜はこの調理法で火が通る。大きめのフライパンに油脂を引いてさっと焼いた後、ひたひたか野菜の下半分が隠れるくらいの水を加え、フタをして加熱する。水の量が少ないので、風味を吸収してもあっという間に飽和状態になるため、野菜にも多くの味と香りが残される。

だしで茹でる

茹で水のほうにはじめから味や香りがついていれば、野菜の風味が水に移ることはない。野菜にも味と香りが残る。試しに、ニンジンをニンジンのだしで、アスパラガスをアスパラガスのだしで茹でてみよう。だしはむいた皮で取っておけばよい。同様に、ポトフはブイヨン・ド・ブフ（牛のだし）で、魚のポシェはフュメ・ド・ポワソン（魚のだし）で作ってみよう。野菜、肉、魚のいずれも、水で茹でるよりずっと味が濃くなるはずだ。優秀なシェフなら知っているテクニックだ。

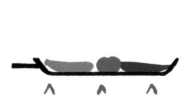
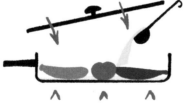

これが正解！(続き)

クロロフィルを含む緑色野菜はたっぷりの塩水で茹でる

クロロフィルは1種類ではない。自然界にはa～fまでさまざまな種類がある。クロロフィルといえば緑色というイメージだが、実際は青、青緑、黄緑色のものもある。だがいずれのクロロフィルも、分子構造の中心にマグネシウム原子を持っている。クロロフィルを含む緑色野菜（ブロッコリー、ホウレンソウなど）を茹でたり酢水に漬けたりすると、このマグネシウム原子が水素イオンと置き換わり、緑色から黄緑色や褐色に変化する。

野菜をきれいな緑色に茹で上げるには、たっぷりの塩水を沸騰させてから投入するとよい。理由は次の3つだ。

1. 野菜の変色は、野菜に含まれる酸化酵素が溶けて水が酸性化することが原因のひとつとされる。水の量を多くすれば、酸化酵素が希釈されて水の酸性化が抑えられる。

2. 緑色野菜の色素は水に溶けやすい。だから、水に浸かっている時間はなるべく短くしたい（最長で5～7分）。野菜を入れたときに温度が下がって茹で時間が長くなるのを避けるために、たっぷりの水をぐつぐつと沸騰させてから投入するとよい。

3. 塩には野菜が柔らかくなるのを促進する作用があるので、茹で時間を短縮できる。また、塩には野菜の酸化酵素が水に溶けるのを抑制する働きもある。これぞ一石二鳥だ。なお、理想的な塩分濃度は2～3%。

野菜は水が100℃になってから茹ではじめる

ニンジン、サヤインゲンをはじめとする多くの野菜は、水が沸騰する100℃近くになってから茹ではじめるとよい。沸騰していないと、どんなに熱い湯でも野菜を硬くする働きを持つ酵素が作用する。100℃に達さなければ、たとえ数十分茹でても野菜は柔らかくならない。逆に、小キュウリ（コルニッション）などカリカリした食感を残したい野菜の場合、あえて沸騰させずに茹でるとよいだろう。100℃に達するとこの酵素は作用しなくなり、野菜が柔らかくなりはじめる。

水の温度の見分け方と適した食材

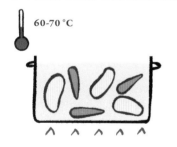

60-70℃

細かい泡が出る

鍋の底で小さな泡が立つが、表面に達する前に消えてしまう。水の内側がかすかに揺れている。食品を入れると温度が下がりやすい。食品に熱が伝わる速度はとても遅い。

「究極の茹で卵」(P.129)を作るのに適した温度。だが、他のほとんどの食品には低すぎる。

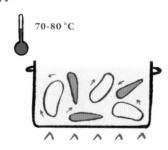

70-80℃

水の表面がかすかに揺れる

小さな泡がゆっくりと表面まで上る。水の表面がかすかに揺れている。弱い水の対流がある。食品を入れると接した部分の温度が下がりやすい。ポトフ、ブレゼ（蒸し煮）、ブイヨン（肉のだし）など、魚や肉を加熱するのに適した温度。

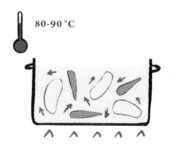

80-90℃

水の表面が細かく波立つ

やや大きめの泡が立ち上る。水の表面が細かく波立っている。やや強い水の対流がある。食品を入れても接した部分の温度が下がりにくい。食品に熱が伝わりやすい。

70～80℃と同じ食品をより早いスピードで加熱できる。サラダ用のジャガイモを茹でるのにも適している。

肉や魚は70〜80℃で加熱する

肉や魚の場合、かなり低めの70〜80℃で加熱するとよいだろう。それ以上温度を高くすると、繊維が収縮し、素材に含まれる水分が外に排出され、タンパク質の一部が凝固し、肉質が硬くなってしまう(P.164〜165)。

デンプン質の野菜は冷水から茹ではじめる

デンプン質の野菜であるイモ類やマメ類は、茹でるとデンプンの粒が水を吸収して膨張する。だが、茹ですぎると50倍にまで膨れ上がり、しまいには破裂してしまう。ジャガイモがぼろぼろと粉っぽくなることがあるのはそのせいだ。

さらにデンプン質の野菜は、熱が内側に伝わるのに他の野菜より時間がかかる。そのため、「熱伝導率が悪い」野菜とされる。

デンプン質の野菜は冷水から茹ではじめよう。理由はふたつある。

1. 水が少しずつ熱くなるので、じわじわと加熱される。そのため、外側が柔らかくなりすぎる前に内側にも熱が伝わる。
2. 食べられるくらいに柔らかくなるには、水がデンプンの粒の間に入り込み、粒の内側に浸透し、粒を膨張させなくてはならない。そこまでに達するには時間がかかる。

ひとつ、豆知識を。サラダに入れるジャガイモは80℃くらいの水で茹でるとよい。デンプンの粒が膨らみすぎず、破裂しない程度の、ほどよい硬さになる。

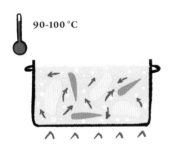

90-100 ℃

水の表面が波打つ

大きな泡が立ち上る。まるで荒れた海のように、水の表面が大きく波打っている。食品に熱が伝わりやすい。沸騰直前の95〜98℃になったら、多くの野菜を投入できるようになる。湯煎用の湯、卵黄ベースのソース(オランデーズソース、ベアルネーズソースなど)作りにも適した温度。

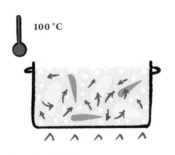

100 ℃

ふつふつと沸く

大きな泡がひっきりなしに立ち上る。強風に煽られた海のように、水の表面が激しく揺れている。激しい水の対流がある。食品に熱が伝わる速度が早く、すぐに火が通る。

すべての野菜を茹でるのに適した温度だが、肉や魚には高すぎる。

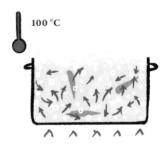

100 ℃

ぐつぐつと沸く

「ふつふつ」と水の温度は同じだが、台風に襲撃された海のように、水の表面がいっそう激しく暴れている。非常に激しい水の対流がある。あっという間に火が通る。

クロロフィルを含む緑色野菜を茹でるのに適した温度。他の食品には高温すぎる。

乾燥パスタはたっぷりの沸騰した水で茹でる。基本は「1-10-100」で、1リットルの水に対して10gの塩、100gのパスタ。ソースには茹で汁を少量加える

« Il faut cuire les pâtes sèches dans un grand volume d'eau bouillante en suivant la règle des 1-10-100 : 1 l d'eau pour 10 g de sel et 100 g de pâtes, puis ajouter un peu d'eau de cuisson à la sauce. »

バックス・バニーの「どったの、センセー?」という声が聞こえてきそうだ。ありがとう、センセーは元気だ。だがセンセーはね、1940年代と同じやり方でパスタを茹でるより、鍋の中で何が起きているかを理解して、2.0.22バージョンにアップデートしたいと思っているんだ。

どこが間違い?

パスタを茹でることに関しては、主にふたつの思いこみが広まっている。ひとつは、〈たっぷりの沸騰した水で茹でる〉。なるほど、確かにたっぷりの水で茹でれば、そのぶんパスタ同士がくっつきにくくなるだろう。だが、沸騰した水にパスタを加えると温度が急激に下がる。つまり、いったんは沸騰がおさまる。実は、水の対流が弱まったこのときにこそ、パスタがくっつきやすくなるのだ。「でも、たっぷりの水を使えば、温度は下がりにくくなるだろう?」と、あなたは言うかもしれない。確かにその通りだ。だが、大事なことをひと

つ忘れている。水量が多いと再沸騰するのに時間がかかる。その間にパスタがくっつきやすくなる。くっつかないためにはかき混ぜるしかない……。

まとめよう。水量が多かろうが少なかろうが、沸騰した水にパスタを投入してから再沸騰するまでは、くっつかないようかき混ぜ続けなくてはならない。だが、水量が多いと再沸騰に時間がかかるので、水量を多くすることにメリットはほとんどない。ふたつ目は、〈ソースに茹で汁を少量加える〉。これは、水に溶けたパスタのデンプンを加えて、ソースにと

ろみをつけるためとされる。確かにいいアイデアだ。だがたっぷりの水でパスタを茹でると、デンプンは希釈されてしまう。液体にとろみをつける性質もほとんど残っていない。そんな茹で汁を加えたら、ソースが希釈されてせっかくの味と香りが薄まってしまう。

確かに、小麦が鎌で刈り取られ、手作業で仕分けされていた数百年前だったら、ある程度は有効な手段だったかもしれない。だが、技術が大幅に進歩した今でも同じことを続けるのは馬鹿げている。そう思わないかい?

調理科学の視点

乾燥パスタとは何か？　硬質（デュラム）小麦粉に、水、場合によっては少量の卵を加えて長時間こね、金型から押し出して成形したものだ。表面がつるつるした安価なパスタはテフロン製の金型、表面がざらざらしてソースがからみやすい良質なパスタは銅製の金型が使われる。成形された後は、乾燥・冷却される。こうして作られた乾燥パスタを食べられるように柔らかくするには、パスタの構成物質の80%以上を占めるデンプンの粒に水分を吸収させ、膨らませなくてはならない。だからパスタは茹でると重量が増えるのだ。

さあ、興味深いのはこれからだ。パスタを熱湯に入れている時間の大半は、火を通すためではなく、水分を吸収させるために使われている。火を通しているのはわずか1〜2分という短い時間のみ。つまり、茹でている時間の80%は、単にパスタの内側に水を吸収させているだけで、本当の意味で茹でているのは残り20%の時間にすぎない。だからこそ、水分を吸収させる時間を省いて、3分で茹でられるパスタが一部の（安価な）パスタメーカーによって開発されているのだ。

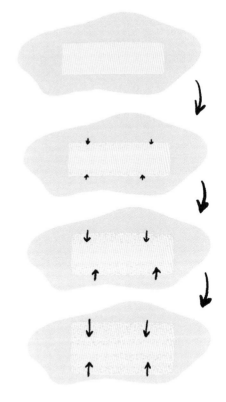

パスタを茹でている時間の80%は、
水を吸収させるのに使われている。

アル・デンテとは？

アル・デンテは、パスタの中心に火が通っていない状態だとされるが、むしろ水分が吸収されていない状態を言う。だから内側は外側より硬いのだ。

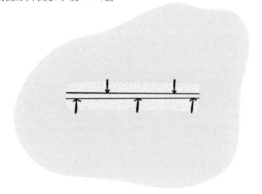

「アル・デンテ」とは、水が完全には吸収されていないパスタのことだ。

パスタを茹でる水に塩を入れる？

水には必ず塩を加えなくてはならない。だがそれは、パスタに塩味をつけるためだけではない。塩を加えるとデンプンが糊化しはじめる温度が高くなり、火が通るスピードを遅らせられるので、そのぶんパスタの奥まで水分が吸収されやすくなるからだ。

これが正解！

パスタを茹でている鍋の中で何が起きているかはわかった。
ここからは、最高のパスタを作るためのコツを教えよう。時代遅れの「1-10-100」ルールではなく、2.0.22バージョンのテクニックを駆使しよう。

少量の水で茹でる

驚いただろうか？「だって伝統的には……」と思うだろうか？ これまでのやり方は忘れよう。大丈夫だ、パスタがくっついて大きな塊になったりはしない。糊化した表面のデンプンによってパスタ同士がくっつかないよう、最初の2分ほど水をかき混ぜていれば問題ない。前述したように、水の量が多かろうが少なかろうが、いずれにしてもかき混ぜは必要なのだ。「だったら水の量が多くても構わないのでは？」と言うだろうか？ 実は、少量の水で茹でるのには、水に溶けるデンプンの濃度が

高くなるという大きなメリットがある。え、「だから何？」だって？ デンプンは、水と油という反目しあう物質をくっつける性質を持っている。マスタードの原材料のシロガラシの種子も同様で、ドレッシングに加えると油と水分（ビネガー）を乳化させる役割を果たす。
え、「だから何？」だって？ いや、だから、パスタソースには野菜、肉、魚、肉汁などが使われている。つまりほとんどが水分で、そこにオリー

ブオイルが加えられる。大量の水を使ってデンプンが希釈された茹で汁より、デンプンの濃度が高い茹で汁を加えるほうが、ソースが乳化しやすいのだ。
具体的に言うと、100gのパスタを1リットルの水で茹でる代わりに、330mℓの水で茹でる。この茹で汁を加えると、ソースに程よいとろみがつき、しかも風味が増す。スパゲッティやリングイネのようなロングパスタの場合、深鍋ではなく、大きめのフライパンや鍋を使って横に寝かせて茹でよう。

いつもの量の1/3の水で茹でるとソースがおいしくなる。

茹で時間を10分から
2分に短縮する

前述したように、パスタを茹でる時間の80%は水を吸収させるために使われる。したがって、茹でる前に水を吸収させておけば、茹で時間を10分から2分に短縮できるのだ。すごいだろう?

「でも、水を吸収させている間にパスタがくっついてしまうのでは?」と思うだろうか? 大丈夫、そうはならない。理由は簡単で、常温の水はパスタの中に入っても、デンプン粒同士の隙間に入り込むだけで、粒を膨張させたり、糊化させたりはしない。パスタがねばつくのは、温度が60℃以上に達してから少しの間だけだ。常温の水に入れている限り、どんなに時間が経ってもデンプンは糊化しない。100gのパスタなら100gの水に、200gのパスタなら200gの水に入れて、1時間15分〜1時間30分ほど放置する。十分に水を吸収したパスタなら、熱湯で茹でずにそのままソースと一緒に火にかけても大丈夫だ。たくさんの友人を呼んでパスタパーティーをする場合も、ひとりきりでキッチンに閉じこもっている必要はなく、みんなと一緒にアペリティフを楽しんだ後にさっと調理してすぐに出せる。

茹で時間を10分から15分に延長する

「馬鹿じゃない? パスタをなめるのもいい加減にしろよ」だって? もちろん、なめてなんかいない。いたって真面目に言っているのだ。そう、茹で時間を延ばしつつ、パスタをアル・デンテに仕上げることは可能だ。「茹で時間の80%は水を吸収させるため」を思い出そう。つまり、水の吸収を遅らせれば、茹で時間は延ばせる。パスタソースの水分は、主に野菜の細胞、肉や魚の繊維(どんなに小さくカットしても細胞や繊維は残る)の内側に含まれているので、ソースと一緒に加熱するとパスタは水分を吸収しにくくなる。つまり、パスタソースでパスタを茹でれば水の吸収が遅くなり、茹で時間を延ばしてもパスタが伸びることはないのだ。パスタをふつうに茹でて半分くらい火が通ったら、フライパンに移してソースと一緒に火にかける。茹で汁を少量加えて、かき混ぜながらソースを浸み込ませる。水の代わりにソースを吸収した、おいしくてアル・デンテなパスタの完成だ。それにこの方法なら、複数の料理を同時に作っていても慌ててパスタを仕上げずに済む。

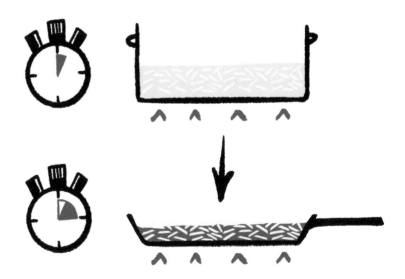

半分ほど火を通したパスタを、ソースと一緒にゆっくり仕上げる。

あらかじめ水を吸収させておけば、
茹で時間は2分で済む。

これが正解！(続き)

火にかけずに茹でる

何をたわけたことを……だって？
いや、真面目な話、本当に大丈夫だ。
ぼく自身が実際に試して成功してい
るのだから間違いない。

デンプンの粒が水を吸収して膨張す
るのは、水の温度が60℃に達して
からだ。それから80℃までは水を
吸収し続ける。ところが80℃を超
えると、今度は水を吸収できなくな
って破裂してしまう。つまり、本当
の意味でパスタを茹でられるのは
80℃までだ。そのまま加熱し続けて
水を沸騰させる意味はない。

鍋に水を入れて沸騰させ、パスタを
投入する。再び沸騰したら、鍋にフ
タをして火から下ろす。しばらくは
80℃以上を維持するので、ちょうど
よくパスタが茹で上がるはずだ。

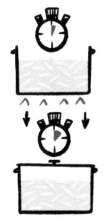

火から下ろし、80℃で茹で上げる。

リゾットのように火を通す

フライパンにショートパスタを入れ
て、ブイヨン（肉のだし）を少しずつ加
えながら火を通す。リゾットと同じ
要領だ。最後にソースの材料を加え
て、5分ほどパスタに風味を吸わせ
たら出来上がり。とろりとしたソー
スに包まれたコクのあるパスタにな
るはずだ。

リゾットのように火を通すと
クリーミーに仕上がる。

水から茹でる

かき混ぜ続ける必要があるのでやや
大変だが、素晴らしい仕上がりにな
る。

パスタを3倍の重量の冷水に入れて
火にかけ、常にかき混ぜながら茹で
る。イタリアのマンマも驚きのおい
しさになるはずだ。

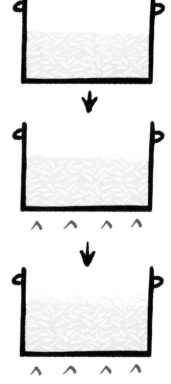

ジャガイモと同じように、
パスタも水から茹でてみよう。

オーブンで加熱する

大型魚一尾やブロック肉をオーブンでローストするとき、焼き上がる30分前に天板にパスタを加える。肉や魚を下に敷き、フュメ（魚のだし）やブイヨン（肉のだし）を少量かけるか、皮をむいて角切りにしたトマトを加える。魚や肉の焼き汁、だしやトマトの汁を吸ってパスタが柔らかくおいしくなる。ぜひ試してみよう！

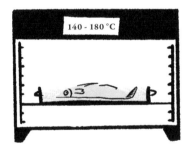

オーブンに入れた魚や肉の下に
パスタを敷いて、焼き汁を吸わせる。

ブイヨンやフォンで茹でる

子どもたちのためにコンキリエ（貝殻型のマカロニ）を茹でるとき、ぼくがよくやっている方法だ。水の代わりにブイヨンやフォン（肉のだし）を使うと、コンキリエにおいしい味がたっぷり浸み込む。チキンローストを食べたときに冷凍しておいた鶏ガラでフォン・ド・ヴォライユを取っておこう（P.144〜163）。

ブイヨンの風味がパスタに浸み込む。

包み焼きと一緒に加熱する

驚いただろうか？　魚を包み焼きにするときに一緒にパスタを入れると、焼き汁を吸っておいしくなる。パスタをあらかじめ10分ほど常温で吸水させておき、包み焼き用のクッキングシート（アルミホイルでも可）に敷いて、その上に魚や野菜などをのせる。

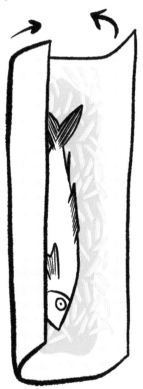

包み焼きと一緒に加熱すると、
パスタが魚の焼き汁や野菜の水分を吸って
おいしくなる。

これが正解！（続き）

炒ってから茹でる

パスタを炒ってから茹でると、クルミやヘーゼルナッツのような香ばしい風味がつく。フライパンを強火にかける。水も入れず、油も引かないこと。パスタを入れて2〜3分ほど炒る。あとはいつものように水で茹でるだけだ。ぜひお試しあれ！

パスタを茹でる前に炒っておくと、クルミやヘーゼルナッツのような風味がつく。

かた焼きパスタを作る

スパゲティやカッペリーニなどのロングパスタは、茹でてからフライパンで焼いてもおいしい。大きめのテフロン加工フライパンに少量のオリーブオイルを入れる。中火にかけて、茹でたパスタを入れて平らにならす。焼き色がつくまで片面を7〜8分ほど加熱し、ひっくり返して同様にする。上からトマトベースのソースをかけ、ルッコラサラダを添えて食べよう。

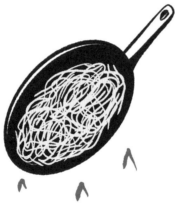

茹でてからフライパンに入れ、水分を飛ばしながら焼いてパリパリにする。

チーズベースのソースをおいしく作る

みんな大好き、マカロニ・アンド・チーズをおいしく作るコツを教えよう。パルミジャーノ・レッジャーノ、ペコリーノ・ロマーノ、チェダーなどのチーズを使ったソースは、とろみがうまくつかないことがある。チーズを加熱すると、タンパク質が固まって脂質と分離してしまうからだ。だがそこにデンプンを加えると、タンパク質と脂質がきれいに混ざりあう。前述したように少量の水でパスタを茹でて、デンプン濃度が高い茹で汁をソースに加えよう。カチョエペペ、パスタ・アッラ・グリーチャも同じ要領で作れる。

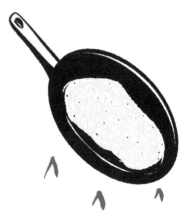

茹で汁に含まれるデンプンのおかげで、チーズベースのソースをなめらかに仕上げられる。

ジャガイモと一緒に茹でる

ペスト・アッラ・ジェノベーゼ（バジル ペースト）やルッコラペーストは、加 熱すると爽やかな風味を失い、色も 黒ずんでしまう。だからこれらのペー ストは加熱せず、茹でたパスタと そのままあえるのが鉄則だ。ペース トをパスタにしっかりからめるには、 パスタを茹でるときに角切りにした ジャガイモを数個加えるとよい。ジ ャガイモのデンプンが水に溶けて、 茹で汁のデンプン濃度がさらに高く なる。あえるときにこの茹で汁を加 えるととろみがつき、ペーストがパ スタにからまりやすくなる。

ロングパスタを水に投入するときのコツ

ロングパスタを適当に鍋に入れては いけない。ペンネ、ファルファッレ、 カサレッチェなどのショートパスタ なら、投入したらすぐにかき混ぜら れるから大丈夫だ。だが、スパゲッ ティ、リングイネ、ブカティーニな どのロングパスタは折れやすいので、 かき混ぜる前に少し柔らかくしなけ ればならない。だからこそ危険なの だ。パスタを束のまま投入すると、 水が通る隙間がないので、糊化した デンプンによってあっという間にく っついてしまう。

パスタの真ん中をつかんで、手を水 平に回しながらパスタを落とそう。 こうすればパスタがバラけて落ちる ので、くっついて固まりにくくなる。 いいアイデアだろう？

ジャガイモのデンプンを加えると、
茹で汁の乳化作用がさらに強くなる。

ロングパスタは束のまま鍋に投入しないこと。

Le bouillon de bœuf
ブイヨン・ド・ブフ

「ブイヨン・ド・ブフ (牛のだし) の作り方だって?　鉄鍋に食材を入れて、かぶるくらいの水を入れて、3〜4時間ほど煮込めばいいんだろう?」……確かに、昔の料理書にはそう書いてある。

いつものブイヨン・ド・ブフ
—

だが、物事を科学的に考えて、「灰汁や不純物とは何か」、「どういう調理道具を使って、どのくらいの火加減で加熱したらいいか」などを徹底的に探究すれば、本当はどうやって作るべきかがわかるはずだ。

アルテュール式ブイヨン・ド・ブフ
—

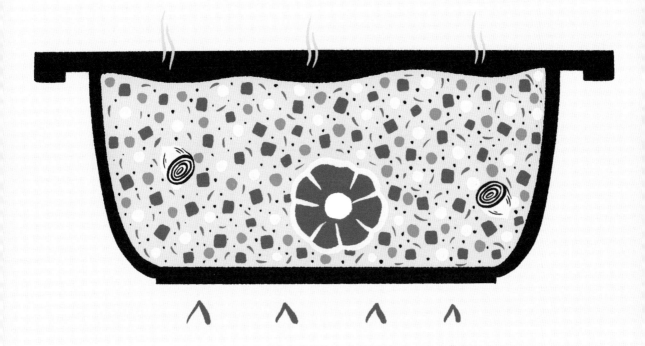

注意すべきポイント

おいしいブイヨン・ド・ブフは、牛肉、香味野菜、ハーブの味と香りがしっかり抽出された液体だ。だが、いつものやり方ではだめだ。食材を入れた鉄鍋を強火にかけてぐつぐつ沸騰させるだけでは、泡だらけの濁った液体にしかならない。煮すぎた肉と野菜の後味が残る水になるだけだ。

❶ 水の味に気をつけよう

なおざりにされがちだが、ブイヨンにとってもっとも重要な材料は水だ。水そのものの後味は、どれだけ火を通しても決して消えない。食材の風味を十分に引き立てられるよう、なるべくシンプルで無味無臭の水を使おう。

もし自宅の水道水の品質がよくなければ、ボトルウォーターを使おう。ミネラル分が多くないものを4～5リットルほど購入したい。水道水なら必ず冷水を使うこと。「早く沸くから」という理由で温水を使わない。温水が水道管を流れる間にミネラル分が溶け込み、金属の味がついてしまうからだ。

☞ 参照：食品の茹で方 P.132

❷ 食材は小さくカットしよう

ブイヨンを作ることは、牛肉、香味野菜、ハーブといった「固体」の風味を「液体」に移すことだと心得よう。当たり前だと思われるかもしれないが、基本的なことはきちんと念頭に置いておくべきだ。

ブイヨンのほとんどのレシピには、野菜と肉のカットの仕方が書いていない。カットしていない野菜をごろごろと鍋に投げ入れているのを、テレビの料理番組で見たこともある。だが、食材の大きさはブイヨンの風味を大きく左右する。風味が早く水に溶け込む程度には小さく、だが加熱中にどろどろにならない程度には大きくカットしなくてはならない。

食材を1/2の大きさにすれば4倍早く風味が溶け込み、1/4の大きさにすれば16倍早く風味が溶け込む。具体的には、牛肉も香味野菜も1cmの角切りにするとよいだろう。

水の味はブイヨンの味に影響を与える。

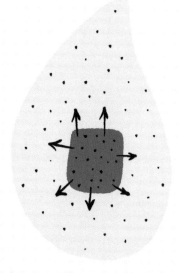

食材を小さくカットするほど、風味が水に溶け込みやすくなる。

❸ とろみをつけるには

ブイヨンはポタージュではない。具が入っていない「液体」だ。だがその「液体」には、風味ととろみがついていなければならない。とろみをつけるには、牛すじや牛軟骨のようなコラーゲンをたっぷり含む硬い部位が必要だ（ちなみにフュメ・ド・ポワソン〈魚のだし〉には魚の骨が必要だ）。

硬い部位を長く加熱することで、コラーゲンのタンパク質が破壊され、柔らかいゼラチンになって水に溶け込む。ゼラチンは1000種類ほどのアミノ酸で構成され、自らの体積の10倍ほどの水を吸収する性質を持っている。

このゼラチンによって、ブイヨンになめらかなとろみがつき、風味と余韻がもたらされるのだ。ゼラチンなくしておいしいブイヨンはできない。だからこそ、ブイヨンやフォン・ド・ヴォーを作るには、結合組織（コラーゲンを含む繊維質な組織）を含む硬い部位が必要不可欠なのだ。

☞ 参照：ポトフ P.166

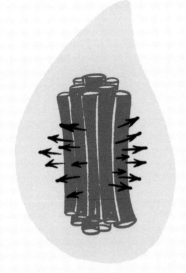

コラーゲンに含まれる繊維がブイヨンにとろみをもたらす。

❹ 骨は入れるべきか

ぜひ入れよう！　骨を入れるとブイヨン（スープ用のだし）というよりむしろフォン（ソース用のだし）に近くなるが、それでも構わない。

一般的に、だしに味をつけるのは骨そのものだと考えられているが、実際はそうではない。骨の関節についている軟骨、骨にへばりついているすじ、そして骨の中に入っている髄や海綿質がおいしい味をもたらす。

もし骨をそのまま丸ごと使えば、表面についているものでしか味がつかない。だが骨をカットすれば、中に入っている髄や海綿質からも味が出て、よりおいしいブイヨンができる。

したがって牛骨を買うときは、あらかじめカットされたものを選ぼう（ネット通販なら手に入りやすい）。できれば2〜3cmほどにカットされているのが望ましい。小さくカットされるほど表面積が増えて、骨の中のおいしい成分が水に溶けやすくなるからだ。表面積が15〜20倍になれば、そのぶんおいしさも15〜20倍になる。なかなかのものだろう？

さらに、メイラード反応を引き起こしてコクをもたらすため、30分ほどオーブンで加熱して焼き色をつける。フォン・ド・ブフが「褐色のだし」（フォン・ブルン）と呼ばれるのは、こうして骨に焼き色をつけることに由来している。香味野菜に焼き色をつけることもある。

☞ 参照：メイラード反応
　　　　　P.68

骨をあらかじめカットしておくと、
ブイヨンにおいしい味がつく。

❺ ブイヨンを濁らせないために

—

ブイヨン（やポトフ）が濁ってしまい、澄んだ液体にならない……という悩みを抱えている人は多いだろう。原因はひとつ。鉄製やステンレス製の鍋を使っているからだ。

鍋選びは重要なポイントだ。鍋を変えるだけで仕上がりが一変する。美しく澄んだブイヨンを作るには、適切な鍋を使わなくてはならない。

鉄やステンレスは、熱源がある側、つまり底面からしか熱を伝えられない。鍋の側面は熱された水を通してのみ熱が伝えられるため、水そのものの温度は低下する。温度差のせいで鍋の中で対流が生まれ、それによって加熱が早まり、水に風味が溶け込む前に食材が柔らかくなる。柔らかくなった肉や野菜は、水の対流を受けて表面がはがれ落ち、その細かい欠片によってブイヨンが濁ってしまう。その上、水の表面には苦味とえぐみのある泡が浮かぶ。

鉄製やステンレス製の鍋は戸棚の奥にしまいこみ、鋳物ホーロー鍋を取り出そう。その特徴は主にふたつある。

第一に、鋳物ホーロー鍋は、底面で受けた熱をまんべんなく側面に伝え、鍋全体を均一に熱する。

第二に、鋳物ホーロー鍋が伝える熱は、柔らかくて、丸くて、ゆっくりなので、低温で長時間じっくり煮込む料理に向いている。

例えるなら、鉄やステンレスは片側からのみ熱を伝えるグリル、鋳物ホーローは全体的に熱を伝えるオーブンのようなものだ。

さらに透明感のあるブイヨンにするには、加熱後にしばらく寝かせてから、固く絞った濡れ布巾で濾すとよい。

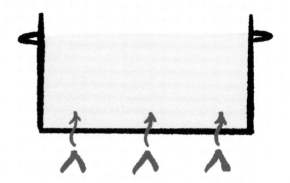

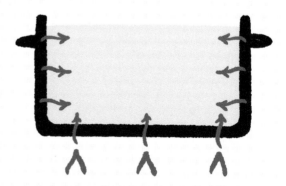

鉄製やステンレス製の鍋は、底面からのみ熱を伝える。
鋳物ホーロー鍋は全体的に熱を伝える。

❻ 灰汁を出さないようにしよう

前述したように、ブイヨンとは牛肉、香味野菜、ハーブを煎じた液体だ。ジャグジーのように泡立てればよいものではない。確かにフランス語で「ブイヨン」は「泡立ち」の意味を持つが、だからといってぐつぐつと泡立ててはいけないのだ。

高温で加熱すると水の対流が激しくなり、食材に早く火が通り、風味が水に溶け込む前にタンパク質が凝固してしまう。その結果、苦くてえぐみのある「灰汁」が水の表面に生じ、網じゃくし（灰汁取り）を使って除去しなくてはならなくなる。

食材の風味をしっかりと水に移すには、ぐつぐつと泡立ったり、表面が波打ったりする状態にはしないこと。70℃前後に抑えると、肉のタンパク質が完全には凝固しない一方で、コラーゲンはゼラチン化し、肉の繊維がわずかに収縮しておいしい肉汁が排出される。鍋の底からときどき小さな泡がゆっくりと上るが、表面に達する前に消えてしまうくらいがちょうどいい。

そうすれば、灰汁は生まれない。灰汁は、食材からはがれ落ちた細かい欠片や脂から出てきた成分が、泡状になって表面に浮き出たものだ。これが出てこないものが、素晴らしく透明でおいしいブイヨンになる。

☞ 参照：食品の茹で方 P.132

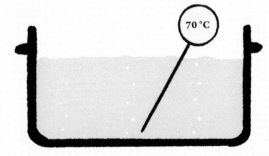

70℃だと、底から小さな泡がときどき上るだけで、灰汁は浮かない。

❼ 苦味やえぐみを出さないようにしよう

一般的に、加熱している時間が長いほど、食材がしっかりと煎じられ、水に風味がつきやすいと思われがちだ。だが実際は、加熱しすぎると一部の香味成分から苦味が出はじめてしまう。とくにフュメ・ド・ポワソン（魚のだし）はその傾向が強い。

一般的な加熱時間は、ブイヨン・ド・ブフとフォン・ド・ブフで6〜8時間、フォン・ド・ヴォー（仔牛のだし）で4〜5時間、フォン・ド・ヴォライユ（鶏のだし）は骨が小さいので3〜4時間、フュメ・ド・ポワソンはさらに短くて30〜45分とされる。

だがこの加熱時間は、食材のカットの仕方次第でさらに短縮できる。小さくカットするほど短い時間で済むので、不快な風味がつきにくくなる。

香味成分から苦味が出ないよう、食材を小さくカットして加熱時間を短くしよう。

やりがちだけどやってはいけないこと

**ブイヨンは、熱湯と冷水のどちらから
作りはじめても構わない。
結局最後は沸騰させるのだから**

「ブイヨンの作りはじめの温度は関係ない」と
よく言われるが、それは大きな間違いだ。
確かに、味や香りは高温のときにもっともよく
抽出されるが、それでも冷水からはじめて、少
しずつ温度を上げていく必要がある。
いったいどうしてか？ 熱湯から作りはじめたり、
急に火力を上げたりすると、肉の一部のタンパ
ク質の性質が急に変化して、あっという間に凝
固するからだ。風味が水に溶け込みにくくなる
上、タンパク質がはがれてできた欠片のせいで
水が濁ってしまう。
したがって、ブイヨンは冷水から作りはじめて、
徐々に火を強くしよう。

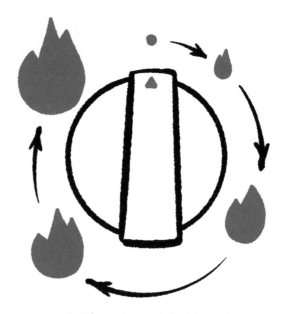

まずは弱火から始めて、少しずつ火力を上げる。

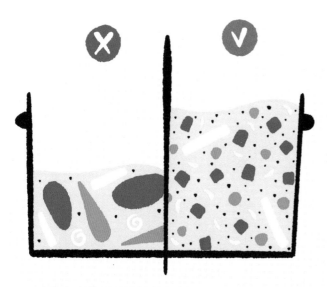

食材の風味がなるべく水に溶け込むよう、たっぷりの水で作る。

**食材がかぶるくらいの
水量で作る**

いやいやいや……それは違う。
繰り返すが、ブイヨンは肉と野菜を水で煎じた
ものだ。水量が少ないと、すぐに風味が飽和状
態になってしまい、食材の風味が水に移らずに
残ってしまう。
むしろ逆に、食材の風味が最大限に溶け込むよ
う、水はたっぷり用意しよう。加熱後に、少し
水分を蒸発させて風味を凝縮させる。これで上
質なブイヨンが出来上がるはずだ。

鍋の中に牛肉と水を入れたら塩をふる
―

「塩をふって肉の風味を引き出す」という考え方は、「あらかじめ塩をふっておくと肉汁が出やすくなる」という、もうひとつの馬鹿げた考え方とリンクしている。だがそれは真逆なのだ。鍋の中の肉と水に塩をふると、塩の拡散作用によって水が肉の内側に浸み込む（P.28〜35）。それによって肉のタンパク質の構造が変わり、肉汁が排出されにくくなる。つまり、ブイヨンに味がつきにくくなるのだ。

だから、決してブイヨンに塩をふらないこと！

ブイヨンに塩はふらない。加熱前も、加熱中も同様だ。

ブイヨンにはコショウもふらない。

鍋を火にかけたらすぐにコショウをふる
―

昔から言い伝えられていることで、理由を知らずにそうしている人は少なくないだろう。

かつて、コショウとクローブは防腐剤代わりにブイヨンに入れられていた。だが、コショウを加えた水に熱を加えると苦味とえぐみが出ることが、すでに数世紀前に証明されている（P.62〜65）。日のもとに新しきものなし（旧約聖書より）。1世紀以上前に、オーギュスト・エスコフィエはこう言っている。「コショウを8分以上ブイヨンで加熱してはいけない」。良心的なコショウ商人たちはこの言葉を顧客に伝授している。ところがいまだに、ブイヨンを火にかけたらすぐにコショウをふる人が続出しているのだ。

ぜひ自分でも実験してほしい。コップ一杯の水に10粒ほどのコショウを入れて、30分後に飲んでみる。苦味とえぐみを感じるはずだ。あらためて「ブイヨンにこんな味をつけていたのか……」と気づかされるだろう。

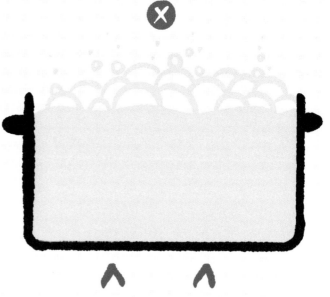

灰汁を取る前に 沸騰させる

初歩的なミスだよ、ワトソン君。だが、このアドバイスはプロ向けの料理書を含むあらゆるレシピ本に掲載されている。おそらく昔の料理人の言葉だろう。このせいで、誰も疑問を持つことなく時代遅れの習慣を続けているのだ。

ブイヨンは決して沸騰させてはいけない。急激に温度が上昇すると、肉のタンパク質の一部が凝固して、味や香りが水に溶け込まなくなってしまう。水が100℃になると、食材は「煎じられる」のではなく「煮込まれる」ようになる。水の中で対流が起こり、表面に泡状の灰汁が浮かびはじめる。

昔の習慣はもう捨てよう。沸騰させると質のよいブイヨンは作れない。はじめは弱火で加熱して、それから少しずつ火力を上げる。ただし、決して沸騰させない。ぐつぐつと泡立ったり、表面が波打ったりしないよう気をつけよう。

ブイヨンを沸騰させると、灰汁が浮いたり水が濁ったりする。

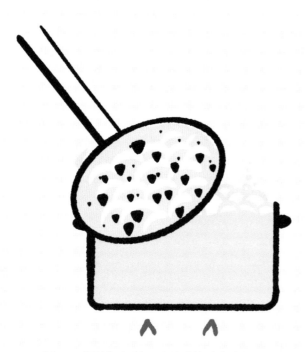

ブイヨンに「不純物」などない。ただ、食材の欠片が浮いているだけだ。

灰汁は不純物なので 取り除く

灰汁が不純物だって？　まさか！　灰汁は決して「不純物」などではない。

牛肉を入れた水を加熱すると、肉に含まれる脂質が溶けて外に排出される。だが、水と油は混ざり合わない。そして油は水より軽いので表面に浮かぶ。もし90〜100℃の高温に加熱すれば（表面が波打ったり、ふつふつと沸いたりする状態）、鍋の底から空気の泡が上がり、水中に漂っている脂をあちこちに揺さぶる。そしてその空気の泡は、温度の上昇によって凝固したタンパク質と脂質に閉じこめられて泡状になる。これが灰汁の正体だ。決して不純物ではない。肉にも野菜にも「不純物」など含まれていない。

たとえば、ステーキやローストビーフを焼いたり、ニンジンのグラッセを作ったり、サヤインゲンを炒めたりするとき、この「不純物」をどうしているだろう？　わざわざ取り除いているだろうか？　いや、していないはずだ。なぜなら「不純物」など存在しないのだから。実に簡単なことだ。

ブイヨンをクラリフィエすると、せっかくつけた味や香りまで取り除いてしまう。

最後にクラリフィエをして
ブイヨンを澄ませる

ブイヨンをクラリフィエしたことはあるだろうか？
え、あるって？　だがそれは実に馬鹿げている工程だ。
クラリフィエとは何か？　熱いブイヨンに卵白を加えて凝
固させ、上に浮いている細かい欠片をからめとって取り除
く作業だ。その際、一緒にブイヨンの風味も取り除いてし
まう上、卵白の匂いがついてしまうので、それを補うため
に細かく刻んだ牛肉や香味野菜も加える。
つまり、せっかく何時間もかけてブイヨンに複雑な味と香
りをつけたのに、最後になってその大部分を取り除いて、
他のごく単純な香りをつけているのだ。あまりにも支離滅
裂だし、実に馬鹿げている。

では、どうやってブイヨンを澄ませるのか？　問題を解決す
る代わりに、そもそも問題を生み出さなければいい。その
ほうがずっと賢いだろう？
食材の欠片や脂、いわゆる「灰汁」が浮かばないようにす
るコツは、すでに前述した通りだ（P.148〜149）。それでも不
十分だというなら、今は21世紀なのだからもっとよい解決
策が見つかるはずだ。たとえば、マイクロメートル単位の浮
遊物まで取り除けるガラス繊維製ろ紙を使ってはどうだろ
う？　透き通ったブイヨンを作るのに役立つのではないか？
ただし、値段は5000円以上とかなり張るようだが……。

☞「ポトフ」の項も参照：
　　熱湯から煮込みはじめると、
　　肉に風味を閉じ込められる P.172
　　肉をあらかじめブランシールしておけば、
　　ブイヨンに苦味とえぐみがつかない P.173
　　ポトフは水の表面が波打つくらいか、
　　ふつふつと沸くくらいの火加減で煮込む P.173

Le bouillon de bœuf d'Arthur
アルテュール式ブイヨン・ド・ブフの作り方

いつものレシピは忘れよう。「表面が波打ったり、ふつふつと沸いたりする状態まで加熱する」という言葉を信じるのはもうやめよう。たっぷり時間を取って、ゆっくり低温で加熱すれば、きっと三つ星レストラン並みのブイヨン・ド・ブフが完成するはずだ。

材料（4リットル分）

牛バラ肉ブロック（または牛肩肉）
1000g（小さくカット）
牛テール　1000g（小さくカット）
タマネギ　大2個（皮をむく）
ニンニク　6片（皮をむく）
ニンジン　2本（皮をむく）
白ネギ　2本
マッシュルーム　150g
クローブ　5個（ナイフの刃でつぶす）
パセリ　10本
タイムの葉　5本分
ローリエの葉　2枚
オリーブオイル　大さじ5

所要時間

下準備　15分
加熱　3時間30分
寝かせ　13時間

前日 / ⏱ 下準備：15分
　　　　 🍲 加熱：3時間30分
　　　　 ⏰ 寝かせ：13時間

❶
適切な鍋を選ぶ

なぜ？

おいしいブイヨンを作るには、適切な鍋を選ばなくてはならない。
鉄製やステンレス製の鍋は底面からのみ急速に熱を伝える。一方、鋳物ホーロー製の鍋は底面と側面全体からゆっくりと均一に熱を伝える。表面に灰汁もできにくい。
また、食材同士の間隔が詰まりすぎていると、水に風味が移りにくくなり、味気ないブイヨンになる。大きめの鍋を選びたい。

どうやって？

昼寝中のパートナーを無理やり起こして、右上の棚の一番奥に入っている、お祖母ちゃんから譲り受けた古くて巨大な鋳物ホーロー鍋を取ってもらおう。そう、それ、その一番上のやつ。あんまり使ってないその鍋だよ。

棚の一番奥にしまってあった、巨大な鋳物ホーロー鍋の出番がようやくやってきた。

❷ 食材を小さな角切りにする
——

【なぜ？】
食材を小さくカットするほど風味が早く水に移り、おいしいブイヨンができる。

【どうやって？】
牛肉（牛テール以外）と野菜（タマネギ以外）をそれぞれ1cmの角切りにする。ニンニクとハーブ類はみじん切りにする。

食材を小さく切ると、
それだけ風味が濃くなる。

❸ タマネギを半分にカットして 焼き色をつける
——

【なぜ？】
タマネギの焼き色が水に移って、食欲をそそる琥珀色のブイヨンになる。

【どうやって？】
タマネギを横に2分割する。フライパンにオリーブオイルを大さじ3杯入れて中火にかける。カット面を下にしてタマネギをフライパンに入れ、3分ほど加熱して焼き色をつける。焦げる直前に火から下ろし、皿に取り出しておく。

ブイヨンを色づけるために、
半分に切ったタマネギに焼き色をつける。

❹ 牛テールに焼き色をつける
——

【なぜ？】
牛テールに焼き色をつけてメイラード反応を起こし、肉汁を排出させてブイヨンに味をつける。

【どうやって？】
鋳物ホーロー鍋を中火にかける。オリーブオイルを大さじ2杯入れ、牛テールを重ならないようにして並べる。各面を5分ずつ加熱して焼き色をつけ、皿に取り出す。鍋についた焼き汁はそのまま残しておくこと。

牛テールに焼き色をつけると、
おいしい肉汁がたっぷり出るようになる。

❺
野菜とハーブを軽く炒める

なぜ？

野菜とハーブを炒めると中から少量の水が出て、❹の工程でこびりついた焼き汁がはがれ落ちる。また、炒めることで野菜とハーブの風味が引き出され、ブイヨンがおいしくなる。

どうやって？

❹の鍋に野菜とハーブを入れて弱火にかけ、ときどきかき混ぜながら10分ほど炒める。焼き色がつかないよう気をつけること。

❻
すべての食材を合わせる

なぜ？

いよいよブイヨン作りのスタートだ。

どうやって？

野菜とハーブが入った❺の鍋に、牛肉、牛テール、焼き色をつけたタマネギを加える。コンロは弱火のままにしておくこと。

❼
上質な水を注ぐ

なぜ？

水はもっとも重要な材料だ。ブイヨンの味に大きく影響するので、後味が悪い水は決して使わない。もし水道水からカルキ臭がするなら、ボトルウォーターを使おう。

どうやって？

食材より5cmくらい上まで水をたっぷり注ぐ。そうすることで、食材の味と香りを最大限に水に溶け込ませられる。

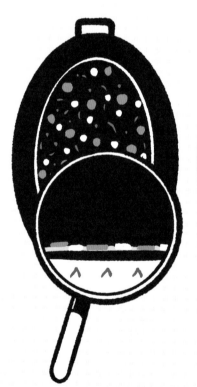

野菜とハーブに含まれる水分によって、
牛テールの焼き汁がはがれ落ちる。

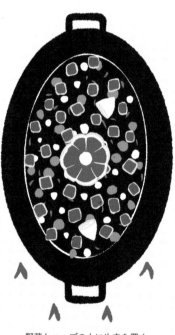
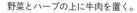

野菜とハーブの上に牛肉を置く。

すべての食材より5cm上まで水を注ぐ。

8
塩コショウはふらない
—

なぜ？

塩をふると水の密度が高くなり、食材の風味が水に溶け込みにくくなる。コショウは煎じられると、水に苦味とえぐみをもたらす。

どうやって？

これまでの習慣は捨てて、塩コショウをふるのはやめよう。大丈夫、後できちんと味つけはできるし、そのほうがずっと効果的だ。

9
鍋にフタをする
—

なぜ？

鍋にフタをすれば、熱された水から上った蒸気が鍋の中に閉じ込められ、凝縮して再び液体になって下に落ちる。つまり水量は変わらない。フタをしなければ、蒸気が外に逃げて水量が減り、風味が濃縮される。そうなるとすぐに水が飽和状態になって、肉や野菜に残っている風味が吸収されなくなる。

どうやって？

鍋にフタをする。

10
水の表面が波打たない程度に加熱する
—

なぜ？

ブイヨンを作るには、食材を高温の水で「煮込む」というより、低温の水で「煎じる」つもりで加熱しなくてはならない。高温の水が対流すると、肉や野菜から欠片がはがれたり、凝固したタンパク質が浮遊したりして、水が濁ったり灰汁が浮いたりしやすくなる。低温の水ならそうした不都合が避けられる。

どうやって？

鍋の中の温度を常に70〜80℃に保つ。料理温度計でこまめに測るか、なければ目視で判断する。鍋から湯気が上り、ときどきゆっくりと小さな泡が立つ程度が目安。水の表面が大きく波打ってはいけない。

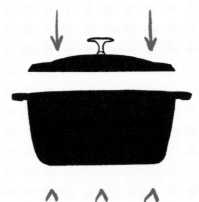

鍋にフタをすれば、
蒸気も風味も飛ばずに済む。

今は塩コショウはふらないこと！

70〜80℃の低温を維持しながら加熱する。

11

灰色がかった泡を取り除く
（もしあれば）
—

なぜ？

鋳物ホーロー鍋を使って、表面が波打たないくらいの火加減で加熱すれば、泡はほとんど浮かばないはずだ。だがもし浮かんだら、ブイヨンに苦味とえぐみがつくので取り除こう。

どうやって？

少量なら茶漉しを使う。一回すくうごとに冷水ですすぐこと。量が多ければ、布製ティーフィルターが便利だ。布の細かい織り目によって、おいしさが詰まった脂を残しつつ、苦味成分だけを取り除ける。

布製ティーフィルターは、ブイヨンに
浮かんだ細かい屑を取り除くのに便利。

12

3時間加熱する
（それ以上はしない）
—

なぜ？

すべての食材を小さくカットしてあるので、通常より早く風味が水に溶け込む。

どうやって？

何もせずにそのまま鍋を加熱し続ける。その間に友だちに電話をかけておこう。たぶん友だちは、この間の夜にあなたに何があったか知りたいはずだから。

ゆっくり長く加熱すると、
おいしいブイヨンができる。

13

1時間寝かせてから濾す
—

なぜ？

寝かせている間に、水中に浮遊している欠片が下に落ちて、透き通った液体になる。
濾すときに布巾を濡らすと、布の繊維が水を含んで膨らむので目が細かくなり、少しの欠片も逃さず取り除けるようになる。

どうやって？

鍋を火から下ろし、そのまま1時間寝かせる。清潔な布巾を水で濡らし、固く絞って濾し器やザルの上に広げる。大きなボウルや深皿の上に濾し器を置き、大きな穴あき杓子で牛肉、野菜、ハーブを押しながら、鍋の中の液体を静かにゆっくりと注ぐ。鍋底に沈んでいる欠片は注がずに残しておくこと。

透き通ったブイヨンにするために、
寝かせてから濾し器に通す。

14
冷蔵庫に一晩入れておく
―

なぜ？

冷蔵庫で一晩寝かせると、ブイヨンに含まれる脂が上に浮いて固まり、濾しきれなかった欠片が下に沈む。浮いた脂は取り除いて、ポトフの野菜を炒めるのに使おう（P.177）。より透き通ったブイヨンにするために、沈んだ欠片は使わずにそのまま残しておく。

どうやって？

粗熱を取ってから冷蔵庫に入れ、翌日まで置く。本日の作業はこれで終了。

当日

15
煮詰める、あるいはそのまま使う
―

完成したブイヨンはそのままスープとして味わってもいいし、他の料理に使ってもよい。ポトフ、ブランケット・ド・ヴォー（仔牛のクリーム煮）、魚のポシェ（茹で魚）などに活用しよう。煮詰めてフォン（ソース用のだし）にしたり、このま

ま ソースを作ってもよい。
ブイヨンを煮詰めるときは、必ず弱火〜中火で加熱する。湯気がうっすらと上がる程度の火加減を維持して、表面が波打つほどの高温にはしないこと。大きな泡が立って蒸発が激しくなると、

香味成分の多くが失われてしまう。強火でぐつぐつ煮込むと、確かにキッチンにはよい香りが漂うかもしれないが、そのぶんおいしい成分が空中に逃げ出したことになる。せっかくのソースが物足りない味になってしまう。

EN OPTION
参考

ブイヨン・ド・ブフをアレンジする

TRANSFORMER LE BOUILLON EN FOND
フォンを作る

• 牛骨　1000g
　（カットしてあるものを購入する）
• オリーブオイル　大さじ1

焼き色をつけた牛骨を材料に加えて、ブイヨンをフォンにする。
オーブンを200℃に熱しておく。大きな鍋に牛骨を入れ、オリーブオイルを入れてかき混ぜ、全体にうっすらと油の膜が張るようなじませる。オーブンに入れ、ときどきかき混ぜながら30〜40分加熱する。全体にこんがりと焼き色をつけること。ブイヨンの作り方の ❻ で一緒に鍋に入れる。

APPORTER DE LA PROFONDEUR ET DE L'UMAMI
深みとうま味を加える

• 乾燥ポルチーニ茸　30g

乾燥ポルチーニ茸を砕き、ゴミやホコリを取り除くためにふるいにかける。ブイヨンの作り方の ❺ で野菜やハーブと一緒に炒める。

DONNER PLUS DE RONDEUR
まろやかさを与える

• コニャック　大さじ2

加熱すると、アルコール分は飛んでほとんど感じられなくなるが、コニャックの風味がブイヨンに深みとまろやかさをもたらす。ブイヨンの作り方の ❻ で加える。

SOPHISTIQUER LE BOUILLON
ブイヨンをより洗練させる

• 生トリュフ　1個（薄く輪切り）

招待客の前でちょっとカッコつけたいなら、テーブルについたみんなの目の前で、ブイヨンを注いだ器に生トリュフを一切れずつ加えよう。

Variations sur le bouillon
フランス料理のだしとソースの種類

ブイヨン、フォン、フュメ、コンソメ、グラス、ドゥミ・グラス……。材料や加熱法によって名称が変わるが、いずれもフランス料理でよく使われるだしやソースだ。違いがよくわからない人のために、ここでまとめて説明する。次の食事会で会った相手に豆知識として披露しよう。

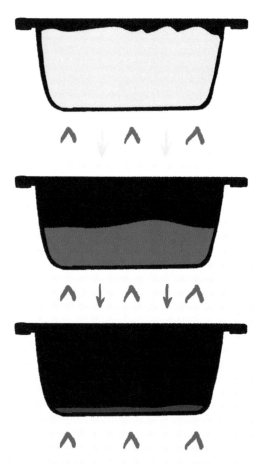

水からブイヨンへ、ブイヨンからグラスへ

ブイヨン／フュメ（スープ用のだし）

ブイヨン・ド・ブフ（牛のだし）／ブイヨン・ド・ヴォー（仔牛のだし）
材料: 牛肉の硬い部位、骨髄、ニンジン、白ネギ、タマネギ、ニンニク、パセリ、タイム、ローリエ、クローブ、水
好みで: 牛骨、マッシュルームなど
下準備: 野菜を軽く炒めて水分を出し、他の材料を加え、弱火で4〜8時間加熱する。

ブイヨン・ド・レギューム（野菜のだし）
材料: セロリ、ニンジン、ネギ、マッシュルーム、トマト、根セロリ、パセリ、水
好みで: ニンニク、レモングラス、ショウガ、トウガラシなど
下準備: 野菜を軽く炒めて水分を出し、水を加え、弱火で1時間30分加熱する。

フュメ・ド・ポワソン（魚のだし）
材料: 舌ビラメの骨とアラ、セロリ、白ネギ、エシャロット、パセリ、タイム、ローリエ、白ワイン、バター、水
好みで: フェンネル（ウイキョウ）、トマト、ニンニク、サフラン、レモングラス、コブミカンの葉、トウガラシ、ドライベルモット（ノイリー・プラット）など
下準備: 舌ビラメのアラと骨を軽く焼いて水分を出し、他の材料を加える。水と白ワインを注ぎ、弱火で30〜45分加熱する。

フュメ・ド・クリュスタッセ（甲殻類のだし）
材料: アカザエビ（ラングスティン）の殻、ニンジン、セロリ、エシャロット、タマネギ、パセリ、タイム、ローリエ、白ワイン、水
好みで: エビ／カニ／オマールエビなどの頭、フェンネル、トマト、ニンニク、サフラン、レモングラス、コブミカンの葉、トウガラシ、ドライベルモットなど
下準備: アカザエビの殻を軽く焼いて水分を出し、他の材料を加える。水と白ワインを注ぎ、弱火で30〜45分加熱する。

クール・ブイヨン（魚と甲殻類を茹でるための野菜のだし）
材料: ニンジン、エシャロット、パセリ、タイム、ローリエ、白ワイン、水
好みで: 舌ビラメの骨とアラ、フェンネル、ニンニク、サフラン、レモングラス、コブミカンの葉、トウガラシ、ドライベルモットなど
下準備: すべての材料を鍋に入れ、弱火で30〜45分加熱する。

フォン（ソース用のだし）

フォン・ブラン（白色のだし）：フォン・ブラン・ド・ヴォー
（仔牛の白色のだし）、**フォン・ド・ヴォライユ（鶏のだし）**

材料：仔牛肉の硬い部位または鶏ガラ、ニンジン、白ネギ、タマネギ、パセリ、タイム、ローリエ、水

好みで：セロリ、マッシュルーム、クローブ、ニンニク、レモングラス、トウガラシなど

下準備：すべての材料を鍋に入れ、弱火で2〜3時間加熱する。

フォン・ブルン・クレール（さらりとした褐色のだし）：
フォン・ド・ヴォー・クレール（さらりとした仔牛のだし）、
フォン・ド・ブフ・クレール（さらりとした牛のだし）

材料：フォン・ブラン・ド・ヴォーと同じ、トマトペースト、牛骨

好みで：骨髄、牛ひずめ、マッシュルームなど

下準備：強火で牛骨に焼き色をつける。すべての材料を鍋に入れ、あとはブイヨン・ド・ブフ／ブイヨン・ド・ヴォーと同様にする。

フォン・ブルン・リエ（とろみがついた褐色のだし）：
フォン・ド・ヴォー・リエ（とろみがついた仔牛のだし）、
フォン・ド・ブフ・リエ（とろみがついた牛のだし）

材料：フォン・ブルン・クレールと同じ、炒った小麦粉

好みで：フォン・ブルン・クレールと同じ

下準備：強火で牛骨に焼き色をつける。すべての材料を鍋に入れ、あとはブイヨン・ド・ブフ／ブイヨン・ド・ヴォーと同様にする。

コンソメ／スープ

コンソメ・サンプル
材料：牛、仔牛、鶏のいずれかのブイヨン（またはフォン）をシノワ（スープ濾し器）で濾したもの、細く千切りにした好みの野菜

下準備：ブイヨン（またはフォン）に野菜を加えて加熱する。

コンソメ・ドゥーブル
材料：コンソメ・サンプルと同じ

下準備：ブイヨン（またはフォン）をクラリフィエし、野菜を加えて加熱する。

ヴルーテ
材料：コンソメ・サンプル、バター、小麦粉

下準備：小麦粉をバターで炒めてルーを作る。コンソメ・サンプルにルーを加え、とろみがつくまで加熱する。

クレーム
材料：ヴルーテ、生クリーム、卵黄（あれば）

下準備：ヴルーテを作る。生クリームと卵黄を加えて混ぜる。

ジュ／グラス

ジュ・ド・ヴォライユ（鶏のソース）（または、ジュ・ド・カナール〈鴨のソース〉、ジュ・ド・ラパン〈ウサギのソース〉）

材料：手羽先、セロリ、ニンジン、エシャロット、パセリ、タイム、ローリエ、バター、フォン・ド・ヴォライユ、白ワイン

好みで：鴨の手羽、ウサギのもも肉など

下準備：肉に焼き色をつけ、すべての材料を加える。1/3の量になるまで1時間ほど煮詰める。

ジュ・ド・ヴォー（仔牛のソース）
材料：仔牛バラ肉、セロリ、ニンジン、エシャロット、パセリ、タイム、ローリエ、バター、フォン・ブラン・ド・ヴォー

好みで：ニンニク、白ワインなど

下準備：肉に焼き色をつけ、すべての材料を加える。1/3の量になるまで2時間ほど煮詰める。

ジュ・ド・ブフ（牛のソース）
材料：牛バラ肉、セロリ、ニンジン、エシャロット、パセリ、タイム、ローリエ、バター、フォン・ド・ブフ・クレール

好みで：ニンニク、赤ワインなど

下準備：肉に焼き色をつけ、すべての材料を加える。1/3の量になるまで2時間ほど煮詰める。

ドゥミ・グラス（ドミグラスソース）：ドゥミ・グラス・ド・ヴォー（仔牛のドミグラスソース）、ドゥミ・グラス・ド・ブフ（牛のドミグラスソース）
材料：フォン・ド・ヴォーまたはフォン・ド・ブフ

下準備：とろみがつくまでフォンを煮詰める。スプーンですくってたらしたときに薄い膜が張る程度が目安。

グラス（グラスソース）：グラス・ド・ヴォー（仔牛のグラスソース）、グラス・ド・ブフ（牛のグラスソース）
材料：フォン・ド・ヴォーまたはフォン・ド・ブフ

下準備：ドゥミ・グラスより濃いとろみがつくまでフォンを煮詰める。

ジュ・ド・クリュスタッセ（甲殻類のソース）
材料：甲殻類（カニまたはオマールエビ）のガラ、セロリ、ニンジン、トマト、トマトペースト、エシャロット、パセリ、タイム、ローリエ、バター、フュメ・ド・クリュスタッセ、コニャック、白ワイン

好みで：ニンニク、赤ピーマンなど

下準備：甲殻類のガラに焼き色をつけ、コニャックをフランベし、白ワインでデグラセする。フュメと他の材料を加える。半量になるまで30分ほど煮詰める。

まとめ
いつものブイヨン・ド・ブフ vs.
アルテュール式ブイヨン・ド・ブフ

いつものブイヨン・ド・ブフ ―

🕐 下準備：15分　🍲 加熱：3時間

当日
野菜を大きめにカットする。
牛肩肉と牛テールを鍋に入れ、
かぶるくらいに水を入れて沸
騰させる。

アルテュール式ブイヨン・ド・ブフ ―

🕐 下準備：15分　🍲 加熱：3時間30分　🕐 寝かせ：13時間

J-1

前日
牛肉（牛テールを除く）と野菜
（タマネギを除く）を1cmの
角切りにする。
ニンニクとハーブ類をみじん
切りにする。
タマネギを半分に切り、フラ
イパンで3分加熱して焼き色
をつける。
牛テールを鋳物ホーロー鍋で
各面を5分ずつ加熱してすべ
ての面に焼き色をつける。
牛テールを鍋から取り出して
おく。

野菜とハーブを同じ鍋に入れ、
弱火で10分加熱する。
牛テール、角切りにした牛肉、
焼き色をつけたタマネギを加
える。
すべての食材より5cm上ま
で水を入れ、フタをする。
表面が波打たないくらいの火
加減を維持して3時間加熱す
る。灰色がかった泡が浮かん
だら取り除くこと。
1時間寝かせ、固く絞った濡
れ布巾で濾す。冷蔵庫に一晩
入れておく。

J

当日
そのまま味わうか、あるいは
ポトフなどの他の料理に使用
する（P.166〜181）。

さて、じっくり仕上げるおいしいブイヨンの作り方を伝授しよう。昔の料理書には強火でぐつぐつ煮込む作り方が書かれている。3時間で作れるはずのものが2日かかると知って、うんざりする人もいるだろう。だが、ブイヨンはフランス料理の基本だ。神聖な料理と言っていい。手間ひまをかけるだけの価値はあるはずだ。

材料（4リットル分）

牛バラ肉ブロック（または牛肩肉）1000g（小さくカット）	タマネギ　大2個（皮をむく）	マッシュルーム　150g	タイムの葉　5本分
	ニンニク　6片（皮をむく）	クローブ　5個	ローリエの葉　2枚
牛テール　1000g（小さくカット）	ニンジン　2本（皮をむく）	（ナイフの刃でつぶす）	オリーブオイル　大さじ5
	白ネギ　2本	パセリ　10本	

肉を取り出して水で洗う。鍋を洗って肉を戻し、野菜とハーブを加える。かぶるくらいに水を入れる。

沸騰させ、ときどき灰汁を取りながら3時間ぐつぐつと煮込む。
シノワ（スープ濾し器）で濾す。
寝かせる（寝かせない場合もある）。

肉を冷水から煮込みはじめると、浸透圧によって風味の多くを失う

« Lorsqu'on met une viande à cuire dans de l'eau froide,
elle va perdre beaucoup de saveurs par osmose. »

ああ、こんなことを言って、他の料理人を言い負かしたつもりになっているやつらがいるが、何もわかっちゃいない。間違ったことを言いながらドヤ顔をしているんだ。

どこが間違い？

肉を加熱すると、筋繊維を取り囲むコラーゲン繊維が収縮し、筋繊維が圧迫されて中の肉汁の一部が排出される。

この現象は、肉を熱湯から加熱しようが、冷水から加熱しようが変わらない。コラーゲンは一定の温度に達しないと収縮しないからだ。温度が高くなるほど収縮は激しくなる。低温で調理するメリットのひとつはここにある。コラーゲンが収縮しにくいので、肉がジューシーに仕上がるのだ（魚も同様）。コラーゲンはだいたい60℃前後で収縮を始める。煮込もうが蒸そうが、フライパンで焼こうが、オーブンに入れようが、いかなる加熱法でも変わらない。

つまり、たとえ冷水から煮込んだ肉が風味を失ったとしても、浸透圧には何の関係もない。もちろん、「拡散加熱法」（P.128〜131）もまったく関係ない。

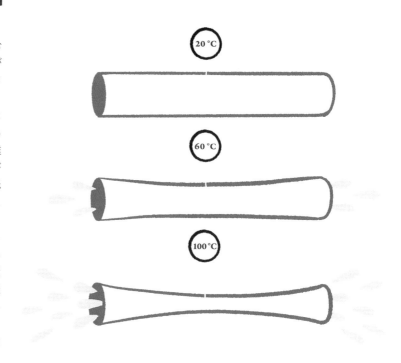

20℃：肉の繊維は収縮せず、肉汁も排出されない。
60℃：肉の繊維が収縮を始め、少量の肉汁が排出される。
100℃：肉の繊維が激しく収縮し、たくさんの肉汁が排出されて肉が硬くなる。

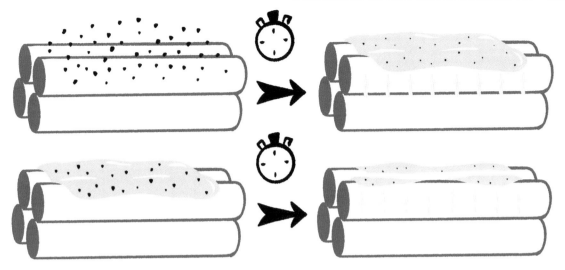

肉に塩をふると、浸透圧によって中から肉汁が出て、
続けて塩を吸収した肉汁が拡散作用によって中に再吸収される。

調理科学の視点

浸透圧とは、ふたつの溶液が半透膜によって分割されている場合、濃度の低い溶液から濃度の高い溶液へと溶媒（料理の場合はたいていは水）が移動する物理化学的現象を言う。肉の細胞膜も半透膜で、たった3つの原子でできた小さな水の分子（水素原子2個と酸素原子1個）は通すが、それより大きい分子は通さない。

肉に塩をふると、肉の中に含まれる水分の一部が外に出てくる。塩分濃度が低い肉の内側から塩分濃度が高い肉の外側へ、浸透圧によって水が移動するからだ。野菜の場合も同様だ。ナスに塩をふれば浸透圧で水が出てくるし、イチゴに砂糖をふっても中から水が出る。いずれも内側のほうが外側より濃度が低いからだ。

さて、ここからが重要だ。浸透圧と拡散作用は混同されがちなので、気をつけなくてはいけない。拡散作用は、ある意味では浸透圧と真逆の現象だが、こちらも料理に大いに関係する。拡散作用が起きているとき、溶質（塩や砂糖など）は濃度が高いほうから低いほうへと移動する。つまり肉に塩をふると、まずは浸透圧によって中から肉汁が排出され、続けて塩を吸収した肉汁が拡散作用によって肉の中に再吸収されて広がっていくのだ。魚、野菜、フルーツも同様だ。

浸透圧も拡散作用も原理は同じだ。どちらも、半透膜によって分割されたふたつの環境の濃度を均等に保とうとする。だが、現象としては真逆だ。浸透圧のときは濃度が低いほうが移動し、拡散作用のときは濃度が高いほうが移動する。

これが正解！

正しい言葉で正しく理解をして、正しい発言をしよう。浸透圧と拡散作用について正しい知識を学べば、「冷水から煮込んだ肉が風味を失う」のと、浸透圧には何の関係もないとわかるはずだ。白状すると、実はぼく自身も数年前に混同したことがあった。だが大したことではない。牛とカンガルーを間違えたわけでも、ミカンとアーティチョークを混同したわけでも、叔父と叔母を見間違えたわけでもないのだから（例えがよくないけれどあしからず）。

Le pot-au-feu
ポトフ

ポトフは、肉、野菜、ハーブを鍋に入れ、
水の表面が波打つくらいの火加減で4〜5時間煮込む料理だ。
テーブルに供する直前に他の野菜を加えよう。

いつものポトフ
—

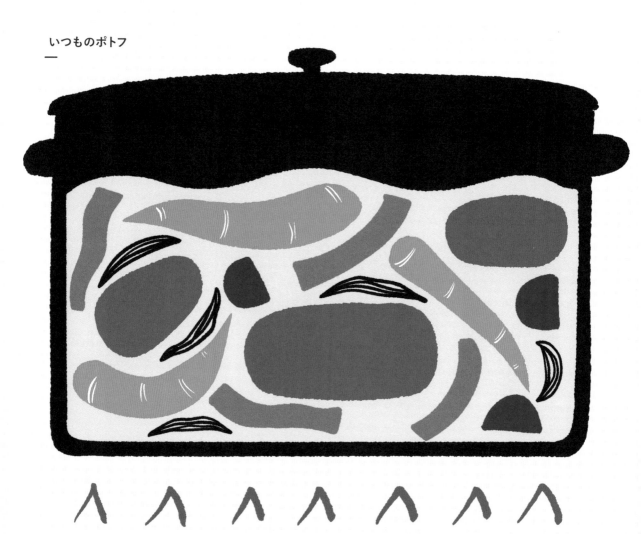

いや、違う。おいしいポトフを作るには、
とろ火にかけたブイヨンで肉を煮込み、野菜は蒸し煮にする。
それだけでまるで違う仕上がりになる。

アルテュール式ポトフ
―

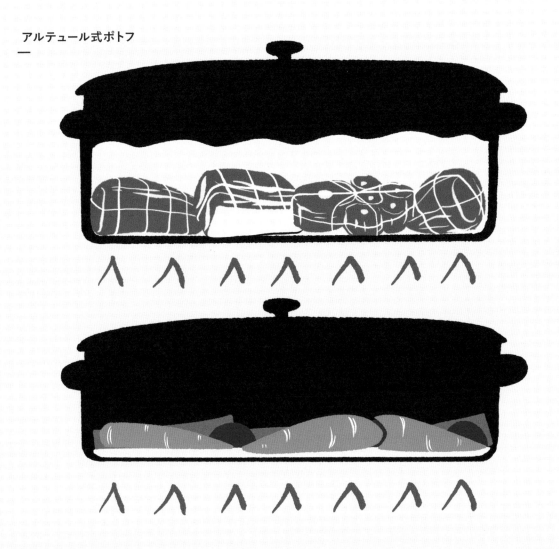

注意すべきポイント

おいしいポトフとはどういうものだろう？　さまざまな味と食感が残りつつも
柔らかく煮えた肉、カリッとした食感が残る野菜、しっかり味のついたスープ
が味わえる料理ではないだろうか。だがいつものレシピでは無理だ。1+1＝3
くらいに不可能だ。

❶
肉と野菜の味を逃さないようにしよう

ただの水がおいしいスープになるのは、肉と野菜の味が水
に溶け込んだからだ。つまり、それだけ肉と野菜から味が
抜けたということだ。

ポトフに、マスタード、グリビッシュソース、コルニッショ
ン（小キュウリのピクルス）など酸味のあるものを添えたり、塩
をふったりするのは、まさに肉と野菜から味が消えてなく
なってしまったせいなのだ。

したがって、おいしいポトフを作るには、肉と野菜からで
きるだけ味が抜けないようにしなくてはならない。一番の
解決策は、水ではなくブイヨンで煮込むことだ。はじめか
ら水に味がついていれば、肉や野菜の味が水に移る心配が
ない。

☞ 参照：食品の茹で方 P.132
　　　　浸透圧と拡散作用 P.164

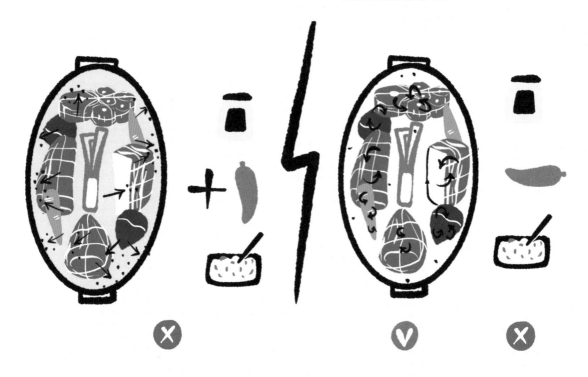

マスタード、コルニッション、グリビッシュソースなどは、味が抜けた肉と野菜の物足りなさを補うために添えられている。
もし肉と野菜に味が残っていれば、こうした調味料は不要になる。

❷
肉がパサついて硬くならないようにしよう

液体の中で加熱された肉は、パサついたり硬くなったりしないと思われがちだ。初歩的なミスだよ、ワトソン君！ 水の中で加熱したってボロボロの靴底のような肉になることはある。そうならないためには、火加減に気をつけることが大切だ。

☞ 参照：食品の茹で方 P.132
　　　 熱伝導 P.44

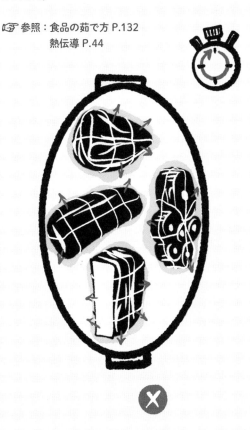

高温で長時間煮込むと、パサパサして硬い肉になってしまう。

❸
水ではなくブイヨンで煮よう

ポトフにとってもっとも大切なのは、肉を「何で」煮込むかだ。ポトフを水で作るのは、肉と野菜を水で「煎じる」ようなもの。つまり、ブイヨン・ド・ブフでだしを取った後の、味と香りが抜けた肉と野菜を食べるのと同じなのだ。え、そんなことを言われたのは初めてだって？ へえ、そう。
真のポトフと呼ばれるのにふさわしいのは、味と香りが濃縮された自家製ブイヨンで肉と野菜を煮込んだ料理なのだ。

☞ 参照：ブイヨン・ド・ブフ P.150

肉を水の中で加熱すると素材の風味が失われる。

ポトフ vs. ブイヨン・ド・ブフ

そもそも、ポトフとブイヨン・ド・ブフはまったく別の料理であるべきだ。なぜなら目的が真逆だから。ブイヨンは、肉の風味がなるべく多く水に溶け込むことを目指した料理だ。一方、ポトフは、肉になるべく多くの風味が残ることを目指した料理だ。ではここで、両者の作り方を比較してみよう。

いつものブイヨン・ド・ブフ ——

すべての材料を大きな鍋に入れる。

かぶるくらいに水を入れる。

沸騰したら火を弱め、表面が波打つくらいの温度を維持する。

4時間煮込む。灰汁や不純物が浮いたら取り除く。

いつものポトフ ——

すべての材料を大きな鍋に入れる。

かぶるくらいに水を入れる。

沸騰したら火を弱め、表面が波打つくらいの温度を維持する。

4時間煮込む。灰汁や不純物が浮いたら取り除く。

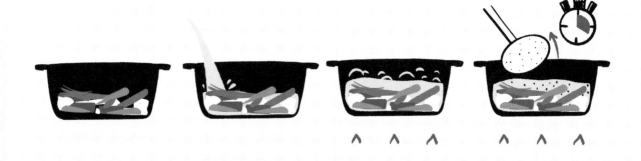

材料

牛肉（バラ肉、もも肉、ほほ肉、テールなど）　2000g	白ネギ　2本（洗って大きめにカット）	粒コショウ　4個
タマネギ　大2個（半分にカット）	ニンニク　4片（ナイフの刃でつぶす）	ブーケ・ガルニ（タイム、ローリエ、パセリ）1束
ニンジン　2本（大きめにカット）	クローブ　4個	

結果：肉の味と香りがしっかり水に溶け込んだ、おいしいブイヨンができる。肉にはほとんど味が残っていない。だが、アッシ・パルマンティエ（肉とマッシュポテトのグラタン）には使えるだろう。

結果：肉にはほとんど……いやいや、これではブイヨン・ド・ブフとまったく同じだ。おそらく、あまりに日常的になりすぎた料理は、それぞれの工程にどういう意味があるかをいちいち考えなくなってしまうのだろう。ポトフはそのよい例だ。

ふたつ知っておくべきことがある。ひとつは、かつては肉を煮込むのにブイヨンが使われており、それがあらゆる料理の基本だったこと。そしてもうひとつは、現在流通している肉と野菜は昔のものよりずっと質が高いので、味が抜けるのは非常にもったいないということ。最後にもう一度繰り返そう。質が高い肉と野菜を水で煮るのはナンセンスだ！

ブイヨンとポトフの起源

どうしてこの料理はこういう作り方をするのだろう？……そう思ったとき、その起源と歴史を知ることでよく理解できる場合がある。

ポトフはもともとポタージュの一種だった。ポタージュの「ポ po」は、ポトフ（pot-au-feu、直訳すると「火にかけた壺」の意）と同様、「ポ pot」（壺）が起源なのだ。

昔、農民にとっての食糧といえば、自分たちで育てているもの、つまり野菜、穀物、採卵期間を終えた雌鶏、冬のはじめにと畜された豚くらいしかなかった。農民がふだん食べていたのは長時間茹でて柔らかくした根菜類で、「火にかけた壺」で作られた。野菜を茹でて味がついた水は「ブイヨン」として重宝され、別の料理に使われた。具材を入れたブイヨンは「ポタージュ」と呼ばれるようになった。

農家で飼っていた使役動物が何らかの原因で死んでしまうと、硬くてそのままでは食べられない肉を、野菜を茹でて味がついた「ブイヨン」に入れて何時間も煮込み、柔らかくしてから食べた。

現在知られているポトフの起源はここにある。だが、肉をブイヨンで煮込んだかつての作り方は忘れられ、今では水で煮込むようになったのだ。

「ポ pot」から派生した言葉

「ポ pot」とは「壺」、つまりポトフを作るのに使われた調理道具だが、ブイヨンに具材を入れた「ポタージュ potage」も「ポ」が語源だ。さらに、「ポ」で茹でるための野菜を栽培する小さな畑は「ポタジェ potager＝菜園」、「ポ」で煮込まれた食材は「ポテ potée」、「ポ」で作られた料理を一緒に食べる仲間は「ポット pote＝親しい友だち」、「ポ」で作られた料理全般は「ポポット popote」と呼ばれるようになった。

やりがちだけどやってはいけないこと

**熱湯から煮込みはじめると、
肉に風味を閉じ込められる**
—

テレビの料理番組、料理雑誌などで、いったい何度この思い込みを聞かされてきたことか！
結論から言おう。料理業界で広く知れわたったこの言い伝えは、何の根拠もない神話にすぎない。これは、数十年前に科学的に誤りが証明されたあの「濃縮加熱法」、「拡散加熱法」、「混合加熱法」の神話（P.128～131）と大いに関係がある。
では、真実は何か？ 55℃に達すると、肉の筋繊維を取り囲むコラーゲンが収縮しはじめ、温度が上昇するにつれて収縮が激しくなる。コラーゲンが縮むと、中にある筋繊維が圧迫され、そこに含まれる肉汁が外に排出される。例えるなら、水を含んだスポンジを手でぎゅっと握りしめるようなものだ。

冷水から煮込みはじめると、肉の温度は少しずつ上がるので、それに合わせて肉汁も少しずつ排出される。熱湯から煮込みはじめると、肉の温度は急激に上がるので、肉汁は一気に排出される。だが、スタート時点の水が熱かろうが冷たかろうが、最終的に肉が達する温度が同じであれば、排出される肉汁の総量は変わらない。
もうひとつの神話に「熱湯から肉を入れるとアルブミンが凝固するので、肉汁が中に閉じ込められる」というものがあるが、これも間違い。タンパク質の一種であるアルブミンは、肉には含まれていない。そんなことは100年以上前からの常識だ。

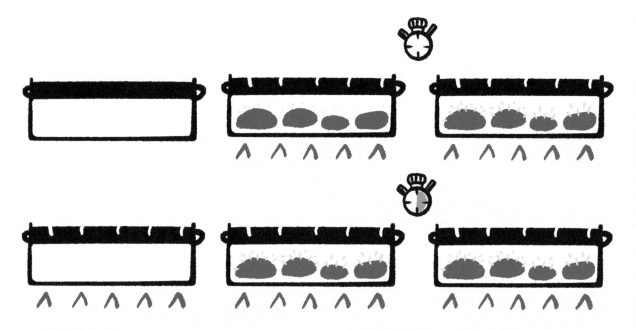

熱湯から煮ようが、冷水から煮ようが、失う肉汁の総量は変わらない。
最終的に達する温度が同じであれば、肉の繊維は同じように収縮し、同じだけの肉汁が排出される。

肉をあらかじめブランシールしておけば、ブイヨンに苦味とえぐみがつかない

これもまたよく耳にするセリフだ。肉をブランシール（直訳で「白くする」の意。肉の色が白くなる程度に、さっと熱湯にくぐらせる）して、冷水ですすぐ。鍋を洗って新たに水を入れ、肉を戻して煮込みはじめる……ぼくが最近テレビで見たときは、そうする理由を「タンパク質、コラーゲン、血液を除去して、ブイヨンに苦味とえぐみがつかないようにする」と説明していた。またそんな馬鹿げたことを……。

真面目な話、かつて煮込む前に肉をブランシールしていたのは、肉の品質が今ほどよくなかったためと、冷蔵庫がなくて適切に保存できなかったためだ。肉の表面に有害な細菌がついていたので、熱湯にくぐらせて殺菌していた。しかし今では必要のない作業だし、むしろしないほうがいい。ブランシールすることで、せっかくの肉の風味が台なしになってしまうからだ。

それに、コラーゲンが溶けて外に流れ出るには、60℃以上の水で数時間煮込まなくてはならない。だからこそポトフは長時間煮込む必要があるのだ。

また、苦味とえぐみをもたらす原因とされる血液については、と畜するときにすでに抜かれているので肉にはついていない。肉汁が赤いのは、肉に含まれるタンパク質の一種であるミオグロビンが赤い色をしているからであって、決して血液ではない。

ポトフは水の表面が波打つくらいか、ふつふつと沸くくらいの火加減で煮込む

ほとんどの人はあまり気にしていないようだが、実は煮込んでいる最中の温度は仕上がりに大きな違いをもたらす（P.132〜135）。

まず知っておくべきことは、「水の表面が波打つ」のも「ふつふつと沸く」のも「ぐつぐつと沸く」のも「ぐらぐらと沸く」のも、水の温度はまったく同じ100℃だ。驚いただろうか？でもそうなのだ。そして、ポトフを作るのに100℃は高すぎる。肉が硬くなり、ブイヨンが濁ってしまう。

☞「ブイヨン・ド・ブフ」の項も参照：
ブイヨンは、熱湯と冷水のどちらから作りはじめても構わない。結局最後は沸騰させるのだから P.150
鍋を火にかけたらすぐにコショウをふる P.151
灰汁は不純物なので取り除く P.152
最後にクラリフィエをしてブイヨンを澄ませる P.153

料理番組でも政治討論番組でも、
ときどきテレビはいい加減なことを言う。

水の表面が波打ったり、ふつふつと沸いたりするような高温では、
肉はおいしく煮込めない。

Le pot-au-feu d'Arthur
アルテュール式ポトフの作り方

多くの料理書や料理番組で紹介されるポトフの作り方では、肉と香味野菜を数時間水で煮込んだ後、他の野菜を加えて供している。実に簡単。だが馬鹿げている。え、口が悪い？ すみませんね、これ以外に言いようがなくて。こうした「ふつうのポトフ」がどういうものかはすでに理解してもらえたと思う。
では、もっとおいしい肉、おいしい野菜、おいしいブイヨンを味わえるポトフを作ってみよう。

材料（6人分）
前日までに準備しておいたブイヨン・ド・ブフ　4000mℓ（P.144〜163）
牛ほほ肉（または牛すね肉）　800g
（タコ糸で縛る）
牛肩肉　800g（タコ糸で縛る）
牛テール　800g（タコ糸で縛る）
牛バラ肉ブロック　800g
（タコ糸で縛る）
牛骨髄　6本（縦半分にカット）
ネギの青いところ　1本（洗って縦半分にカット）
カラフルニンジン　6本（皮をむく）
パースニップ　3本（皮をむく）
黄カブ　小6個（皮をむく）
白ネギ　6本
ジャガイモ（シャルロット種、BF15種など）　小12個
粗塩　1000g

所要時間
下準備　30分
加熱　5時間30分
寝かせ　12時間

前日 / 🕐 下準備：15分
　　　　 🍳 加熱：4時間
　　　　 🕛 寝かせ：12時間

❶
適切な鍋を選ぶ
—

なぜ？
ブイヨンと同様に、鋳物ホーロー鍋を使う。ゆっくりと均一に熱を伝えるのにもっとも適した材質だ。一方、今回はブイヨンとは違って背が高い鍋を使うこと。並べた肉より2〜3cm高い位置まで水を注いで、肉から風味を逃さず、味をしっかり凝縮させるためだ。

どうやって？
肉同士が重ならず、互いに触れ合わず、かといって間が空きすぎもしない程度に並べられる、適度な大きさの鋳物ホーロー鍋を使う。

均一に熱が伝わる鋳物ホーロー鍋を使う。
肉同士を少し隙間が空く程度に並べられる大きさのものがいい。

❷ 牛バラ肉ブロックを
煮込みはじめる
─

なぜ?
牛バラ肉ブロックは一番火が通りにくい部位なので、最初に煮込みはじめる。

どうやって?
牛バラ肉ブロックを鍋に入れ、かぶるくらいにブイヨンを注いで中火で加熱する。

必ず火が通りにくい部位から
煮込みはじめること。

❸ 塩をふってフタをする
─

なぜ?
塩をふるとブイヨンの塩分濃度が高くなり、肉の風味が外に排出されにくくなる。鍋にフタをすることで、蒸気が鍋の中に閉じ込められ、凝縮して再び液体になって下に落ちる。

どうやって?
粗塩をひとつまみ鍋に入れ、フタをする。

ブイヨンに塩をふると、
肉の風味が閉じ込められる。

❹ ブイヨンの表面が波打たないくらいの火加減で加熱する
─

小さな泡がときどきゆっくりと
立ち上るくらいが適切な温度。

なぜ?
ゆっくり加熱しよう。理由は3つある。第一に、適切な温度を保つため。コラーゲンがゼラチン化しはじめる58℃以上、そして牛肉の繊維の中にあるタンパク質のアクチンが凝固しはじめる(つまり肉がパサついて硬くなる)75℃以下を維持しなくてはならない。
第二に、ブイヨンに対流を起こさないため。高温になって大きな泡が次々と立ち上ると、肉から細かい欠片がはがれてブイヨンが濁ってしまう。
第三に、水の表面に泡を作らないため。強火で加熱すると、肉の内側から排出された脂質や表面からはがれた欠片で、いわゆる「灰汁」や「不純物」と呼ばれるものが浮き、ブイヨンに苦味やえぐみをもたらしてしまう。

どうやって?
表面が波打たないくらいの火加減で、70～80℃を維持しながら1時間加熱する。料理温度計でこまめに測るか、なければ目視で判断する。鍋から湯気が上がり、ときどきゆっくりと小さな泡が立つ程度を目安にする。
この温度であれば、通常は白っぽい泡が表面に浮くことはないが、肉質によっては浮く場合もあるので網じゃくし(灰汁取り)で取り除く。

❺ 他の牛肉と ネギの青いところを加える

—

なぜ？

比較的火が通りやすい牛肩肉、牛ほほ肉、牛テールを加える。ネギの青いところも一緒に入れ、一晩寝かせるときに肉が乾かないようフタをするのに使う。

どうやって？

肉とネギの青いところを鍋に入れ、ブイヨンが肉の2〜3cm上にくるよう、必要に応じて注ぎ足す。表面が波打たないくらいの火加減で3時間加熱する。残りのブイヨンはボウルに入れて取っておく。

比較的火が通りやすい牛肉を加える。

❻ 火が通った肉を外に出す

—

なぜ？

牛の品種、肉の大きさ、コラーゲンの含有量などによって、火の通りやすさに差がある。あまり煮込みすぎないよう、火が通ったものから順に外へ出しておこう。

どうやって？

ナイフの先端をそっと肉の中心に差し込む。刃が抵抗なくすっと入ったらバットに上げて、表面が乾かないようラップフィルムで覆う。すべての肉とネギの青いところを同様にする。取り出した肉はそのまま常温で冷ます。

ナイフの先端を肉の中心に差して、火の通りを確かめる。

❼ 煮込んだ肉を 一晩ブイヨンに漬ける

—

なぜ？

ひとつには、肉がパサつくのを防ぐため。そしてもうひとつ、こちらのほうが重要な理由なのだが、ブイヨンを肉に吸収させるため。ゼラチン化したコラーゲンが自らの体積の何倍ものブイヨンを吸収するので、肉がよりジューシーになる。

どうやって？

ブイヨンが入った鍋を火から下ろして冷まし、肉を戻して並べる。その上にネギの青いところを広げて浮かべ、肉の表面を覆うようにフタをする。翌日まで冷蔵庫に入れておく。

一晩置くと肉がブイヨンを吸収し、味に深みが出る。

❽ 牛骨髄の処理をする

—

なぜ？

牛骨髄にくっついているすじや肉片は、焼くと汚らしい色になる。血液が残っている場合もあり、凝固するとこちらも不快な色になる。

どうやって？

ナイフの刃で骨髄の表面を削ってきれいにする。ボウルに水を入れて、粗塩を大さじ1杯加え、骨髄を漬けて翌日まで置く。

当日／⏱ 下準備：15分　🍲 加熱：1時間30分

⑨ ブイヨンの表面の脂の一部を取り除く

なぜ？

一晩置いたブイヨンの表面には脂が浮くので、風味をクリアにするために一部を取り除く。取り除いた脂は、あとで野菜を炒めるときに使用する。

どうやって？

ブイヨンの表面に浮いた脂を、スプーンでそっとすくって全体の2/3ほどを取り除く。取り除いた脂はボウルに入れておく。

表面に浮いた脂を取り除くことで、すっきりした風味になる。

⑩ 肉とブイヨンを弱火で再加熱する

なぜ？

肉はすでに十分煮込まれているので、これ以上火を通さないよう気をつけながら温めなおす。

どうやって？

鍋にフタをして弱火にかける。決して沸騰させないよう気をつけること。

これ以上火が通らないよう気をつけながら加熱する。

⑪ 野菜をフライパンで蒸し煮にする

なぜ？

たとえブイヨンを使っても、野菜は茹でると素材の風味を失い、柔らかくなりすぎる危険性がある。だがフライパンで蒸し煮にすれば、素材の味や栄養分をほぼそのまま維持できる上、カリッとした食感を残すことができる。水ではなくブイヨンを使って蒸すことで、さらに風味をアップさせられる（P.132～135）。

どうやって？

フライパンを中火にかけ、⑨で取り除いた脂を大さじ1杯入れる。脂が溶けたらニンジン、黄カブ、ジャガイモを入れ、フタをして5分ほど加熱する。ときどきフライパンを揺らして全体に均一に火が通るようにする。⑤で取っておいたブイヨンを小さなお玉1杯分加え、フタをする。ときどき火の通りを確かめながら25分ほど加熱する。まだカリッとした食感が残っているうちに取り出し、ラップフィルムをかける。白ネギとパースニップも同様にし、ほぼ火が通ったら取り出す。

野菜を少量のブイヨンで蒸し煮にすることで、
カリッとした食感を残しつつ、風味を引き出す。

12
牛骨髄をオーブンで焼く

なぜ？
熱々で供するために、牛骨髄は食べる直前に焼く。

どうやって？
オーブンを250℃に熱しておく。天板に粗塩を入れて平らにならし、カットした面を上にして牛骨髄を置く。塩に軽く押しつけるようにして、互いに重ならないように並べること。オーブンに入れて15分加熱する。

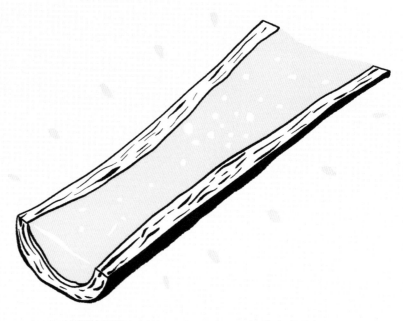

牛骨髄を縦半分にカットして焼くと、多くの風味が引き出される。

13
いただきます！

すべての野菜をフライパンに戻し、❾で取り除いた脂を大さじ1杯、ブイヨンをお玉1/2杯加える。軽くかき混ぜてからフタをし、中火で野菜を温めなおす。肉を厚さ2cmにスライスして皿に盛り、温めた野菜を添え、上からブイヨンを注ぐ。テーブルに運んで完成。牛骨髄のオーブン焼きと一緒に味わおう。

EN OPTION
参考

ポトフをアレンジする

POT-AU-FEU D'APPARAT
豪華版ポトフ

• フォワグラ　1個
• 地鶏　1羽
• 牛ヒレ肉　1000g（タコ糸で縛る）

上の材料のいずれか（あるいはすべて）をポトフの材料に加えるか、あるいはポトフの材料のいずれかと差し替える。フォワグラはブイヨンで15分茹でる。地鶏はブイヨンで50分煮る。牛ヒレ肉は、少量の油を入れて熱したフライパンで5分焼いて両面に焼き色をつけ、最後にブイヨンで7〜10分煮る。

AJOUTER DES ASPERGES
グリーンアスパラガスを加える

• 新鮮なグリーンアスパラガス　1束

作り方⓫の後、アスパラガスを蒸し煮にして「アル・デンテ」に仕上げる。

**EN OPTION
参考**

ポトフの肉に添えるソース

RÉDUCTION
DE BOUILLON CRÉMÉ
ブイヨンクリームソース

- ブイヨン・ド・ブフ　500mℓ
- 粒マスタード　大さじ2
- クレーム・ドゥーブル　大さじ4
- 塩コショウ　少々

野菜を蒸し煮にしている間に、鍋にブイヨンを入れて弱火にかけ、シロップ状にとろみがつくまで煮詰める。粒マスタードを加えてさらに5分煮詰める。クレーム・ドゥーブルを加えてさらに5分煮詰める。好みで塩コショウをふってソースポットに入れる。

SAUCE BÉARNAISE
ベアルネーズソース

- ホワイトビネガー　大さじ2
- エシャロット　1個
　（皮をむいてみじん切り）
- 粗挽きコショウ　小さじ1/4
- タラゴン　1/2束（半量をみじん切り）
- 卵黄　3個分
- バター　150g

鍋にホワイトビネガー、エシャロット、粗挽きコショウ、みじん切りにしたタラゴンを入れ、中火で3/4の量になるまで煮詰める。濾し器に通してから鍋に戻し、とろ火で温める。卵黄を加え、とろみがつくまで泡立て器で攪拌する。攪拌しながらバターを少しずつ加えてなめらかにする。残りのタラゴンを加え、ティエド（熱くも冷たくもない生温かい状態）で出す。

SAUCE FOYOT OU VALOIS
フォワイヨソース／ヴァロワソース

- ベアルネーズソース　左と同じ
- ブイヨン　250mℓ

ブイヨンを中火にかけ、シロップ状にとろみがつくまで煮詰める。冷ましてからベアルネーズソースと混ぜ合わせる。

SAUCE CHORON
ショロンソース

- ベアルネーズソース　左と同じ
- トマトピューレ　大さじ2

ベアルネーズソースにトマトピューレを加えて混ぜ合わせる。

残ったポトフを活用する

PRESSÉ DE POT-AU-FEU
プレッセ・ド・ポトフ

- 板ゼラチン　50g
- ブイヨン・ド・ブフ　500mℓ
- ポトフの残りの肉、白ネギ、ニンジン

ボウルに入れた冷水で板ゼラチンを戻す。ブイヨンを鍋で熱してゼラチンを加え、かき混ぜて完全に溶かす。火から下ろして冷ます。
白ネギとニンジンを縦に4分割する。肉をほぐす。テリーヌ型の下1/3にほぐした肉を敷き詰め、ゼラチン入りブイヨンをひたひたになるまで流す。その上に白ネギとニンジンの半量をきれいに並べ、ゼラチン入りブイヨンをひたひたになるまで流す。残りの材料で同じように繰り返し、最後はほぐした肉にブイヨンを注いで終える。
ラップフィルムで覆って冷蔵庫に24時間入れる。カットしてサラダを添えて食べよう。

まとめ
いつものポトフ vs.
アルテュール式ポトフ

いつものポトフ ―

🕐 下準備：45分　🍲 加熱：4時間

アルテュール式ポトフ ―

🕐 下準備：30分　🍲 加熱：5時間30分　🕐 寝かせ：12時間

J-1

前日

牛バラ肉ブロックを鍋に入れ、ブイヨンを加えて加熱し、塩をふってフタをする。表面が波打たないくらいの火加減で1時間煮込む。

他の牛肉とネギの青い部分を加え、肉の2〜3cm上までブイヨンがくるよう注ぎ足し、表面が波打たないくらいの火加減で3時間煮込む。

火が通った肉を取り出して冷ます。

ブイヨンが入った鍋を冷まして肉を戻し、ネギの青いところを広げてフタをする。翌日まで冷蔵庫に入れておく。

牛骨髄をナイフの刃できれいにし、塩水に一晩漬けておく。

水の代わりにブイヨンを使い、強火の代わりに弱火で煮込むだけで、なんと肉が失う重量が1/2に抑えられる。これはちょっとすごいと思わないか？　肉が重いということは、それだけ風味があって、柔らかくて、ジューシーに仕上がっているということだ。素晴らしいだろう？

材料（6人分）
前日までに準備しておいた
ブイヨン・ド・ブフ　4000ml
（P.144〜163）
牛ほほ肉（または牛すね肉）
800g（タコ糸で縛る）
牛肩肉　800g（タコ糸で縛る）
牛テール　800g
（タコ糸で縛る）

牛バラ肉ブロック　800g
（タコ糸で縛る）
牛骨髄　6本（縦半分にカット）
ネギの青いところ　1本
（洗って縦半分にカット）
カラフルニンジン　6本
（皮をむく）

パースニップ　3本
（皮をむく）
黄カブ　小6個
（皮をむく）
白ネギ　6本

ジャガイモ（シャルロット種、
BF15種など）小12個
粗塩　1000g

当日
熱湯で牛肉をブランシールし、冷水で洗う。使った鍋も洗い、たっぷりの水を入れて沸騰させる。牛肉を戻し、ネギの青いところを入れ、塩コショウをふる。表面が波打つくらいの火加減で3時間煮込む。

鍋に野菜を加えてさらに1時間煮込む。ジャガイモは別途茹でる。

当日
ブイヨンの表面に浮いた脂を取る。
鍋にフタをして弱火で温めなおす。
フライパンにブイヨンの脂を入れ、中火で野菜を炒め、お玉1杯のブイヨンを加えて蒸し煮にする（2回に分けて行う）。野菜はカリッとした食感が残っているうちに取り出す。
オーブンを250℃に熱しておく。
粗塩を敷いた天板で牛骨髄を15分焼く。

すべての野菜をフライパンに戻し、ブイヨンの脂を大さじ1、ブイヨンをお玉1/2杯加えて、フタをして温めなおす。
肉を厚さ2cmにスライスし、牛骨髄、野菜、ブイヨンと一緒に盛りつけて完成。

サーモスタットの
おかげで
オーブン庫内の温度を
正確に設定できる

« Le thermostat du four règle
la température de cuisson avec précision. »

サーモスタットを180℃に合わせたら、「ホントにオーブンの中は180℃なのかな?」と疑いたくなるのが人情だろう。え、疑ったことなんかない? まさか、サーモスタットがそれほど正確だと信じているわけではないだろうね……。

どこが間違い?

結論から言うと、オーブンのサーモスタットは信用できない。どのような環境で使っても設定は変わらないので、最大で40〜50℃の差が出る。サーモスタットは、オーブンの庫内の温度ではなく、オーブンの側面の裏側に設置された温度計の温度を基準に機能している。つまり、オーブンの使用法、置かれた場所の温度、使う頻度、湿度、掃除の頻度、側面の材質、隙間の有無、そのオーブンの熱の放射の仕方などによって、温度計が示す温度と庫内の実際の温度に差が出てしまう。つまり、サーモスタットでオーブンの温度を正確に設定するのは不可能なのだ。これはかなり困った事態だ。たとえば、高温にしようと思ってサーモスタットを180℃に設定したのに実際は140℃だったり、低温で焼こうとしてサーモスタットを120℃にしたのに実際は80℃だったりしたら、焼き時間が3倍近くかかったり、思い通りの結果にならなかったりしかねない。だが、こうした失敗を回避するよい方法がある。これから説明しよう。

サーモスタットは確かに便利だが、
正確とは言えない。

調理科学の視点

もしかしたらあらゆる加熱調理器具のうちで、もっとも温度調整が難しいのはオーブンかもしれない。それほどあいまいなのだ。

コンロにフライパンをのせて食品を焼く場合、ほどよく焼けているか、煙が出ているか、焦げついているかは目で見ればすぐにわかる。茹でたり煮たりする場合も、ふつふつと沸いているか、ぐらぐらと沸いているかを見分けるのは簡単だ。ところがオーブンの場合、中で何が起きているか外からはよく見えない。手で触れることもできない。火加減を確かめるすべがない。つまり、レシピに書いてある時間と温度にしたがえば大丈夫なはずだと信じて、手探り状態で加熱しなくてはならない。熱源がどこにあるか（上、下、上下）、「対流モード」かどうか、天板をどこに入れるかなどを考慮しながら、なんとかして火加減を調整する以外にない……と、多くの人は考えていると思う。

オーブン庫内での熱の伝わり方

オーブンでは、ヒーターによって庫内の側面が熱され、その側面の熱によって庫内全体が熱され、その庫内全体の熱によって食品に熱が伝えられる。これは気体によって伝えられる「対流熱」だ。

さらに、熱された側面からは直接的に「放射熱」も伝えられる。だが、ヒーターはすべての側面に設置されているわけではない。さらに、庫内のすべての側面が同じ材質で同じ厚さであるわけでもない。そして、もし「グリルモード」に設定すれば、放射熱は庫内の側面からではなくヒーターからのみ発せられる。放射熱は複数の側面から発せられるので、どうしても複数の放射熱が交差して熱がたまる「ホットスポット」ができてしまう。逆に、ガラスドアの裏側など放射熱が少ないところには「コールドスポット」ができる。つまり、食品をうまく加熱できるかどうかは、庫内のどこに天板を置くかに大きく左右される。アインシュタインでなくてもわかる単純な論理だ。

もうひとつ、気体は分子量が少なく、水の1000分の1ほどしかない。そのため、気体を熱しても分子同士の衝突が少ないので、熱は比較的伝わりにくい。だから140℃のオーブンに1分ほど手を入れていても平気でいられるのだ。もし沸騰した水に手を入れたら、1秒だって我慢できないだろう。沸騰した水は100℃しかないが、140℃のオーブンよりずっと熱を伝えやすい。

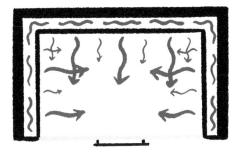

オーブンの側面から発せられる放射熱によって食品は加熱される。

薪オーブンから最新型オーブンまで

オーブンでの加熱技術は決して新しいものではない。3000年以上前から存在している。土を固めた囲いの中で薪を燃やした「かまど」が元祖で、今では主に電気やガスのオーブンが使われている。だが、その原理はほとんど変わっていない。一方、コンロのほうは、薪、ガス、電気ヒーター、電気セラミック、IHヒーターへと徐々に変化を遂げて、今や非常に正確に温度を調整できるようになった。しかしオーブンのほうは3000年経っても、温度調整の仕方はあいまいなままなのだ。

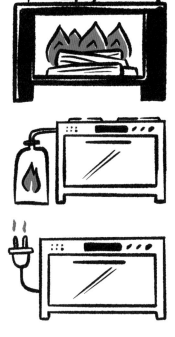

薪、ガス、電気などエネルギー源は違っても、原理は変わらない。

調理科学の視点（続き）

点いたり消えたり……

ほとんどのオーブンは正確な温度調整ができない。その仕組みは初期の電気セラミックコンロと同じだ。はじめはどんどん加熱して、設定温度より10〜20℃高くなったらいったん消えて、20〜40℃低くなったらまたどんどん加熱して……の繰り返し。たとえばオーブンを180℃に設定すると、最初は190〜200℃になり、そこから160〜170℃に下がり、再び190〜200℃に……と、上がったり下がったりを繰り返す。常に点いたり消えたりしているのだ。想像してみてほしい。フライパンで調理していて、コンロの火が点いたり消えたりを繰り返していたらどうなるか。きっと望んだ通りの仕上がりにはならないだろう。オーブンの加熱もそれと同じなのだ。

オーブンは、スイッチを点けたり消したりしているようなもの。

オーブン温度計を湿らせた小さな布巾で包んで測る。

測定温度 vs. 体感温度

オーブンのサーモスタットがそれほど正確ではないことはわかった。さらに、サーモスタットが示す温度はあくまで「湿度を考慮しない温度」であって「湿度を考慮した温度」ではない。それは非常に大きな違いなのだ。

では、どう違うのか？　天気予報で「気温」の他に「体感温度」について話しているのを聞いたことはないだろうか。これは主に大気の湿度に関係している。オーブン庫内も同様だ。食品は「測定温度」ではなく「体感温度」によって加熱されるのだ。

ご存知のように、食品を構成する物質のほとんどが水だ。食品をオーブンで加熱すると、中の水分が熱され、大量のエネルギーを消費しながら蒸発する。そのぶん食品自体は乾燥し、温度が低くなる。たとえばオーブン庫内の温度が300℃でも、実際に食品が加熱される温度は、水が沸騰する100℃以下になる。水分がすべて蒸発し、食品が石のように硬くなるまでその温度は維持される。

「わかったよ、アルテュール。じゃあ、その食品が実際に加熱される『体感温度』はどうやって測ればいいんだ？」と、あなたは言うかもしれない。

方法はただひとつ。オーブン温度計を活用するしかない。1500円くらいで買えるのでぜひ手に入れておこう。湿らせた小さな布巾で温度計を包み、中段にセットした金網の真ん中に置く。こうして、サーモスタットで設定した温度とオーブン温度計の温度がどのくらい違うかを計測するのだ。サーモスタットを120〜240℃まで20℃ずつ上げながら測ろう。いったんサーモスタットを設定したら、10分経過して庫内の温度が安定してから測ること。計測した値は、オーブン使用時にいつでも見られるよう掲示しておく。これを参照しながら3〜4回使ってみれば、ある食品を180℃で加熱したいときに、サーモスタットを150℃に設定すべきか200℃に設定すべきか、容易に判断できるようになるだろう。

これが正解！

前述したように、オーブンは古典的な加熱システムだ。自分のオーブンは使い慣れた自分だけがうまく調整できる。使いこなすには慣れるしかない。その上で、少なくとも次の点は理解しておこう。

オーブンのモードを使いこなす

厚みのある食品を加熱する場合、表面がパサついて焼けすぎてしまいがちなので、「対流モード」(コンベクション／ヒーター＋ファン)は避けよう(P.186〜187)。対流熱によって食品が焼けすぎることのないよう「グリルモード」(上下いずれかのヒーターのみ)にし、庫内の熱を逃すためにドアをわずかに開けた状態で加熱するとよい。

容器の材質を選ぶ

食品を入れる容器の材質は熱の伝わり方に大きく影響する。セラミック(陶器)製や耐熱ガラス製より、金属製のほうが食品に熱が伝わりやすい。

食品に合わせて加熱する

食品の大きさと色を考慮しよう。当然ながら、1kgのロースト肉と薄くカットした野菜では火の通り方がまったく異なる。また、濃い色の食品は放射熱を吸収しやすいので早く焼き上がる。

適切な温度を知ろう

• 140℃以下：食品の表面が焼けすぎたり、パサついたりすることなく、奥まで火が通る。焼き色はほとんどつかない。かなり厚みのある食品に均一に火を通すのに向いている(仔羊もも肉のロースト、ローストチキンなど)。焼き色は後でつけよう。
• 140〜180℃：火の通り方はやや不均等。あまり厚みのない食品なら、表面が焼けすぎることなく奥まで火が通る。いったん奥まで火を通してから、温度を上げて表面に焼き色をつけよう。
• 180〜220℃：表面に焼き色がつきやすく、パサつきやすい。あまり厚みのない食品や、外側と内側であえて焼き加減を変えたい料理に向いている。
• 220℃以上：奥まで火が通らないうちに、表面に焼き色がついてパサつく。薄い食品の加熱や、厚みのある食品に焼き色をつけるときに使おう。

天板の向きを変える

「ホットスポット」によって食品に焼きムラができやすくなるのを避けるため、天板の向きを90度ずつ変えながら焼く。

定期的にオーブンを掃除する

オーブンの側面にくっついた脂が焦げると、そこが新しい「ホットスポット」になってしまう。定期的に掃除をしよう。

オーブンをうまく使いこなすには、食品に応じて適切な容器と適切な温度を選ぼう。

オーブンを「対流モード」にすると早く火が通る

« Le mode
"chaleur tournante"
du four permet de cuire
plus rapidement. »

家電メーカーや販売店の営業文句に言いくるめられないように！ オーブンを「対流モード」にしたからといって早く焼けるわけではない。乾燥するだけだ。

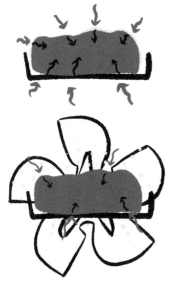

ふつうの「オーブンモード」だと、食品の表面に水分の膜ができるが、「対流モード」だと表面がパサついてしまう。

どこが間違い？

「対流モード」(コンベクション／ヒーター＋ファン) にすると、熱風が循環するので確かに庫内にまんべんなく熱が行きわたるが、食品の奥まで火が通りにくくなる。

言ってることが矛盾していると思うだろうか？ 説明しよう。通常の「オーブンモード」の場合、食品が加熱されると中の水分が失われる。その水分は薄い膜となって食品の表面に張りつく。水分の膜に覆われた食品の表面は、庫内より温度が低いので、熱の吸収が遅くなって水分が失われにくくなる。こうして食品にはゆっくりと火が通る。

ところが「対流モード」にすると、この水分の膜は乾燥した熱風によってすぐに奪われてしまい、表面に火が通りやすくなる。表面に火が通ると、乾燥した硬い層ができ、奥まで火が通りにくくなる。

洗濯物を乾かすときのことを考えてみよう。気温は同じでも、風が吹いているほうが早く乾くはずだ。オーブンも同じで、風が循環すると、食品は乾燥しやすくなる。だが、「乾燥する」は「火が通る」と同じではない。

調理科学の視点

ファンによって熱風を循環させると、庫内にまんべんなく熱が行きわたるので、一部だけ熱くなりすぎる「ホットスポット」ができない、とされている。

だが、そこにはひとつ罠がある。オーブンは、庫内に充満する気体を介した「対流熱」だけでなく、側面からは「放射熱」も発している（P.182〜185）。ファンが稼働しようがしまいが、この放射熱に変化はない。つまり、たとえ「対流モード」にしてもオーブンの奥の隅には「ホットスポット」ができ、ガラスドアの裏側には「コールドスポット」ができるのだ。

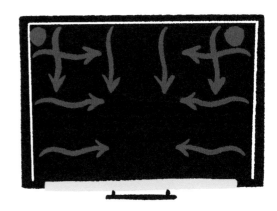

「対流モード」にしても「ホットスポット」はできる。

これが正解！

「たとえパワーがあってもコントロールできなくては意味がない」と、ある有名タイヤメーカーも言っていた。そう、オーブンのポテンシャルを発揮できるかどうかは、あなたのコントロール次第なのだ。

「対流モード」ON

厚みがなくて早く焼ける食品、表面に硬い層を作りたい料理（チキンナゲット、チーズスフレなど）、カリッとした食感を残したいとき、すでに火を通してある食品を温めなおすときに向いている。

「対流モード」OFF

厚みのある料理や食品（ロースト肉、ローストチキン、ジャガイモのグラタン、大きめにカットした野菜など）は、ふつうの「オーブンモード」で全体に火を通してから、焼き色をつけるときだけ「対流モード」にして表面を乾燥させるとよい。

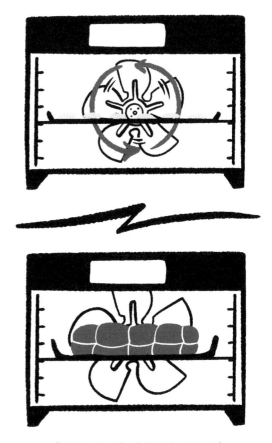

「対流モード」は薄い食品には向いているが、
厚みのある食品には向いていない。

Le rôti du dimanche
ローストビーフ

精肉店のアドバイス通りに焼けば、ローストビーフを作るのは簡単だ。
ただし、たいていは焼けすぎてパサパサし、
表面に分厚い硬い層ができてしまう。

いつものローストビーフ

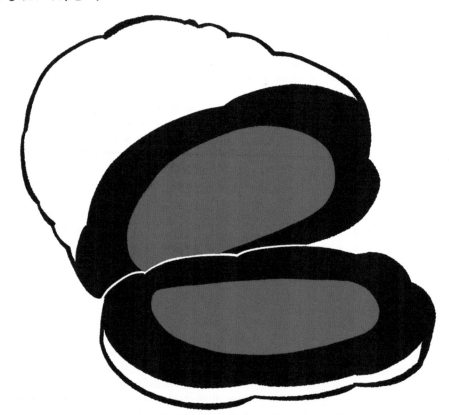

だが、柔らかくて、ジューシーで、表面の硬い層が薄い、
おいしいローストビーフを作る方法はある。
「サンデーロースト」[※]のメインディッシュにぜひトライしよう。

アルテュール式ローストビーフ
—

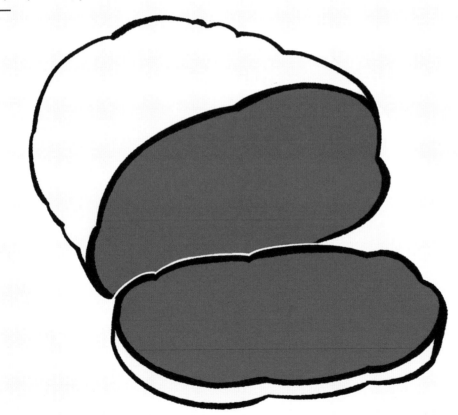

※サンデーロースト：イギリスの伝統的な食事で、ロースト肉、ジャガイモ、ヨークシャープディング、野菜などから成る。日曜日のランチによく食べられる。

注意すべきポイント

完璧なローストビーフとはどういうものか？ カリッとした表面の下の灰色がかった硬い層が1〜2mmほどと非常に薄く、中が柔らかくて、ジューシーで、しかも熱々に焼き上がったものだ。だがいつものやり方で作っても決してこういう仕上がりにはならない。

❶ 肉の厚みを考慮しよう

ローストビーフはステーキとは全然違う。厚さ6〜8cmのブロック肉を加熱し、均一に火を入れなくてはならないのだ。たとえ同じ重量でも厚さ3〜4cmの牛リブロース肉のおよそ2倍の厚みがあるのだから、これは非常に大きな違いと言えるだろう。

したがって、ステーキ肉と同じ温度、同じやり方でローストビーフを焼いてはいけない。精肉店のアドバイス通りに「ヒートショックで肉が硬くならないよう1時間前に冷蔵庫から出しておいて、220〜240℃のオーブンで加熱する」と、はたしてどうなるだろう？ 硬くてパサパサの分厚い層が表面にできて、中は冷たいまま……決しておいしい焼き上がりにはならない。

☞ 参照：熱伝導 P.44
　　　　　ヒートショック P.66

❷ 外側は焼けすぎなのに中心は冷たい…… という仕上がりにしない

ローストビーフの中心まで火を通すには時間がかかる。その間、外側の肉は高温にさらされる。だからこそ、外側は焼けすぎて硬いのに中心はまだ冷たいローストビーフが出来上がるのだ。その一方で、外側をカリッとさせて、メイラード反応によっておいしい味と香りを引き出すには、表面を高温でしっかり焼く必要がある。

外側をカリッと焼くか、中心まで火を通すか……ジレンマだ。だが、この問題は必ず解決できる。これまでに学んできた解決法にしたがって作りさえすれば、いつものローストビーフよりずっとおいしく焼き上がるはずだ。

☞ 参照：メイラード反応 P.68

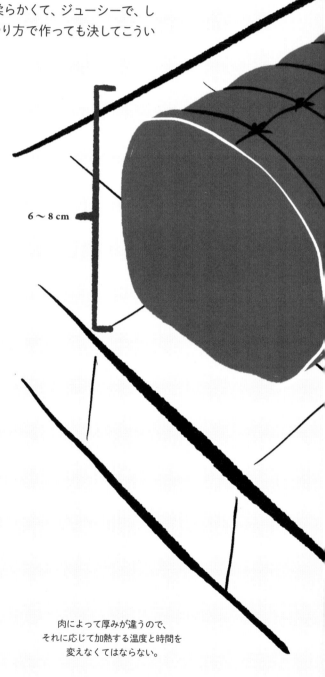

6〜8 cm

肉によって厚みが違うので、
それに応じて加熱する温度と時間を
変えなくてはならない。

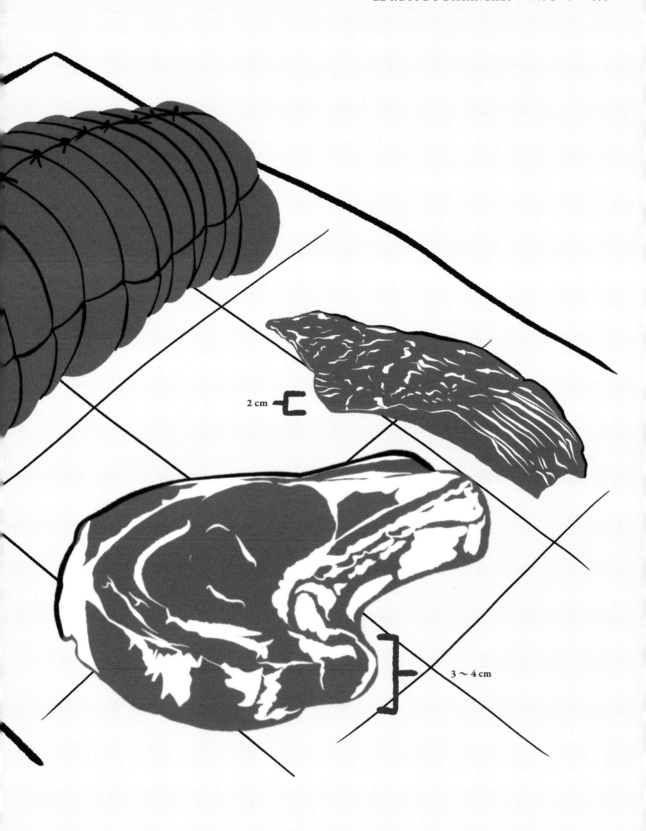

2 cm

3 〜 4 cm

やりがちだけどやってはいけないこと

**熱から守るために、
ロースト用牛ブロック肉は「バルド」を巻いて焼く**

精肉店で売られるロースト用牛ブロック肉には、たいていは「バルド」と呼ばれる豚の背脂の薄切り（ラードベーコン）が巻かれている。これは一般的には「加熱中に肉を保護し、パサつきを抑えるため」とされている。だがここでハッキリ言っておこう。科学的に何度も証明されているが、バルドでは肉のパサつきを抑えられない。これもまた根拠のない神話にすぎないのだ。

これは、もともとのバルドの役割が誤って伝えられたのが原因だ。かつて牛ブロック肉は薪火で焼かれていた。だから肉のまわりにバルドを巻いて、炎が当たった部分が焦げるのを防いでいたのだ。決してパサつきを抑えるためではない。バルドがついているとなんとなくカッコいいかもしれないが、焼き色をつけておいしさを引き出すには邪魔になる。精肉店ではずしてもらおう。

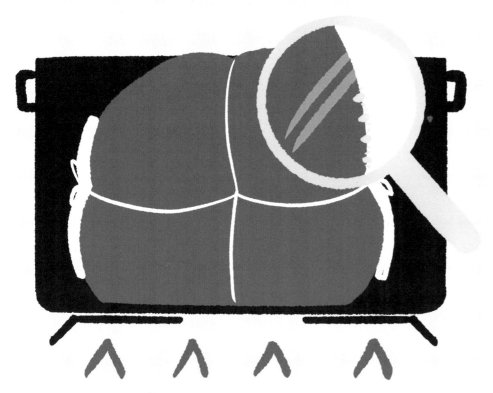

バルドが巻かれていても、肉のパサつきは抑えられない。

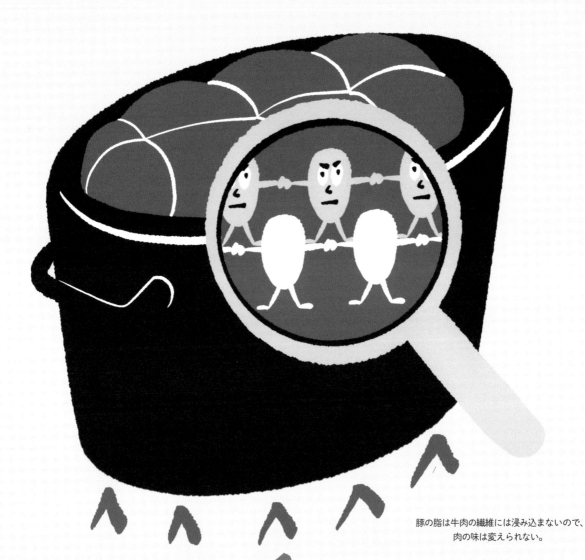

豚の脂は牛肉の繊維には浸み込まないので、
肉の味は変えられない。

肉をおいしくするために、
ロースト用牛ブロック肉に「ラルデ」をする

「ラルデ」とは、棒状にカットした豚の背脂
を牛ブロック肉に差し込むことを言う。そ
の理由は次のように説明されている。「加
熱中に背脂が溶けて肉の繊維に浸み込むの
で、牛ブロック肉がおいしくなり、パサつき
も抑えられる」。素晴らしい。だがそれは不
可能だ。肉を構成する物質の70%を占める
水は、分子がたった3つの原子（水素原子2
個と酸素原子1個）で構成されていてとて
も小さい。脂質の分子は大きいので、水の

分子の間に入り込むことはできない。
　これもまた、もともとの目的が誤って伝え
られたのが原因だ。かつて一部の肉がラル
デされていたのは、ただ単にあまりにも硬
かったからだ。背脂は柔らかくてジューシ
ーなので、肉と一緒に噛めば硬さをごまか
せて、肉自体が柔らかいように錯覚できる。
だが、今の肉は概して柔らかいので、ラルデ
には何のメリットもない。

牛ブロック肉は1時間前に
冷蔵庫から出して、
常温に戻しておく
—

こんなことは絶対にしてはいけない。あのインチキな「ヒートショック」神話（P.66〜67）を信じて、牛ブロック肉を1時間前に出せば常温に戻せると思い込むのはやめよう。試しに常温に牛ブロック肉を1時間置いた後、調理用温度計で中心の温度を測ってみるといい。外側が14〜15℃になっていても、中心はまだ6〜7℃であるはずだ。中心が18〜20℃に達するには5時間はかかる。そう、さらに4時間もかかるのだ。

では、どうして冷蔵庫から出しておいてはいけないのか？　簡単だ。外側と中心の温度が10℃近く差がついてしまうからだ。このまま肉を焼きはじめたら、熱い鍋に触れた外側はすでに常温なのですぐに火が入る。一方、内側はまだ冷たいのでゆっくりとしか火が入らない。中心に火が入る前に、外側は焼けすぎて灰色がかった硬い層ができてしまう。

やりたいことはわかるが、結果は真逆になる。絶対にやめよう。

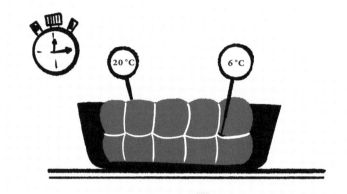

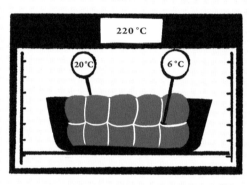

常温であろうが、オーブン内の220℃であろうが、肉の中心まで熱が伝わるには時間がかかる。

マイ・ネーム・イズ・ビーフ、ロストビーフ！

ローストビーフは
「ロスビフ」と書くべきだ
—

いや、それはおかしい。確かに英語の "roast beef" をフランス語で発音すると「ロスビフ」になる。フランス語では多くの場合、c、r、f、l以外の語尾の子音は発音されないからだ。だからといって「フランス語の発音に合わせて "rosbif" と書くべきだ」なんて、おかしな話だ。「ロースト roast」はフランス語で「ロティ rôti」、「ビーフ beef」はフランス語で「ブフ boeuf」。つまり「ローストビーフ roast beef」＝「ブフ・ロティ boeuf rôti」だ。それを「ロスビフ rosbif」にしたら、何を言いたいのかわからなくなってしまう。もしどうしてもそうしたいのなら、"pizza"（ピッツァ）は "pitza"、"nuggets"（ナゲット）は "neugguettes"、"cheezburger"（チーズバーガー）は "chizeburgueur" と書くべきだ。フランス語の発音に合わせるならね。ぼくは個人的にローストビーフを "rosbif" と書くことには断固として反対する。

牛ブロック肉は、
コンロで焼き色をつけてから
220〜250℃のオーブンに入れる
──

そんなことを言っている人は、牛ブロック
肉をきちんと観察したことがあるのだろう
か？　あれだけ分厚い肉をそんなに高温で
焼いて、本当にきれいに焼けると思ってい
るのだろうか？　全体がレア（ブル）またはミ
ディアムレア（セニャン）に焼けて、表面に焼
き色のついた薄くて硬い層ができて、中ま
できちんと熱されたローストビーフができ
ると、本当に信じているのだろうか？　も
ちろんできるはずがない。

肉の内側まで熱が伝わるには長い時間がか
かる。だからといってオーブンの温度を高
くすると、中に熱が伝わる前に外が焼けす
ぎてしまう。しかも、高温にさらされて表
面がどんどん乾燥するせいで、内側に熱が
伝わるスピードがますます遅くなってしま
う（P.44〜45）。だから牛ブロック肉に最初に
焼き色をつけるのはよいとしても、高温の
オーブンに入れるのだけはやめよう。

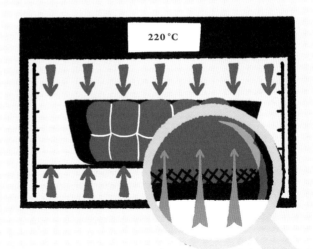

高温のオーブンに入れたら、
中心に火が通る前に外側が焼けすぎてしまう。

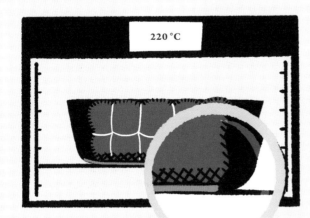

焼き色をつけた鍋のままオーブンに入れると、
肉の底面だけが焼けすぎてしまう。

牛ブロック肉は、
コンロで焼き色をつけてから
鍋ごとオーブンに入れる
──

いや、これもおかしい。コンロで肉を熱し
た鍋をそのままオーブンに入れてはいけな
い。

説明しよう。鍋をコンロにかけて肉に焼き
色をつけると、鍋底は非常に熱くなってい
る。もしそのままオーブンに入れたら、熱
い鍋底に接した肉の底面は上面より早く焼
けてしまう。肉の上面は、庫内に充満する
「対流熱」と、上部から発せられる「放射熱」
によってのみ加熱され、底面のように鍋か
らの「伝導熱」は受けられない。さらにひ
どいのが肉の側面で、鍋の側面によって
「対流熱」がさえぎられる上、鍋の側面は熱
くなっていないので「放射熱」も受けられ
ない。

つまり、コンロで使った鍋をそのままオー
ブンに入れると、肉に焼きムラができてし
まうのだ。絶対にやめよう。

Le roastbeef d'Arthur
アルテュール式ローストビーフの作り方

いつものローストビーフの作り方はこうだ。焼く1時間前に、バルドを巻いた牛ブロック肉を冷蔵庫から出しておく。ラルデして、塩コショウをふる。220〜250℃に熱しておいたオーブンで20〜30分焼く……確かに簡単だが、決しておいしくはない。さあ、抜群においしいローストビーフの作り方を教えよう。しかもひとつではなくふたつも！　前日までの下準備は同じだが、当日どちらの作り方を選ぶかはあなた次第だ。

2日前 / ⏱ 下準備：5分

❶ 牛ブロック肉に塩をふる
—

なぜ？

前述したように、肉の奥まで塩を浸み込ませると、加熱後も柔らかくジューシーな肉質になる(P.28〜35)。また表面がわずかに乾燥するので、コンロで加熱したときに焼き色がつきやすくなる。ロースト用牛ブロック肉は、繊維が断面に対して平行なのが特徴だ。つまり、繊維の切断面が見えているのは肉の両端だけ。牛リブロース肉のように繊維が断面に対して垂直で、肉の裏表の両面に繊維の切断面があるわけではない。つまり、ブロック肉はそれだけ塩が奥まで浸み込みにくいのだ。塩をしっかり浸み込ませて、タンパク質を変質させるためには、焼きはじめる48時間前に塩をふっておこう。

どうやって？

微粒塩をふる。いつも加熱後にふっているときよりやや多めにふろう。肉の上にまんべんなく塩が散らばるよう、高い位置からふるのがコツだ。その後は、ラップフィルムに包んで2日間冷蔵庫に入れておく。

材料（6人分）
ロースト用牛ブロック肉
（ヒレ肉、またはランプ肉）
1500〜2000g
ピーナッツオイル　適量
微粒塩（セルファン）　適量

所要時間
A.アルテュール式ローストビーフ
（冷たい肉使用）
下準備　5分
寝かせ　2日+1時間
加熱　1時間35分〜1時間45分
B.アルテュール式ローストビーフ
（常温の肉使用）
下準備　5分
寝かせ　2日+40分
加熱　1時間35分

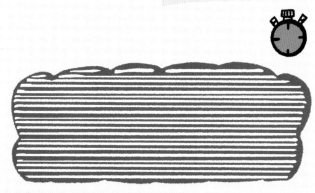

牛リブロース肉の繊維は断面に対して垂直だが、牛ブロック肉の場合は平行だ。そのぶん、塩が奥まで浸み込んで、タンパク質の性質が変わるまでに時間がかかる。

A.アルテュール式ローストビーフの作り方（冷たい肉使用）

当日／ 🍳 加熱：1時間35分～1時間45分 ⏱ 寝かせ：1時間

2
冷蔵庫から出して
すぐに焼き色をつける

なぜ？

まず、「急激な温度差による『ヒートショック』は肉を硬くする」という根拠のない思い込みは捨てよう（P.66～67）！
失敗したローストビーフのほとんどは、内側はきれいに焼けていても外側に分厚い硬い層ができている。これは肉をあらかじめ冷蔵庫から出しておいたせいだ。肉の表面を常温の20℃に戻してから熱した鍋に入れると、表面から厚さ1cmほどの温度があっという間に40℃ほど上昇して60℃になってしまう。これでは明らかに焼けすぎだ。
一方、冷蔵庫から出してすぐの5℃から焼き色をつければ、表面から厚さ1cmほどの温度が60℃になるのに55℃上昇しなくてはならない。40℃との差は15℃、およそ50％増だ。この差は大きい。常温から焼きはじめると60℃になる部分が、冷蔵庫から出してすぐなら45℃にしかならない。だからこそ、後で本格的に加熱したときに外側に分厚い硬い層ができないのだ。
つまり、はじめに焼き色をつける時点で、常温からだと表面から厚さ1cmほどがすでにウエルダン（ビアン・キュイ）以上になってしまうのに対し、冷蔵庫から出してすぐだとレア（ブル）に抑えられるのだ。

どうやって？

鋳物ホーロー鍋を中火にかけて5分ほど熱する。火を強くして、煙が上がるまでさらに5分ほど熱する。
冷蔵庫から牛ブロック肉を取り出し、クッキングペーパーで表面の水分をしっかりと拭き取る。熱した鍋に150mℓほどのピーナッツオイルをそっと注ぐ。肉を入れたときに鍋の温度が下がらないようたっぷりと入れること。煙が上がってきたら、油がはねないようにそっと肉を入れる。こまめにひっくり返しながら、肉全体にまんべんなく焼き色がつくよう3～4分加熱する。焦がさないようスピーディーにやること。

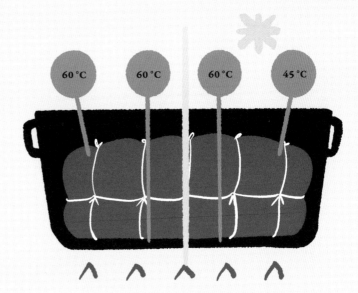

冷蔵庫から出してすぐに焼き色をつけると、
硬くてパサついた部分があまり分厚くならずに済む。

❸ 肉を寝かせる

なぜ？

表面に焼き色をつけた後で肉を寝かせる。こうすることで、まだ5℃しかない肉の中心まで表面の熱がゆっくりと広がっていく。

牛ブロック肉の場合、有害な細菌は表面にしかいないので、焼き色をつけたときに殺菌されている。したがって、常温に1時間置いても衛生上まったく問題ない。

どうやって？

表面に焼き色をつけたら、鍋から肉を取り出して皿にのせ、アルミホイルで包む。そのまま常温に1時間置いておく。

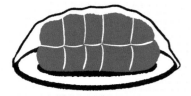

寝かせている間に中まで均等に熱が伝わる。

❹ 肉の内側に ゆっくりと火を通す

なぜ？

高温のオーブンにブロック肉を入れると、焼けすぎた表面に分厚い固い層ができてしまう。低温でゆっくり焼くことで、奥までじっくりと火が通り、表面が焼けすぎたり中の温度が高くなりすぎたりするのを避けられる。

どうやって？

オーブンを100℃に熱しておく。肉を金網の上にじかに置いて、オーブンの真ん中になるように入れる。こうすることで、肉の上面も底面も均等に火が入りやすくなる。

そのまま1時間30分〜1時間40分ほどオーブンに入れる。調理温度計で肉の中心の温度を測り、好みによってレア(ブル)の45℃、ミディアムレア(セニャン)の50℃、ミディアム(ア・ポワン)の55℃のいずれかになるまで焼く。

最後に肉を寝かせる必要はない。加熱温度が低いので表面がパサつくことはないからだ。

❺ いただきます！

肉を厚さ1〜2cmにスライスする。これが肉のおいしさを味わうのにも、噛みきるのにもちょうどいい厚さだ。自家製ソースを添えて召し上がれ。

SAUCE CORSÉE AU VIN ROUGE
こってり濃厚な赤ワインソース

- 牛ガラ　400g
- ニンジン　1本 （皮をむいて大きめの角切り）
- タマネギ　1個 （皮をむいて大きめの角切り）
- マッシュルーム　大1個 （大きめの角切り）
- ニンニク　3片 （皮をむいて大きめの角切り）
- タイム　5本
- パセリ　3本
- ローリエの葉　1/2枚
- フォン・ド・ブフ　500mℓ
- 上質な赤ワイン　200mℓ
- バター　大さじ1
- オリーブオイル　適量

鍋を中火にかけてオリーブオイルを入れ、牛ガラに全体的に焼き色をつける。火を少し弱めて、ニンジン、タマネギ、マッシュルームを加え、10分ほど加熱して焼き色をつける。ときどきかき混ぜて、焦がさないよう気をつけること。さらに火を弱めて、ニンニク、タイム、パセリ、ローリエの葉を加える。5分ほど加熱してからフォン・ド・ブフを加える。鍋にフタをし、味と香りが引き出されるまで1時間ほど加熱する。

目が細かい濾し器に通して固形物をすべて取り除く。鍋を洗って弱火にかけ、濾したソースを戻す。ソースにシロップ状のとろみがついて2/3の量になるくらいを目安に煮詰める。

ローストビーフに添えるソース

小さな鍋を弱火にかけて赤ワインを熱する。フランベをして半量になるまでゆっくり煮詰める。ソースの鍋に加え、コクをつけるためにバターを入れてそっと混ぜる。肉が焼き上がるまで沸騰させずに温めておく。

SAUCE AUX ÉCHALOTES CONFITES
エシャロットコンフィ入りソース

- 上質な赤ワイン　200mℓ
- フォン・ド・ブフ　500mℓ
- タイム　2本
- エシャロット　18個
　（皮をむく。12個は縦に3等分）
- しょうゆ　小さじ1
- オリーブオイル　適量

赤ワイン、フォン・ド・ブフ、タイムを鍋に入れて弱火にかけ、半量になるまで煮詰める。タイムを取り出しておく。別の鍋に少量のオリーブオイルを入れて弱火にかけ、丸のままのエシャロット6個を入れる。ときどきかき混ぜながら15分ほど加熱してコンフィ（油炒め）にする。
中火にして、3等分したエシャロットを加えて焼き色をつける。煮詰めたフォン・ド・ブフと赤ワインを加えて弱火で10分ほど加熱し、最後にしょうゆを加える。均一に混ざってとろみがついたら、肉が焼き上がるまで沸騰させずに温めておく。

SAUCE BOOSTÉE À L'UMAMI
うま味たっぷりのソース

- 干しマッシュルーム　20g
- フォン・ド・ブフ　600mℓ
- しょうゆ　大さじ1
- エシャロット　6個
　（皮をむいてさいの目に切る）
- ニンニク　2片
　（皮をむいてさいの目に切る）
- バルサミコ酢　大さじ4
- ローズマリーの葉　1本分
　（粗めに刻む）
- オリーブオイル　大さじ2

干しマッシュルームをフードプロセッサーにかけて粉状にする。フォン・ド・ブフ500mℓとしょうゆを鍋に入れ、弱火で半量になるまで煮詰める。
別の鍋にオリーブオイル大さじ2を入れて弱火にかけ、エシャロット、ニンニク、バルサミコ酢、ローズマリーの葉、フォン・ド・ブフ100mℓを入れる。フタをして、シロップ状にとろみがつくまで30分ほど加熱する。必要に応じてときどきフタを開けて水分を蒸発させる。すべてをミキサーにかけてピューレ状にする。
鍋にピューレ状にしたもの、粉状にした干しマッシュルーム、煮詰めたフォン・ド・ブフとしょうゆを入れてよく混ぜ、フタをせずに5分ほど弱火にかける。肉が焼き上がるまで沸騰させずに温めておく。

SAUCE TRÈS LÉGÈREMENT SUCRÉE
かすかに甘みのあるソース

- 赤タマネギ　大1個
　（皮をむいて2等分にし、みじん切り）
- ニンニク　10片（皮はそのまま）
- タイム　4本
- ミニトマト　10個（2等分にカット）
- フォン・ド・ブフ　200mℓ
- 赤ワイン　600mℓ
- バルサミコ酢　大さじ2
- バター　大さじ1
- オリーブオイル　大さじ2

鍋にオリーブオイル大さじ2を入れて弱火にかけ、赤タマネギ、ニンニク、タイムを入れ、ときどきかき混ぜながら10分ほど加熱する。ミニトマトを加え、かき混ぜながらさらに10分加熱する。全体が柔らかくなって、トマトの果汁が外に出てきたら、火を少し強くしてフォン・ド・ブフ、赤ワイン、バルサミコ酢を加える。半量になるまで煮詰めてバターを加える。
ニンニクを取り出して皮をむき、目が細かい濾し器につぶしながら通す。同じ濾し器にソースも通す。このとき、野菜とハーブを軽くつぶして汁を出すとソースが濃厚になる。肉が焼き上がるまで沸騰させずに温めておく。

B.アルテュール式ローストビーフの作り方（常温の肉使用）

当日／ 寝かせ：40分　 加熱：1時間35分

2

冷蔵庫から出した肉を
常温に戻す

早く安全に肉を常温に戻そう。

なぜ？

あらかじめ肉を常温にしておくと、15℃分の焼き時間を短縮できる。ただし、肉の内側はきれいに焼けているのに外側が硬くてパサパサ……という失敗を避けるために、作り方Aとは真逆のことをしよう。はじめに低温のオーブンで中心まで火を通しておいて、後から表面に焼き色をつけるのだ。そうすれば、外側の硬くて乾燥した層が分厚くならずに済む。

なお、肉を低温調理（真空調理）した場合も、いったんオーブンに入れてからフライパンで焼き色をつけるとよい。低温調理した肉は、クッキングペーパーで念入りに拭いても表面が湿ってブヨブヨしている。そのままでは焼き色がつきにくい。ところがいったんオーブンに入れると表面が少し乾くので、カリッとした食感に焼き上げられるのだ。

どうやって？

ファスナーつきプラスチックバッグに牛ブロック肉を入れて口を閉じ、常温の水に30分入れる（P.67）。バッグから肉を取り出し、クッキングペーパーでしっかりと水分を拭き取る。

オーブンを100℃に熱しておく。温度を正確に測るために、サーモスタットではなくオーブン温度計を使おう（P.184）。

3

肉の内側に
ゆっくりと火を通す

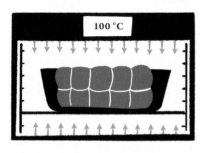

はじめは低温でじっくりと加熱する。

なぜ？

100℃のオーブンで火を入れると、ゆっくり加熱されるので、外側が焼けすぎにならない。肉全体に均一に火が通り、表面から中心まで同じような状態でタンパク質が凝固する。

さらに、こうしてオーブンで加熱している間に肉の表面が少し乾くので、後でカリッとしたおいしい層を作ったりきれいな焼き色をつけたりしやすくなる。

どうやって？

オーブンを100℃に熱しておく。牛ブロック肉を金網の上にじかに置いて、オーブンの真ん中になるように入れる。こうすることで、肉の上面も底面も均等に火が入りやすくなる。

そのまま1時間30分オーブンに入れる。調理温度計で肉の中心の温度を測り、好みによってレア（ブル）の40℃、ミディアムレア（セニャン）の45℃のいずれかにする。オーブンから出した後も余熱で4〜5℃上がるので、これ以上は高くしない。

オーブンから出した肉があまりおいしそうに見えなくてもがっかりしないで。これからおいしそうな見た目を作り上げるのだから。

④ 肉の表面の温度を少し下げる

なぜ？

肉の表面を少し冷ましておくと、焼き色をつけたときに内側に熱が伝わりにくくなる。

どうやって？

牛ブロック肉をオーブンから出し、金網にのせて10分置いて数度ほど温度を下げる。底面も空気を通して冷ますこと。その間に、鋳物ホーロー鍋を火にかけておく。白い煙がたっぷり立ち上るまでしっかり熱すること。

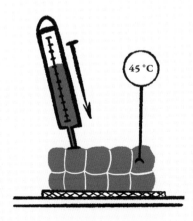

焼き色をつける前に、
肉の表面の温度を少し下げておく。

⑤ 肉の表面に焼き色をつける（ようやく！）

なぜ？

肉の内側にはすでに火が通っている。だが、表面にはまだ焼き色がついていない。カリッとしたおいしい層もできていないし、メイラード反応によるコクのある風味も生まれていない。この工程を成功させれば、素晴らしくおいしいローストビーフが完成するはずだ。

どうやって？

熱した鍋に150mℓほどのピーナッツオイルをそっと注ぐ。肉を入れたときに鍋の温度が下がらないようたっぷりと入れること。煙が上がってきたら、油がはねないようにそっと肉を入れる。こまめにひっくり返しながら、肉全体にまんべんなく焼き色がつくよう3〜4分加熱する。焦がさないようスピーディーにやること。せっかくここまでうまくいっているのだから、最後に台無しにしないように！
最後に肉を寝かせる必要はない。表面に分厚い硬い層ができることはないからだ。加熱時間の短縮に加えて、一度も肉を寝かせずに済むのも、この作り方Bのもうひとつのメリットだ。

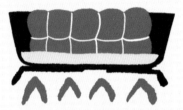

最後に肉の表面に焼き色をつける。
メイラード反応によって
おいしい肉汁を作り出そう。

⑥ いただきます！

肉を厚さ1〜2cmにスライスする。これが肉のおいしさを味わうのにも、噛みきるのにもちょうどいい厚さだ。自家製ソースを添えて召し上がれ。

英国風ではない
ローストビーフの出来上がり！

まとめ

いつものローストビーフ vs.
アルテュール式ローストビーフ

いつものローストビーフ —

🕐 寝かせ：1時間　🕐 下準備：5分　🍲 加熱：30〜40分

当日
焼く1時間前に牛ブロック肉を冷蔵庫から出しておく。
塩コショウをふる。
鍋で焼き色をつける。

220〜250℃のオーブンで20〜30分焼く。

A.アルテュール式ローストビーフ（冷たい肉使用）—

🕐 下準備：5分　🕐 寝かせ：2日＋1時間　🍲 加熱：1時間35分〜1時間45分

2日前
牛ブロック肉に微粒塩をふる。
ラップフィルムに包んで冷蔵庫に2日間入れる。

当日
鋳物ホーロー鍋を煙が出るまで加熱する。
牛肉の水分を拭き取る。
鍋にピーナッツオイルを150

mℓほど入れる。
肉を鍋に入れ、3〜4分ほどで手早く焼き色をつける。
アルミホイルに包んで常温で1時間寝かせる。

B.アルテュール式ローストビーフ（常温の肉使用）—

🕐 下準備：5分　🕐 寝かせ：2日＋40分　🍲 加熱：1時間35分

2日前
牛ブロック肉に微粒塩をふる。
ラップフィルムに包んで冷蔵庫に2日間入れる。

当日
牛肉をファスナーつきプラスチックバッグに入れ、常温の水に30分入れる。
肉の水分を拭き取る。

肉を金網にのせ、100℃のオーブンの中段で1時間30分焼く。
肉を常温で10分寝かせる。

こうして見比べると、確かにおいしいローストビーフを作るにはいつもより
ほんの少しだけ手間がかかる。だがよく見てほしい。下準備にかける時間
はほぼ同じで、寝かせるのに長い時間がかかるだけだ。

材料（6人分）
ロースト用牛ブロック肉（ヒレ肉、またはランプ肉）　1500〜2000g
ピーナッツオイル　適量
微粒塩（セルファン）　適量

肉を金網にのせ、100℃のオー
ブンの中段で1時間30分
〜1時間40分焼く。

肉を1〜2cmの厚さにスライ
スする。
自家製ソースを添えて食べる。

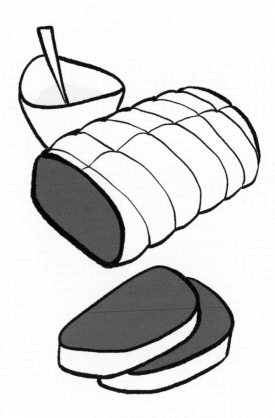

鋳物ホーロー鍋を煙が出るま
で加熱する。
鍋にピーナッツオイルを150
mℓほど入れる。
肉を鍋に入れ、3〜4分ほどで

手早く焼き色をつける。
肉を1〜2cmの厚さにスライ
スする。
自家製ソースを添えて食べる。

パテやテリーヌは、熱から保護し、均一に火を通すために、160〜180℃のオーブンで湯煎焼きをする

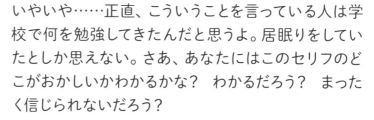

« Les pâtés et les terrines doivent cuire au bain-marie dans un four à 160-180 °C, pour les protéger de la chaleur et obtenir une cuisson homogène. »

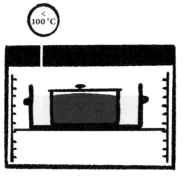

いやいや……正直、こういうことを言っている人は学校で何を勉強してきたんだと思うよ。居眠りをしていたとしか思えない。さあ、あなたにはこのセリフのどこがおかしいかわかるかな？　わかるだろう？　まったく信じられないだろう？

どこが間違い？

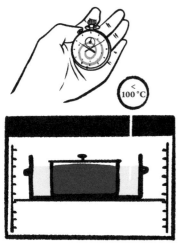

何時間加熱しても、湯煎焼きの温度は水の沸点である100℃以上にはならない。

一般的には「オーブンで湯煎焼きをすると、水の沸点の100℃以上に温度が上がらないので、食品を高温から守ることができる」と言われている。うん、確かにそうだ。薪火や暖炉のように温度調整ができない熱源には有効な方法だろう。だが今では、温度を設定できるオーブンや、火加減を適切に調整できるコンロがある。オーブンを160〜180℃に設定しておいて、結局は100℃以下で調理をするなんて……こう言っては何だけど、どうかしている。100年前には意義があったとしても、今では何の意味もないことを何も考えずにそのまま続けている。詳しくは後述するが、そもそもオーブンで湯煎焼きをしたら、加熱温度は100℃ではなくそれ以下になってしまう。

さらに、一般的には「オーブンで湯煎焼きをすると火が均一に入る」とも言われている。それはそうだろう、100℃以下で加熱しているのだから！　それだけの弱火でゆっくりと火入れをすれば、表面を焼きすぎることなく食品の奥まで均一に火が通るのは当たり前だ。

湯煎の起源

湯煎の起源はかなり古く、2500年以上前に遡る。もともとは、食品を50〜100℃の低温で加熱したいときに行われる調理法だった。たとえ薪火の温度が200℃、あるいは300℃や400℃に達しても、湯煎で加熱すれば水の沸点の100℃以上には決してならない。だから、弱火でゆっくりと火入れするべき料理に向いていたのだ。とくに、古代ローマ時代からよく食べられていたテリーヌを作るには最適だった。

つまり湯煎とは基本的に、高温の環境の中で低温で調理するための技術だ。もしうんちく好きなちょっとうざい人間がまわりにいたら、ぜひ新しい知識を披露して驚かせてやろう。湯煎の仲間として、冷水や氷水に入れて冷やす「氷煎」、そして200℃で加熱するために油を使う「油煎」もあるのだ。

調理科学の視点

実は、オーブンでテリーヌを湯煎焼きしている間、ぼくたちが気づかないうちに庫内ではさまざまなことが起きている。

テリーヌを入れると温度が下がる

一般的に正しいとされる湯煎焼きのやり方だと、まずはオーブンにバットを入れて予熱しておく。それとは別に、湯煎用の湯を沸かしておく。熱したバットに熱湯を入れれば、湯の温度は下がらず沸騰し続ける。

だが、そこに型に詰めたテリーヌを入れたらどうなるだろう。テリーヌは常温（20℃くらい）なので、湯の温度は下がる。実際にぼくが温度計で測ったところ、わずか数秒で10℃も下がってしまった。バットのサイズや水の量によって誤差はあるだろうが、だいたいそのくらいだ。この時点で、すでに加熱温度は100℃ではなく90℃になっている。

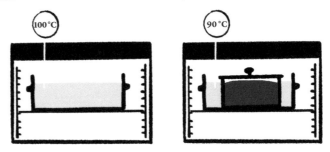

湯煎用のバットにテリーヌを入れると、温度は100℃から90℃に急落する。

水が蒸発すると温度が下がる

オーブンで湯煎焼きをすると、当然のことながら湯煎の水は蒸発する。そして沸騰した水が気化すると、大量のエネルギーが消費されて水の温度が下がる。100℃の水1kgに対して、540カロリーもの熱量が消費されるのだ。これはぼくたちがプールで1時間クロールで泳ぐときの消費量に相当する。したがって、水が蒸発すると湯煎の温度は下がる。ぼくが測ったところ、10分で10℃低下した。つまり、この時点で湯煎焼きの温度はだいたい80℃になる。

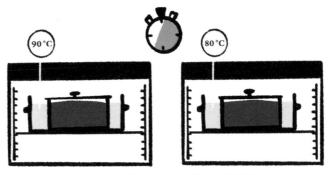

蒸発によって、水の温度はさらに下がって80℃ほどになる。

調理科学の視点(続き)

オーブン庫内の温度は上がりにくい

「だから湯煎の水の温度を上げるために、オーブンを160〜180℃に設定するんじゃないか」と、あなたは反論するかもしれない。そうかもしれないが、実際はそれほどうまくいかない。気体は熱を伝えにくい。そしてオーブン庫内の熱は気体によって伝えられる。つまり、オーブンでは湯煎の水の温度は上昇しにくいのだ。実際に測ってみたところ、1時間加熱しても83℃までしか上がらなかった。1時間30分加熱しても83℃のままだった。確かめるのは簡単だ。途中でオーブンを開けたとき、湯煎の水が沸騰しているのを見たことがあるだろうか? いや、ないはずだ。水は決して100℃にはならない。

たとえオーブンの温度を300℃に設定しても、湯煎の水は沸騰しない。実際やってみたところ、300℃で2時間加熱しても94℃にしかならなかった。水が蒸発すればそのぶん水の温度が下がるのでこれが限界なのだろう。

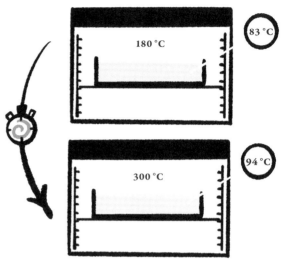

オーブンの温度を300℃に設定して2時間加熱しても、湯煎の水は94℃以上にはならない。

テリーヌは底面と側面から加熱される

テリーヌは熱湯に浸してある。つまり、ファルス(詰め物)はテリーヌ型を通して底面と側面から加熱される。あなたは「オーブンに入れているのだから、上からも加熱されるはずだ」と言うかもしれない。いや、違う。まず、テリーヌ型のフタによって熱の一部が遮断される。さらに、フタとファルスの間にある空気が、絶縁体のような働きをして熱を伝えにくくさせる。したがって、テリーヌは主に底面と側面からのみ加熱される。だからこそ、厚みのあるテリーヌ全体にまんべんなく熱を伝えるには、強火で加熱してはいけないのだ。

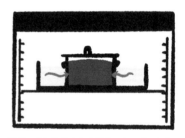

テリーヌに加えられる熱は、オーブン庫内の空気ではなく、湯煎の水を通して伝えられる。

湯煎で加熱しても乾燥は防げない

もし、湯煎によってファルスの乾燥を防げると思っているなら、それもまた大間違いだ。通常、加熱中のテリーヌ型にはフタをする。だとすると、たとえ庫内の湿度が高くても、ファルスは庫内の空気とは接触しないので何の影響もない。そして仮にテリーヌ型にフタをしなくても、湯煎から排出される蒸気だけでは庫内の湿度はほとんど変わらない。もしファルスが乾燥してパサパサするとしたら、それは湿度のせいではなく、温度が高すぎてタンパク質が凝固してしまったせいなのだ。

結局のところ、160〜180℃に設定したオーブンでテリーヌを湯煎焼きにするのは、80〜85℃で底面と側面からのみ加熱するのと同じ状態だと言える。

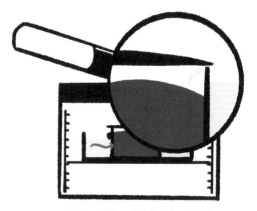

テリーヌ型のフタから少量の蒸気が逃げ出すことはあっても、逆に外の湿気がテリーヌ型の中に入ってくることはない。

これが正解！

湯煎焼きの実態についてよくわかったところで、よりおいしいテリーヌを作るための方法を教えよう。率直に言って、オーブンでの湯煎焼きなど21世紀にはもう古すぎるのだ。

オーブン焼きにする（湯煎焼きではない）

もしあなたが中世の頃のように薪火を使うなら、もちろん湯煎焼きにするほうがいいだろう。だが、もし過去50年以内に作られたオーブンを使うなら、古くさい湯煎焼きは忘れ、ただ単にオーブンを140℃に設定しよう。この温度ならテリーヌを適切に加熱できる。それに、160℃以上に設定するより省エネに貢献できる。

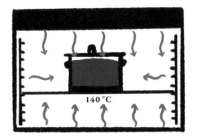

湯煎にしなくても、テリーヌ全体を包む
オーブンの熱気によって
中に均一に火が入る。

コンロで湯煎にかける（オーブンではない）

驚いただろうか？ だが、これは実に有効な方法だ。実際にぼく自身がやってみたのだから間違いない。説明しよう。前述したように、テリーヌをオーブンで湯煎焼きにすると、主に底面と側面から加熱される。おわかりだろうか？ 鍋にテリーヌ型を入れてギリギリの高さまで熱湯を入れてコンロで熱しても、加熱のされ方はオーブンでの湯煎焼きと変わらないのだ。さらに、コンロで加熱すると温度調整がしやすいという大きなメリットがある。オーブンよりずっと調整が簡単で、早くて、正確で、しかも状態をいつでも確認できる。鍋の下に割り箸を数本、あるいは折り畳んだ布巾を置き、テリーヌ型が鍋底に直接当たらないようにしよう。それから熱湯をテリーヌ型の高さぎりぎりまで入れ、中火にかける。蒸気が立つくらいの火加減にして、決して沸騰させないこと。

テリーヌをコンロで湯煎にかける。
オーブンでの湯煎焼きと同じ原理だが、
温度調整がずっと楽になる。

湯煎が不要な他の料理

オランデーズソースやベアルネーズソースのような卵黄ベースのソースも、薪火を使わない限り湯煎は不要だ。単にコンロの火をなるべく弱くして、卵黄が68℃以上で凝固するのを意識しながらとろみをつければよい。

卵のココットをオーブンで作る場合も、湯煎にする必要はない。庫内の熱気のせいで卵黄が固まらないよう、アルミホイルでフタをすればいいだけの話だ。

オランデーズソースは、湯煎にかけなくても
弱火で加熱すれば十分作れる。

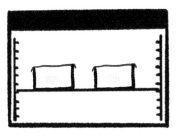

卵のココットは、上からアルミホイルを
かければ卵黄が固まらない。

La terrine maison
肉のテリーヌ

さあ、左に見えるのはいつもの肉のテリーヌだ。
出来ばえによっては柔らかすぎたり、ジャリジャリしたりすることも。
ウェットタイプのドッグフードとよく似ている。

いつもの肉のテリーヌ

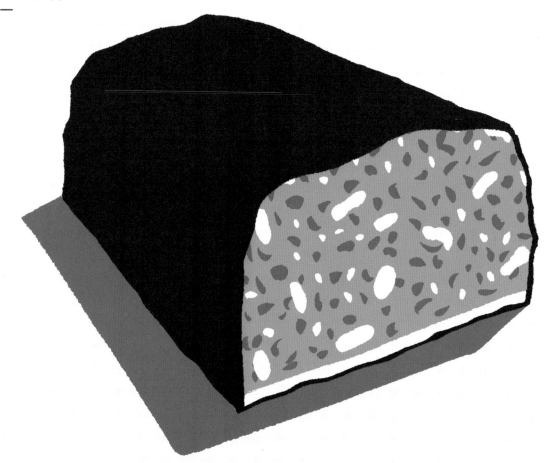

そして右に見えるのは、実においしい肉のテリーヌだ。
柔らかくて、ずっしりしていて、とろりとしたゼラチンによって
ひとつにまとまっている。至福の一品だ。

アルテュール式肉のテリーヌ
―

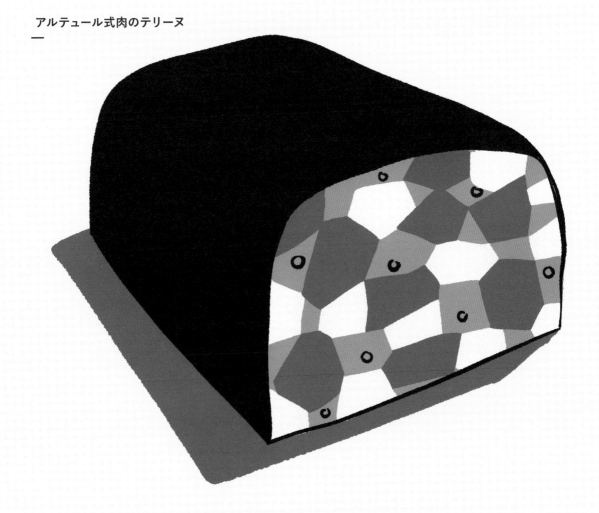

注意すべきポイント

おいしい肉のテリーヌとは、さまざまな種類の肉に均一に火が通り、凝固したタンパク質とゼラチン化したコラーゲンによって全体がしっかりまとまったものだ。最高のテリーヌを作るために、いくつかのコツを覚えておきたい。

❶ 有害な細菌を死滅させる

ほとんどの食肉では、有害な細菌は肉の外側にしか生息していない。だが豚肉は例外だ。現代ではあまり多くないが、悪条件下で飼育された豚の肉の内側にはまれに有害な細菌が発見されている。

肉のテリーヌでは、さまざまな種類の肉がミックスして使われる。ファルス（詰め物）のどこかに有害な細菌や寄生虫が潜んでいないとは限らない。細菌と寄生虫を完全に死滅させるには、豚肉を使っていない場合はファルスの中心を15分以上60℃で、使っている場合は15分以上82℃で加熱する必要がある。

調理用温度計でテリーヌの内側の温度を測ろう。あるいは中心に竹串を刺して、出てきた肉汁が透明であれば焼けた印だ。

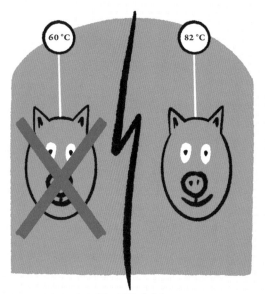

ファルスの中心の温度が、豚肉なしで60℃、
豚肉ありで82℃になるまで加熱する

❷ 長方形のテリーヌ型を使う

あなたのテリーヌ型はどういう形をしているだろう？　長方形、それとも楕円形？　え、どっちでもいいだろうって？　いや、これはとても重要な問題だ。楕円形は幅が均一ではない。両端は短く、中心は長い。つまり、均等に火が入りにくい。4cmの厚みと10cmの厚みを同じように火入れするのは難しい。だからふつうは、肉のテリーヌを作るのに楕円形のテリーヌ型は使わない。だが、もし結婚祝いに誰かから楕円形のテリーヌ型をもらったら、その人をディナーに招待したときにその型を使うのが礼儀だろう。ぼくだってそうする。でも大丈夫、慌てないで。いい解決法がある。できるだけ低温で長く加熱することで、厚い部分を焼きすぎずに済むのだ。

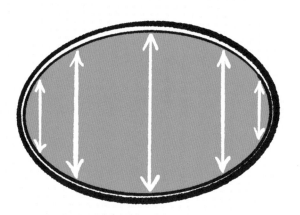

楕円形の型は、両端に比べて中心の幅が2倍ほど長い。
中心に火を通すには長く焼かなくてはならず、
火の入りが不均等になってしまう。

❸ 塩コショウは多めに入れる

肉のテリーヌには塩コショウをたっぷり使う。もしかしたら
あなたは「え、こんなに使うの?」と、たじろぐかもしれない。
ファルス1kgに対し、塩は小さじ2～3（10～15g）、コショウは
小さじ1～2（3～6g）だ。ふつうの料理よりかなり多い。その
理由はふたつある。

第一に、テリーヌには脂質が多く含まれているから。脂質の
おかげでテリーヌはなめらかな食感になる。だが、口に入れ
ると味蕾に脂質の薄い膜がかかるので、風味を感じにくくなる。

第二に、テリーヌは常温、あるいは低温で食されるから。冷
たい料理は熱い料理より味や香りを感じにくい。

いずれの場合も、塩とコショウの量を増やすことで味や香り
を感じやすくなる。健康に悪いと思うだろうか? テリーヌは
毎食食べるものではないからそんなに心配しなくて大丈夫だ。

☞ 参照：塩 P.22

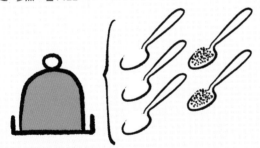

ファルス1kgに対して、
塩は小さじ3杯、コショウは小さじ2杯入れる。

❺ ファルスを柔らかい食感にする

もちろん、肉のテリーヌはしっかり固めなくてはならない。
だがその一方で、柔らかい食感を維持しなくてはならない。
ファルスを加熱すると、中に含まれるタンパク質の一部が凝
固し、乾いて硬くなる。それでも肉の柔らかい食感を維持さ
せるには、ふたつの方法がある。

ひとつ目は、おいしさに定評のある惣菜店ならどこでもやっ
ている方法だ。肉に塩をふって一晩置いておけばいい（P.28～
35）。それだけでジューシーな焼き上がりになるはずだ。

ふたつ目は、食パンの白い部分を加える方法だ。牛乳に浸し
て絞った食パンをファルスに混ぜこもう。少量の生クリーム、
あるいはワインやブランデーを加えてもよい。

❹ ファルスをしっかりと固める

肉のテリーヌのカットした断面を美しくするには、肉の欠
片同士を密着させて、ファルスをしっかり固めなくてはな
らない。そのために、ふつうはミンチした肉が加えられる。
ミンチした肉はタンパク質と肉汁が外に出ているので、加
熱すると凝固したタンパク質が肉汁を閉じこめながらジェ
ル状になり、肉の欠片同士をくっつける役割を果たす。卵
を加える場合も同様で、卵のタンパク質のおかげで肉の欠
片同士が密着し、しっかりと固まる。どちらも昔から行わ
れているやり方だ。

他にもうひとつ興味深いやり方がある。肉の欠片をこぶし
で叩くのだ。数分も続ければ、繊維から2種類のタンパク
質（アクチンとミオシン）が排出され、加熱すると凝固して
肉の欠片同士をくっつける（こぶしの代わりにフードプロ
セッサーを使ってもよいが、回転速度を一番遅くすること）。
これにはもうひとつメリットがある。肉を叩くことで中に
含まれるコラーゲンの結合が緩まるので、加熱したときに
ゼラチンに変質しやすくなり、冷やすと肉汁を閉じこめな
がら固まる。つまり、肉片同士の密着がより強化されるのだ。

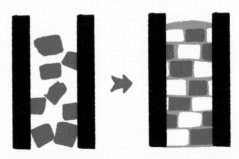

肉から排出されたタンパク質は、加熱するとジェル状になり、
肉片同士をくっつける。

ファルスを柔らかくするには、前日に肉に塩をふっておくか、
牛乳に浸した食パンを加える。生クリームを少量入れてもよい。

やりがちだけどやってはいけないこと

パテとテリーヌの違いは
肉の刻み方にある
—

もしかしたら、肉を粗めに刻むのが「パテ」、細かく均一に挽くのが「テリーヌ」と思っている人はいないだろうか？ とんでもない！ それぞれの名前の由来について考えればわかることだ。「パテ」と「テリーヌ」の名称はいずれも、加熱時にファルスに直接火が当たらないよう保護する道具に由来している。つまり、「パテ」はパテ＝パイ生地、「テリーヌ」はテリーヌ型でファルスを保護して焼いたもの。実に単純明快だ。
もともとパテに使われていたパイ生地は、食べるためのものではなかった。ファルスを薪火の炎から守るために包んでいたもので、加熱すると非常に硬くなった。魚や鶏肉の塩釜焼きと同じ要領だ。そもそも「パティシエ」という言葉は、この「パテ＝パイ生地」を作る職人に由来しているのだ。その後、さまざまな研究と発見を経て、このパイ生地は食べられるようになり、14世紀に「パテ・アン・クルート」と呼ばれるパテのパイ包み焼きが誕生した。
ちなみに、薪火で焼かれていた時代、「テリーヌ」は湯煎焼きされたが「パテ」はされなかった。

テリーヌはテリーヌ型で、パテはパテ＝パイ生地で保護していたのでそう呼ばれるようになった。

マリネ液にアルコール分が加わると、肉が硬くなる。フランベしてから加えよう。

マリネ液にワインを加えると
肉に風味がつく
—

これは絶対にやってはいけない。マリネ液にアルコール分を加えると、肉が硬くなってしまう（P.104〜109）。肉に風味をつけたいなら、ワインをフランベしてアルコール分を飛ばしてから加えよう。

ファルスの肉をできるだけ
細かく刻むと、
柔らかく焼き上がる

これは真逆だ。ファルスを柔らかくしたい
なら、肉はなるべく粗く刻まなくてはなら
ない。

肉を細かく刻むと、肉のほとんどの繊維が
あらゆる方向から断ち切られる。1kgの肉
にはおよそ700gもの水分が含まれている
が、細かく刻むと内側に水分を閉じこめら
れなくなる。つまり、ファルスから大量の
肉汁が排出され、パサパサしたテリーヌに
なってしまう。だからこそ、なるべく粗め
に切って肉の欠片の中に水分を閉じこめ、
欠片同士がくっつくようにしなくてはなら
ないのだ。

え、「脂肪なら細かく切ってもいいだろう?」
って?　いや、だめだ、脂肪も粗めに刻ま
ないといけない。脂肪を細かく刻むと多くの
脂肪細胞が壊れて、加熱したときにほとん
どが液状になり、ファルスから外に流れ出
てしまう。脂肪を刻むときは、コラーゲン
が少ない肉を刻むときと同様に、よく研い
だ包丁を使おう。

肉を刻むのにミートミンサー（ミートチョッパー）を使うのはなるべく避けよう。
包丁で粗めに刻むのが一番いい。

肉のテリーヌは160〜180℃の
オーブンで湯煎焼きする

どうしてこれが間違っているかは、湯煎焼
きについて書かれたページをもう一度読み
かえしてほしい（P.204〜207）。今では技術
も知識も発達しているのだから、大昔の調
理法であるこの「オーブンでの湯煎焼き」
はもう忘れよう。

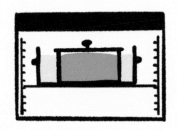

オーブンでの湯煎焼きは何の役にも立たない。

La terrine d'Arthur
アルテュール式肉のテリーヌの作り方

肉のテリーヌの作り方は実に簡単だ。だが、ファルスをさらに柔らかくするためにもう一工夫してみよう。肉の刻み方を変えて、古くさい調理法であるオーブンでの湯煎焼きをやめて……そして完成後に冷蔵庫で2〜3日寝かせれば、風味が高くておいしいテリーヌになるはずだ。ここではふたつの作り方を紹介する。いずれも湯煎焼きよりずっと適切な方法だ。

材料（8人分）
仔牛バラ肉　600g
鴨胸肉　800g（皮をはがして取っておく）
鶏もも肉　2本（骨を取りはずし、皮をはがして取っておく）
塩　20g
生クリーム　大さじ3
小麦粉　大さじ2
バター　小さじ1（室温に戻しておく）
挽きコショウ　小さじ1/2
グリーンペッパー　小さじ4
オリーブオイル　適量

所要時間
**A.アルテュール式肉のテリーヌ
（オーブン焼き）**
下準備　35分
寝かせ　3日＋3時間
加熱　1時間30分〜1時間45分（型の大きさとオーブンのタイプによる）
**B.アルテュール式肉のテリーヌ
（コンロでの湯煎）**
下準備　35分
寝かせ　3日＋3時間
加熱　1時間15分〜1時間30分（型の大きさと湯煎の温度による）

3日前 / ⏱ 下準備：5分　⏲ 寝かせ：1日

肉を粗めに刻む
—

`なぜ？`
肉を粗めに刻んで歯ごたえのあるテリーヌにする理由は3つある。
第一に、肉を粗めに刻むと、体積に対して表面積が小さくなるから。つまり、それだけ内側に肉汁を閉じこめられるので、柔らかくてジューシーなテリーヌになる。
第二に、ウェットタイプのドッグフードのようにすべてがぐちゃぐちゃに混ざり合うことなく、一つひとつの形が残るから。それぞれの肉の風味の違いを口の中で感じられるようになる。
第三に、肉の欠片を歯で噛み砕いたときに、内側に閉じこめられていた味と香りが一気に口の中に広がるから。細かく刻んだ肉は噛まずに飲みこんでしまうので、味と香りが口の中に広がらない。

肉を粗めに刻んで歯ごたえを残し、閉じこめた風味が口の中に広がるようにする。

`どうやって？`
仔牛バラ肉と鴨胸肉を5〜7mmの厚さにスライスし、さらにそれらを幅5〜7mmの紐状にカットし、さらにそれらを5〜7mmの角切りにする。

❷
肉に塩をふる

`なぜ？`
柔らかくてジューシーなテリーヌにするには、加熱後も肉の中に肉汁が閉じこめられていなくてはならない。そのために、早い段階で塩をふっておこう（P.28〜35）。

`どうやって？`
角切りにした肉を大きなボウルに入れ、塩をふってそっと混ぜる。そのまま2〜3分置いて塩を均一に浸み込ませる。ラップフィルムで表面を覆い、冷蔵庫に一晩入れておく。

2日前 / 🕐 下準備：30分　🕐 寝かせ：2日＋3時間

❸ 適切なテリーヌ型を選ぶ

なぜ？
火がまんべんなく入るよう、ファルスの厚みが均等な型を選ぶ。楕円形のテリーヌ型は見た目はいいが、中心が生焼けになったり、両端が焼けすぎたりしがちだ。

どうやって？
長方形のテリーヌ型を選ぶ。

長方形のテリーヌ型を使おう。

❹ 鶏皮と鴨皮をカリッと焼く

なぜ？
ファルスに風味をつけるため。ローストチキンのようなカリッとした皮が入ったテリーヌなんて、いかにもおいしそうだと思わないか？

どうやって？
鶏もも肉と鴨胸肉の皮を2cm×2cmほどにカットする。フライパンにオリーブオイルを少量入れて中火にかけ、皮を5〜7分加熱して焼き色をつける。カリッとしたら取り出し、クッキングペーパーで油を拭き取って皿に上げておく。

鶏皮と鴨皮をカリッと焼いて、
ファルスに風味をつける。

❺ 肉をこぶしで叩く

なぜ？
テリーヌは小さな肉の欠片が集まったものだ。カットしたときに欠片同士がはがれてボロボロに崩れないよう、あらかじめしっかりくっつけておく必要がある。
肉を叩く目的はふたつある。
第一に、肉に含まれるふたつのタンパク質（アクチンとミオシン）を排出させるため。加熱すると肉汁を閉じこめながらジェル状になるので、肉の欠片同士をくっつける役割を果たす。
第二に、コラーゲンの結合を緩めるため。それによって、加熱したときに溶けてゼラチンに変質しやすくなる。

どうやって？
❷で塩を浸み込ませた肉をバットに入れてならし、上からこぶしで叩く。全体が軽くねばつくまで4〜5分続ける。

行け！ モハメド・アリ！
その肉をやっつけろ！

ファルスの肉の欠片同士をつなげるため、
鶏もも肉を細かく刻む。

❻ 鶏肉を刻んで隙間を埋める

なぜ？
角切りにした肉をテリーヌ型に詰めるだけだと、肉の欠片の間に隙間が空いて、完成後にカットしたときに崩れやすくなる。加熱後にしっかり固まるよう、隙間を柔らかい鶏肉で埋めておく。

どうやって？
鶏もも肉を、わずかに粘り気が出るまでよく研いだ包丁で細かく刻む。フードプロセッサーを使ってもよいが、肉の繊維がちぎれて焼いたときに肉汁が出てファルスが硬くなる恐れがあるので、あまりおすすめしない。

肉をよく混ぜ合わせる

なぜ？

刻んだ鶏肉をファルス全体に行きわたらせて、糊のように肉の欠片同士をつなげる。さらに、こぶしで叩いた肉から排出されたタンパク質を全体に広げる。

どうやって？

➎と➏の肉を合わせて、2～3分ほど素手でよく混ぜ合わせる。肉を手でつかんでこぶしを握りしめ、指の間から肉を滑り落とすと効果的だ。

生クリームを加える

なぜ？

肉に含まれるタンパク質は加熱すると凝固するので、ファルスがやや硬くなる。少量の生クリームを加えることでこれを抑えられる。

どうやって？

ファルスに生クリームを加える。

焼いた鶏皮と鴨皮を加える

なぜ？

焼いた鶏皮と鴨皮を加えることで、カリッとした食感がもたらされる。さらに、皮が肉の水分を吸収するのでファルスがしっとりなめらかになる。

どうやって？

➍で焼いた鶏皮と鴨皮を細かく砕き、ファルスの上から散らす。同時に、グリーンペッパーと挽きコショウをふる。

こうやって肉を練る。

ちょこっと生クリームを入れよう。

カリッと焼いた皮をパラパラと散らそう。

10
小麦粉を加える

なぜ？

なぜか？ もちろん、柔らかくてなめらかなテリーヌを作るためだ。硬くてパサパサにするよりいいはずだ。

柔らかさにこだわりすぎだと思うだろうか？ いやいや、これはおいしさに定評のある惣菜店でずっと行われているやり方だ。効果抜群なのでぜひやってほしい。

小麦粉の70％はデンプンでできている。デンプンは熱を加えるとまわりの水分を吸い取って膨らみ、「デンプン糊」と呼ばれるジェル状の物質になる。この物質によってファルスに水分を閉じ込めるのだ。小麦粉を使ったスイーツがふんわり柔らかいのもこの原理を利用しているからだ。そう、前述したように「パティシエ」はもともと「パテ＝パイ生地」を作る職人を意味していたのだ。覚えているかい？

どうやって？

ファルスの上から少量の小麦粉をふってよく混ぜる。すべての材料が均一に混ざり合うまで2〜3分ほど混ぜること。

小麦粉をパラパラと散らす。

11
型の内側にバターを塗る

なぜ？

焼き上がったテリーヌは、テリーヌ型の側面や底面にへばりつきやすい。型から抜きやすくなるよう、あらかじめ内側に油脂を塗っておこう。

どうやって？

クッキングペーパーに少量のバターをつけて、型の内側全体にまんべんなく塗る。

パウンドケーキと同じように、
型の内側にバターを塗る。

12
型にファルスを丁寧に詰める

なぜ？

ファルスを型に適当に流し込むと、中に空気が入ってしまい、火が均一に通りにくくなる。肉の欠片同士もくっつきにくくなる。丁寧に詰めよう。

どうやって？

ファルスの1/4の量を型に入れ、フォークの背で軽く押して空気を抜く。同じ動作を4回繰り返して上まで詰め、テリーヌ型にフタをする。押すときは必ずフォークを使い、スプーンは使わないこと。スプーンには穴が開いていないので、空気を逃さずにファルスの中に閉じ込めてしまう。

フォークの背で軽く押して空気を逃す。

A.アルテュール式肉のテリーヌの作り方（オーブン焼き）

🍲 加熱：1時間30分〜1時間45分

13
予熱していないオーブンに テリーヌを入れる
—

なぜ？

オーブンは予熱しない。まずは型を加熱して、それから型を通してファルスにゆっくり火を入れることで、外側が焼けすぎることなく奥まで火が通る。

どうやって？

テリーヌを天板（金網ではない）にのせて、オーブンの中段に入れる。140℃に設定して1時間30分加熱する。

予熱していないオーブンで 焼きはじめることで、均一に火が通る。

14
焼き加減を確認する
—

なぜ？

同じ温度に設定してもオーブンによって火の入り方が異なる上（P.182〜185）、型の大きさによっても差が出るので、加熱時間を調整する。

どうやって？

1時間30分経ったら、ファルスの中心に調理用温度計を刺す。60℃に達していれば焼き上がりだ。調理用温度計がなければ、代わりに竹串を刺す。出てきた肉汁が透明なら焼けた印だ。もし肉汁が濁っていたらさらに15分加熱する。

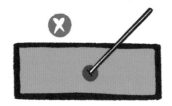

出てきた肉汁が透明なら オーブンから取り出す。

15
寝かせる
—

なぜ？

肉質とオーブンの（実際の）温度にもよるが、オーブンで加熱している間、ファルスからは多かれ少なかれ肉汁が排出される。だが寝かせている間に、肉の乾いた部分がその肉汁を再吸収する。

どうやって？

オーブンからテリーヌを取り出し、フタをはずして常温で2時間寝かせる。

寝かせている間に、失われた肉汁が ファルスに再吸収される。

当日

16
重石をする

なぜ？
加熱中、ファルスはわずかに膨張する。加熱後に収縮するが、そのときに肉の欠片の隙間に空気が入り込んで崩れやすくなってしまう。そこで重石をして肉の欠片同士をしっかり密着させ、カットしたときに崩れにくくさせる。

どうやって？
ファルスの上にクッキングシートを敷き、木の板を置いて、中身が入った缶詰を2〜3個置く。そのまま1時間置いて圧縮させる。

ファルスを圧縮するために重石をする。

17
冷蔵庫で寝かせる

なぜ？
冷蔵庫で寝かせることで、テリーヌの風味が広がり、味が熟成しておいしくなる。ぼくは個人的には4日目の味が一番好きだが、個人差があるだろうからお好みで。

どうやって？
型にフタをして、冷蔵庫に2日間置いておこう。

18
いただきます！

食べる1時間前に冷蔵庫から取り出す。常温に戻すことでテリーヌ本来の味と香りを感じやすくなる。

みんなが眠っている間に、
テリーヌの味と香りが熟成される。

B.アルテュール式肉のテリーヌの作り方 (コンロでの湯煎)

🍲 加熱：1時間15分～1時間30分

13
適切な鍋を選ぶ
—

なぜ？

テリーヌ型がぴったりおさまる鍋を選ぼう。水の表面積が小さいほど蒸発量が少ないので、加熱中の水の減りを抑えられる。必要に応じて少量の水を注ぎ足すだけで済むので、温度調節がしやすくなる。

どうやって？

テリーヌ型を入れたときに、まわりにあまり隙間が空かない鍋を選ぶ。

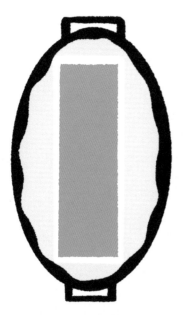

型がぴったりおさまる鍋を使おう。

14
テリーヌ型の底を
鍋底から浮かせる
—

なぜ？

テリーヌ型の底面に鍋底が接触すると、熱湯を通してのみ火が入る側面に比べて、底面が早く焼けすぎてしまう。
また、型の下では大量の蒸気が発生するので、その勢いで型があちこちに揺れて、ファルスが固まりにくくなる。蒸気を逃すためにも、型の下に隙間を開けるほうがよい。

どうやって？

鍋の中に割り箸を数本、あるいは折り畳んだ布巾を置き、テリーヌ型が鍋底に直接当たらないようにして入れる。

テリーヌ型が鍋底に直接触れないように、
数本の割り箸を置くとよい。

15
テリーヌ型の高さ
ぎりぎりまで水を入れる
—

なぜ？

テリーヌ型の高さぎりぎりまで水を入れて、型全体が熱湯に接触するようにしよう。水の量が少ないと、たとえいったん沸騰させても、水に接触していない部分にも熱を伝えようとして温度が20℃以上も低下してしまう。また、こうすることでファルスの側面と底面に均一に火を通すことができる。

どうやって？

鍋にテリーヌ型を入れて、隙間からそっと水を注ぐ。ぎりぎりまで水を入れるが、決して型の縁より上には入れないこと。フタに水がかかると、隙間からファルスの中に入ってしまう危険性がある。

テリーヌ型の高さぎりぎりまで水を入れる。
それ以上でも以下でもいけない。

16
火加減を調整する

（なぜ？）
70〜80℃を維持する。湯気が立つ程度が目安。調理用温度計があれば75℃を維持しよう。決して水の表面が波打ったり、ぐつぐつと沸かしたりしてはいけない。ファルスに火が入りすぎてしまう。また、水が揺れると型の内側に水が入りやすくなる。

（どうやって？）
鍋をコンロの中火にかけて1時間15分加熱する。

75℃

70〜80℃で加熱しよう。

17
焼き加減を確認する

（なぜ？）
状況次第で火の入り方が異なるので、場合によっては追加で加熱する。

（どうやって？）
1時間15分経ったら、ファルスの中心に調理用温度計を刺す。60℃に達していれば焼き上がりだ。調理用温度計がなければ、代わりに竹串を刺す。出てきた肉汁が透明なら焼けた印だ。もし肉汁が濁っていたらさらに15分加熱する。

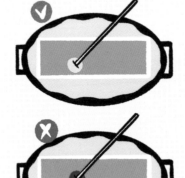

透明な肉汁が出てきたら焼けた印だ。

18
寝かせる

（なぜ？）
肉質と湯煎の（実際の）温度にもよるが、加熱している間にファルスからは多かれ少なかれ肉汁が排出される。だが寝かせている間に、肉の乾いた部分がその肉汁を再吸収する。

（どうやって？）
湯煎鍋からテリーヌを取り出し、フタをはずして常温で2時間寝かせる。

☞ 続けて、「A.アルテュール式肉のテリーヌの作り方（オーブン焼き）」の 16 〜 18 を行う。

寝かせている間に、失われた肉汁がファルスに再吸収される。

EN OPTION
参考

肉のテリーヌをアレンジする

RAJOUTER UN LÉGER GOÛT FUMÉ
香ばしさをプラスする

• 小麦粉（作り方 ❿ で使われる材料と
同じ）

小麦粉を小鍋に入れて中火にかけ、焦
がさないようかき混ぜながら炒る。軽
く焼き色がついたら火から下ろし、作り
方 ❿ と同様にファルスの上からふる。

DONNER UN AIR DE FÊTE
パーティー仕様にする

• フォワグラ　100g
（上客を招待するなら200g）

フォワグラを1cmの角切りにし、作り
方 ❿ で最後にファルスに加える。崩
れないようにそっと混ぜ合わせる。

FORMER UNE CROÛTE DÉLICIEUSE GRÂCE AUX RÉACTIONS DE MAILLARD
メイラード反応によって カリッとしたおいしい層を作る

オーブンを「グリルモード」（上のヒー
ターのみ）にして10分ほど熱しておく。
作り方Aの ⓱ でテリーヌを冷蔵庫か
ら出して、ヒーターから20cm下の段
に入れる。
テリーヌが冷えているので、中まで火
が通る前に、表面だけがカリッと焼き
上がる。ヒーターに近づけすぎると焦
げてしまい、逆に遠ざけすぎると焼き
色がつく前に硬くて厚い層ができてし
まうので気をつけよう。オーブンに入
れる時間は3～5分にとどめる。

DU CANARD, DU CANARD, DU CANARD !
鴨肉の味を濃くする

• 鴨もも肉のコンフィ　2本

鴨肉の味を濃くして、ファルスをより
ジューシーで柔らかくするために、鶏
もも肉の代わりに鴨もも肉のコンフィ
を使う。
骨を取り除き、皮は取り分けておいて
作り方 ❹ と同様に焼く。肉は作り方 ❻
～ ❼ のように刻んでファルスに加える。

肉のテリーヌに添えるサラダ

SALADE DE TRÉVISE LÉGÈREMENT CUITE *(4 PERS.)*
さっと焼いたトレビスのサラダ
（4人分）

• トレビス　2個
• ニンニク　2片（皮をむいて
みじん切り）
• イタリアンパセリ　3本（葉だけを
ざっくりと刻む）
• ローズマリー　2本（葉だけを
みじん切り）

• バルサミコ酢　適量
• オリーブオイル　適量
• 塩コショウ　少々

トレビスの葉をむしり、洗って水気を
切る。
ドレッシングを作る。大きめのボウル
にバルサミコ酢を入れ、ニンニクを加
え、塩コショウをふり、塩が溶けるま
で15分ほど置く。オリーブオイルを加
えて乳化させる。

大きめのフライパンを強火にかけ、オ
リーブオイルを一筋たらす。トレビス
を入れて、しんなりし始めるまで10秒
ほど加熱する。
ドレッシングのボウルにトレビスを入
れてそっと混ぜ、イタリアンパセリと
ローズマリーを散らす。ざっくりと混
ぜ合わせてから皿に盛りつける。

肉のテリーヌに添えるソース

MOUSSE DE FOIES
レバームース

- 鶏レバー（またはウサギのレバー）
  200g（血管と脂肪を取り除き、
  冷水で洗って4等分）
- ガチョウの脂（または鴨脂）　大さじ1
- コニャック（またはアルマニャック、
  ポートワインなど）　大さじ1
- エシャロット　1個
  （皮をむいてみじん切り）
- タイムの葉　1本分
- ニンニク　1片
  （皮をむいてみじん切り）
- バルサミコ酢（濃厚タイプ）
  大さじ1/2
- オリーブオイル　大さじ2
- 塩コショウ　少々

フライパンを強火にかけて熱する。ガチョウの脂を大さじ1/2杯入れて溶かし、鶏レバーを入れて全体に焼き色がつくまで3分ほど炒める。コニャックを加えてフランベし、ボウルに取り出しておく。
フライパンをいったん冷ましてから弱火にかけ、残りのガチョウの脂を入れて溶かし、エシャロットとタイムの葉を加えて、ときどきかき混ぜながら5分ほど加熱する。ニンニクを加えてさらに3分ほど加熱し、レバーと焼き汁が入ったボウルに注ぐ。
すべての材料を上から強く押しながらシノワ（ソース濾し器）で濾す。ピューレ状になったレバーにバルサミコ酢とオリーブオイルを加え、泡立て器で攪拌

してふんわりさせる。味見をしながら塩コショウをふり、冷蔵庫に入れる。テリーヌに添えて、ソースポットに入れて供する。2日しか日持ちしないので早めに使うこと。

GLACIS AU FOND DE VOLAILLE
フォン・ド・ヴォライユ（鶏のだし）のソース

- フォン・ド・ヴォライユ　2000ml
- バター　50g（小さくカット）
- 粒マスタード　微量
- タラゴンの葉　4枚（みじん切り）

大きめの鍋にフォン・ド・ヴォライユを入れて中火にかけ、シロップ状にとろみがつくまで煮詰める。300mlほどの量になるのが目安。バターを加えて泡立て器で攪拌し、粒マスタードを加えて混ぜる。常温で使用し、直前にタラゴンの葉を散らす。

SAUCE VIERGE
ヴィエルジュソース

- トマト　2個
- レモン　1/2個
- オリーブオイル　大さじ3
- コリアンダーシード　10粒
- パセリの葉　2本分
- チャービル（セルフィーユ）の葉
  2本分
- タラゴンの葉　2本分
- バジルの葉　2本分
- 塩コショウ　少々

トマトの皮をむき、タネを取り出してさいの目に切る。ボウルにレモンの果汁を搾り、オリーブオイルをたらしながら泡立て器で攪拌して乳化させ、ドレッシングにする。カットしたトマトとコリアンダーシードを加える。ハーブ類の葉をざっくりと刻んでおき、使う直前に散らす。好みで塩コショウをふる。

SAUCE GRIBICHE
グリビッシュソース

- コルニッション
  （小キュウリのピクルス）　1個
- ケッパー　小さじ1/2
- チャービルの葉　2本分
- タラゴンの葉　2本分
- 茹で卵　1個
- マスタード　小さじ1
- オリーブオイル　大さじ5
- 塩コショウ　少々

コルニッションとケッパーをみじん切りにする。ハーブ類の葉を細かく刻む。ボウルに茹で卵の卵黄だけを入れてつぶし、マスタードを加える。オリーブオイルをたらしながら泡立て器で攪拌して乳化させ、マヨネーズにする。ケッパー、コルニッション、ハーブ、さいの目に切った卵白を加え、軽く混ぜ合わせる。好みで塩コショウをふる。

まとめ

いつもの肉のテリーヌ vs.
アルテュール式肉のテリーヌ

いつもの肉のテリーヌ —

🕐 下準備：30分　🍽 加熱：1時間30分　☀ 寝かせ：3時間

3日前
ミートミンサーの粗めのカットプレートで肉を挽く。
材料をすべて混ぜ合わせ、内側にバターを塗ったテリーヌ型に詰める。

テリーヌ型にフタをし、180℃に熱したオーブンで湯煎焼きにする。

ファルスの上に重石をして1時間置く。
テリーヌ型にフタをし、冷蔵庫に2～3日ほど入れる。

アルテュール式肉のテリーヌ —

🕐 下準備：35分　🍽 加熱：1時間15分～1時間45分　☀ 寝かせ：3日＋3時間

3日前
仔牛バラ肉と鴨胸肉を5～7mmの角切りにする。
塩をふって2～3分置く。
ラップフィルムで表面を覆い、冷蔵庫に一晩入れる。

2日前
鶏皮と鴨皮を5～7分加熱して焼き色をつける。油を拭き取って皿に上げる。
塩を浸み込ませた肉を、全体が軽くねばつくまでこぶしで4～5分ほど叩く。
鶏もも肉を刻む。
すべての肉を合わせて、素手で2～3分ほど練る。生クリームを加える。焼いた鶏皮と鴨皮を砕いて散らす。グリーンペッパー、挽きコショウをふる。小麦粉をふり、2～3分ほど混ぜ合わせる。
長方形のテリーヌ型の内側にバターを塗る。空気を抜きながらファルスを詰める。

オーブン焼き
テリーヌをオーブンの中段に入れる。140℃で1時間30分～1時間45分加熱する。

コンロでの湯煎
鍋底に割り箸か布巾を置き、テリーヌ型が鍋底に直接当たらないようにして入れる。鍋と型の隙間からそっと水を注ぐ。
鍋を中火にかけて、沸騰させずに1時間15分～1時間30分加熱する。

肉のテリーヌを作るのに、いろいろな肉を使うのを面倒くさがったり、鶏皮や鴨皮を捨てたりしてしまう人たちがいる。もちろん、鶏もも肉や小麦粉も使わない。代わりになぜか卵を使ったりする……。そういう昔の作り方はもうやめて、ここで提案するふたつの作り方のいずれかを行おう。絶品のテリーヌができるはずだ。

材料（8人分）
仔牛バラ肉　600g
鴨胸肉　800g（皮をはがして取っておく）
鶏もも肉　2本（骨を取りはずし、皮をはがして取っておく）

塩　20g
生クリーム　大さじ3
小麦粉　大さじ2
バター　小さじ1
（室温に戻しておく）
挽きコショウ　小さじ1/2

グリーンペッパー　小さじ4
オリーブオイル　適量

当日
食べる直前に冷蔵庫から取り出す。

オーブンから出してフタをはずし、常温で2時間寝かせる。
ファルスの上に重石をして1時間圧縮させる。
フタをして冷蔵庫で2日寝かせる。

当日
食べる1時間前に冷蔵庫から取り出す。

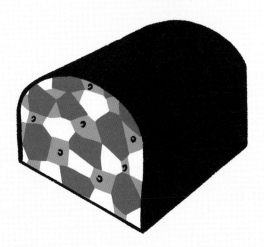

湯煎鍋から出してフタをはずし、常温で2時間寝かせる。
ファルスの上に重石をして1時間圧縮させる。
フタをして冷蔵庫で2日寝かせる。

当日
食べる1時間前に冷蔵庫から取り出す。

Le cahier de recettes d'Arthur

アルテュール式
新常識
レシピ帳

前にも言った通り、ぼくは確かに嫌なやつかもしれないが、
根はやさしいんだ。

そう思わないかい？

ここでその証拠を見せよう。
読者の皆さんのために、本書で紹介したすべての料理を
次ページ以降に単にまとめておく。見開き2ページで1レシピを
紹介しているので、料理中にページをめくらずに済む。
煩わしさから解放される上、本を汚さずに済むんだ。

ほらね、ぼくって意外といいやつだろう？

Le poulet rôti
ローストチキン

🕐 下準備：25分
🕐 乾燥：2〜5日
🕐 塩漬け：12時間
🕐 寝かせ：12時間10分
🍲 加熱：2時間50分

材料（4人分）

• 地鶏の丸鶏（1500〜2000g）　1羽
• バター　150g
• オリーブオイル　適量
• 好みの香味野菜とハーブ（ニンジン、
　タマネギ、ニンニク、タイム、
　ローズマリー、オレガノ、セイボリー、
　タラゴン、パセリなど）　適量
• 塩　少量

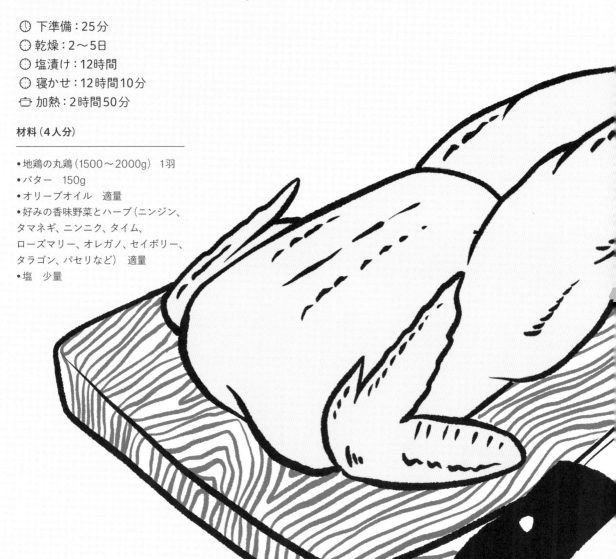

7〜4日前

鶏肉の両脚を留めてある糸をほどき、すねの部分をつかんでまっすぐに伸ばす。両足の先端を糸で結ぶ。

縁のついた皿の上に2本の箸や金串をのせて、その上に鶏肉をのせる。下から空気が通るようにすること。冷蔵庫で2〜5日寝かせて皮を乾燥させる。

2日前

冷蔵庫から鶏肉を出して、胸肉の皮と身の間に少量の塩を入れて広げる。冷蔵庫に戻して一晩寝かせる。

1日前

みじん切りにしたハーブをバターに混ぜ、胸肉の皮と身の間に広げる。冷蔵庫に戻して一晩寝かせる。

当日

オーブンを140℃に熱しておく。

クッキングペーパーで鶏肉の水分をよく拭き取る。

鶏肉の腹の中に脂の塊があれば取り出す。

胸肉の手前にあるV字形の骨（叉骨）を手で取り除く。

下もも肉の肉と骨を結ぶアキレス腱を、よく研いだナイフで根元から切る。

香味野菜とハーブを天板に入れる。あるいは腹の中に詰めものをする（参考）。胸を下にして鶏肉を天板にのせる。

鶏肉の上に少量のオリーブオイルを塗るか、少量のバターをのせて、オーブンの上段に入れる。

15〜20分ごとにアロゼしながら2時間40分焼く。

鶏肉を取り出し、天板にたまった焼き汁を鍋に空ける。

オーブンを250〜300℃に設定する。

鶏肉を10分寝かせて、熱したオーブンの中段に入れる。天板の向きを90度ずつ変えながら10分ほど焼いて、皮全体にまんべんなく焼き色をつける。

こんがりと焼けたら鶏肉を取り出し、切り分けて食べる。

Le steak au poivre

ビーフステーキの
ペッパーソース

🕐 下準備：35分
🍲 加熱：30分
🕐 寝かせ：12時間35分

材料（4人分）

- 厚さ5cmの牛ヒレステーキ肉　4枚
- エシャロット　1個
  （皮をむいて薄くスライス）
- コニャック　50mℓ
- 辛口白ワイン　200mℓ
- フォン・ド・ブフ　400mℓ
- クレーム・ドゥーブル
  200mℓ
- ペンジャ産ブラック
  ペッパー（粒）30g
- バター　30g
- オリーブオイル
  大さじ2
- 塩　適量

前日

牛肉にまんべんなく塩をふり、翌日まで冷蔵庫に入れる。

粒コショウを粗めに粉砕し、常温で柔らかくしたバターにそっと混ぜ込む。冷蔵庫に入れる。

当日

牛肉をファスナーつきプラスチックバッグに入れ、常温の水に30分浸す。

オーブンを100℃に熱しておく。

布巾の間に粒コショウを入れて、麺棒や鍋の裏で叩いて粉砕する。

クッキングペーパーで肉の水分を吸い取り、粉砕したコショウを肉の片面にまぶしてぎゅっと押しつける。

コショウをまぶした面を上にして天板にのせ、オーブンの中段で15～20分焼く。

白ワインを鍋に入れて火にかけ、2/3の量になるまで煮詰めて器に空けておく。同じようにクレーム・ドゥーブルも2/3の量になるまで煮詰める。フォン・ド・ブフは半量になるまで煮詰める。

調理用温度計で肉の中心の温度を測りながら、好みの焼き加減に焼く。

• レア（ブル）：40℃
• ミディアムレア（セニャン）：45℃
• それ以上? 却下

鉄製またはステンレス製のフライパンを強火で熱し、オリーブオイルを大さじ2杯入れ、牛肉をそっと置く。コショウをまぶした面を上にすること。

すぐに中火にして、45秒ほど加熱して焼き色をつける。肉をそっと取り出す。

フライパンに残った脂を3/4ほど取り除き、前日に準備しておいたコショウ入りバターを加える。コショウをまぶした面を下にして牛肉を置く。溶けたバターをアロゼしながら2分ほど焼く。牛肉を取り出し、アルミホイルをかぶせておく。フライパンにコショウの粒が残っていたら取り除く。

フライパンにエシャロットを加え、かき混ぜながらしんなりするまで2分ほど炒める。

コニャックを注いでフランベする。

コンロを弱火にし、煮詰めておいた白ワインを加える。こびりついた焼き汁をこそぎ落とし、煮詰めておいたフォン・ド・ブフと煮詰めておいたクレーム・ドゥーブルを加える。好みで砕いた粒コショウを少し加える。とろみがつくまで2～3分加熱する。スプーンですくってたらしたときに薄い膜が張る程度を目安にすること。

味見をして、好みの味になるよう塩をふる。

牛肉をフライパンに戻す。コショウをまぶした面を上にすること。寝かせている間に出てきた肉汁を加える。肉の上にソースをたっぷりアロゼしながら2分加熱する。

牛肉を温めておいた皿の上にのせ、ソースを温めておいたソースポットに入れる。フライドポテトを添えて食べよう。

Les frites
フライドポテト

材料（4人分）

• ジャガイモ（サンバ、ビンチェ、
アグリア種など） 1200g
• ピーナッツオイル 3000ml

A.アルテュール式
フライドポテト

🕐 下準備：30分
🍴 加熱：35〜40分
🕐 乾燥：2時間〜4、5時間

ジャガイモを傷つけないよう、良質な
ピーラーを使って皮をむく。
表面をわざとざらつかせるために、あ
まり切れ味のよくないナイフを使って
1.2cmの太さにカットする。
ボウルに溜めた冷水で何回か繰り返し
てジャガイモを洗う。水が透明になる
まで続けること。布巾で水分をきれい
に拭き取る。
湯を沸かし、ジャガイモを15〜20分
ほど茹でる。金網にのせて常温で4〜
5時間、あるいはファンの風を当てて
2時間乾燥させる。
揚げ油を160℃に熱し、4〜5分揚げ
る（1回目）。
クッキングペーパーで油を拭き取り、
120℃のオーブンに入れておく。
揚げ油の温度を200℃に上げて、1〜
2分揚げる（2回目）。
クッキングペーパーで油を拭き取り、
塩をふる。好みでソースをつけて食べ
る（P.101）。

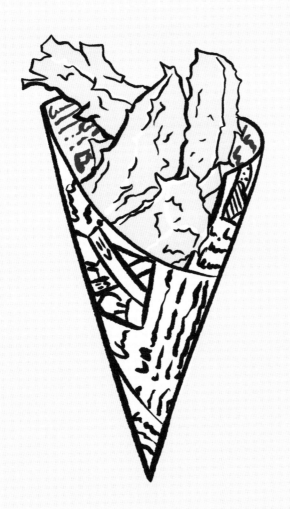

B.アルテュール式
天ぷら風フライドポテト

⏱ 下準備：30分
❄ 冷凍：12時間
☁ 乾燥・解凍：4〜5時間
🍲 加熱：30〜35分

前日

ジャガイモを傷つけないよう、良質な
ピーラーを使って皮をむく。
表面をわざとざらつかせるために、あ
まり切れ味のよくないナイフを使って
1cmの太さにカットする。
ボウルに溜めた冷水で何回か繰り返し
てジャガイモを洗う。水が透明になる
まで続けること。布巾で水分をきれい
に拭き取る。
湯を沸かし、ジャガイモを15〜20分
ほど茹でる。金網にのせて常温で1時
間乾燥させる。
揚げ油を160℃に熱し、3分揚げる（1
回目）。
クッキングペーパーで油を拭き取り、
冷めたら冷凍庫に12時間入れる。

当日

冷凍庫から出して、常温で3〜4時間
解凍する。
揚げ油を160℃に熱し、4分揚げる（2
回目）。
クッキングペーパーで油を拭き取り、
塩をふる。好みでソースをつけて食べ
る（P.101）。

Le bœuf bourguignon
ブフ・ブルギニョン

- 🕐 下準備：50分
- 🕐 塩漬け：12時間
- 🍲 加熱：7時間10分
- 🕐 寝かせ：12時間

材料（6人分）

- 牛肩肉　600g
- 牛ほほ肉　600g
- 牛すね肉　600g
- 牛ネック肉　600g
- ブルゴーニュ産赤ワイン
　フルボトル（750mℓ）　2本
- フォン・ド・ブフ　3000mℓ
- ポートワイン
　フルボトル（750mℓ）　1本
- コニャック　100mℓ
- 微粒塩　少量

煮込み用

- ニンジン　2本（皮をむいて
　1cm角切り）
- タマネギ　1個（皮をむいて
　1cm角切り）
- セロリ　2本（1cm角切り）
- ニンニク　4片（皮をむいて
　ナイフの刃でつぶす）
- パセリ　5本
- タイム　5本
- ローリエの葉　1枚（半分にカット）
- 干しマッシュルーム　10g
- オリーブオイル　大さじ3

つけ合わせ

- ミニキャロット　18本
- 小粒の新タマネギ（ペコロス）　12個
- アンズタケ（なければマッシュルーム）　600g
- 豚バラ肉のベーコン　150g
　（2cm×1cmにカット）

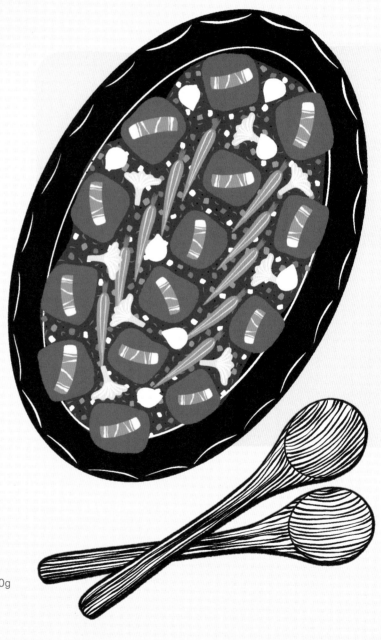

2日前

波刃ナイフ（パン切り包丁）を使って、牛肉を一辺6〜7cmの立方体にカットする。

大きなボウルにカットした牛肉を入れ、全体的に塩をふる。そっとかき混ぜてから表面をラップフィルムで覆い、冷蔵庫に一晩入れる。

前日

ワインを鍋に入れて表面が波打つまで加熱し、火をつけてフランベする。大きめのフライパンに移して中火にかけ、半量になるまで45分ほど煮詰める。

フォン・ド・ブフを大きめの鍋に入れ、半量になるまで1時間ほど煮詰める。

油を引いた鍋に牛肉を入れ、片面3〜4分ずつ加熱して焼き色をつける。肉を鍋から取り出す。肉汁と脂は鍋底に残しておく。

香味野菜を1cmの角切りにし、ハーブを1cmの長さに切る。牛肉を焼いた鍋で7〜8分加熱して焼き色をつける。ときどきかき混ぜて焦がさないようにすること。

香味野菜とハーブが入った鍋でコニャックをフランベする。

鍋の中に香味野菜とハーブを並べ、その上に牛肉を並べる。

煮詰めたワインとフォンを肉より2cm上までそっと注ぐ。肉同士がくっつかないよう位置を調整する。

オーブンを140℃に熱しておく。

干しマッシュルームをミキサーにかけて濾し器に通し、鍋に加える。

鍋にフタをして中火にかける。温度が70〜80℃以上にならないよう気をつける（ときどき小さな泡が立つ程度が目安）。

オーブンの真ん中になるよう鍋を入れ、「対流モード」で4時間加熱する。

粗熱を取ってから冷蔵庫に一晩入れる。

当日

大きめのフライパンにポートワインを注ぎ、中火にかける。とろみがついて150mℓくらいの量になるまで30分ほど煮詰める。

ソースの表面に浮かぶ脂を2/3ほど取り除き、冷蔵庫に入れておく。

オーブンを140℃に熱し、「対流モード」に設定する。

鍋をコンロの中火にかける。ソースがなめらかな液状になるまで10分ほど加熱する。

牛肉をバットに取り出しておく。香味野菜とハーブを取り出して捨てる。ソースをシノワで濾してボウルに入れる。鍋をいったん洗ってから牛肉を戻し、濾したソース、煮詰めたポートワインを加える。

鍋をコンロの中火で熱してフタをし、オーブンに1時間入れる。30分後にソースのとろみを確認して、濃すぎたら少量の水か赤ワインを加える。薄すぎたら肉をバットに取り出してアルミホイルをかけておき、ソースだけをコンロの中火にかける。少し煮詰まったら鍋に肉を戻して、もう一度オーブンに入れる。

大きめのフライパンにソースから取った脂と水を適量入れ、フタをして中火で10分ほどミニキャロットを加熱する。同様に、フタをして強火で5分ほどタマネギを加熱し、フタを取ってさらに2〜3分加熱して焼き色をつける。

ソースの脂を小さじ1杯入れたフライパンで、厚みによって5〜10分ほどアンズタケを強火で炒めて焼き色をつける。フライパンを中火にかけ、脂を入れずにベーコンを炒める。こまめにかき混ぜながら10分ほど加熱して焼き色をつける。クッキングペーパーの上にのせて脂を拭き取る。

オーブンから鍋を出す。大きな皿の上に牛肉をのせ、上から大さじ2〜3杯のソースをかける。つけ合わせ用の野菜を添え、残りのソースを大きめのソースポットに入れる。

Le bouillon de bœuf
ブイヨン・ド・ブフ

🕐 下準備：15分
🍲 加熱：3時間30分
🕐 寝かせ：13時間

材料（4リットル分）

- 牛バラ肉ブロック（または牛肩肉）
  1000g（小さくカット）
- 牛テール　1000g（小さくカット）
- タマネギ　大2個（皮をむく）
- ニンニク　6片（皮をむく）
- ニンジン　2本（皮をむく）
- 白ネギ　2本
- マッシュルーム　150g
- クローブ　5個（ナイフの刃でつぶす）
- パセリ　10本
- タイムの葉　5本分
- ローリエの葉　2枚
- オリーブオイル　大さじ5

前日

牛肉（牛テールを除く）と野菜（タマネギを除く）を1cmの角切りにする。
ニンニクとハーブ類をみじん切りにする。
タマネギを横に2分割する。オリーブオイル大さじ3杯を入れたフライパンを中火にかけ、3分ほど加熱して焼き色をつける。皿に取り出しておく。
鋳物ホーロー鍋を中火にかける。オリーブオイルを大さじ2杯入れ、牛テールを重ならないようにして並べる。すべての面を5分ずつ加熱して焼き色をつけ、皿に取り出す。

鍋をかけた火を弱火にし、野菜とハーブを入れて、ときどきかき混ぜながら10分炒める。焼き色がつかないよう気をつけること。牛テール、角切りにした牛肉、焼き色をつけたタマネギを加える。
すべての食材より5cm上まで水を入れ、フタをする。
鍋の中の温度を70〜80℃に維持しながら3時間加熱する。料理温度計でこまめに測るか、なければ目視で判断する。鍋から湯気が上がり、ときどきゆっくりと小さな泡が立つ程度が目安。水の表面が波打ってはいけない。
灰色がかった泡が浮かんだら、茶濾しまたは布製ティーフィルターで取り除く。
鍋を火から下ろし、そのまま1時間寝かせる。
清潔な布巾を水で濡らし、固く絞って濾し器の上に広げる。牛肉、野菜、ハーブを押しながら、鍋の中の液体を静かにゆっくりと注ぐ。鍋底に沈んだ欠片は残しておくこと。
粗熱を取ってから冷蔵庫に入れ、翌日まで寝かせる。

当日

完成したブイヨンはそのままスープとして味わってもよいし、他の料理に使ってもよい。ポトフ、ブランケット・ド・ヴォー（仔牛のクリーム煮）、魚のポシェ（茹で魚）などに活用しよう。煮詰めてフォン（ソース用のだし）にしたり、そのままソースを作ったりしてもよい。

Le pot-au-feu
ポトフ

🕐 下準備：30分
🍴 加熱：5時間30分
🕐 寝かせ：12時間

材料（6人分）

- 前日までに準備しておいたブイヨン・
  ド・ブフ　4000mℓ（P.144〜163）
- 牛ほほ肉（または牛すね肉）　800g
  （タコ糸で縛る）
- 牛肩肉　800g（タコ糸で縛る）
- 牛テール　800g（タコ糸で縛る）
- 牛バラ肉ブロック　800g
  （タコ糸で縛る）
- 牛骨髄　6本（縦半分にカット）
- ネギの青いところ　1本
  （洗って縦半分にカット）
- カラフルニンジン　6本
  （皮をむく）
- パースニップ　3本
  （皮をむく）
- 黄カブ　小6個
  （皮をむく）
- 白ネギ　6本
- ジャガイモ
  （シャルロット種
  BF15種など）
  小12個
- 粗塩　1000g

前日

牛バラ肉ブロックを鍋に入れ、ブイヨンを加えて加熱し、粗塩をひとつまみふってフタをする。表面が波打たないくらいの火加減で1時間煮込む。

他の牛肉とネギの青い部分を加え、肉の2〜3cm上までブイヨンがくるよう注ぎ足し、表面が波打たないくらいの火加減で3時間煮込む。

ナイフの先端をそっと肉の中心に差し込む。火が通ったものを取り出してラップフィルムで覆う。そのまま常温で冷ます。

ブイヨンが入った鍋を冷まして肉を戻し、ネギの青いところを広げて肉の表面を覆うようにフタをする。翌日まで冷蔵庫に入れておく。

牛骨髄をナイフの刃できれいにし、塩水に一晩漬けておく。

当日

ブイヨンの表面に浮いた脂を全体の2/3ほど取り除き、ボウルに入れておく。鍋にフタをして弱火で温めなおす。

フライパンを中火にかけ、ブイヨンの脂を大さじ1杯入れる。ニンジン、黄カブ、ジャガイモを入れ、フタをして5分ほど加熱する。ときどきフライパンを揺らして全体に均一に火が通るようにする。

フライパンにブイヨンを小さなお玉1杯加え、フタをする。ときどき火の通りを確かめながら25分ほど加熱する。カリッとした食感が残っているうちに取り出し、ラップフィルムをかけておく。白ネギとパースニップも同様にし、ほぼ火が通ったら取り出す。

オーブンを250℃に熱しておく。天板に粗塩を入れて平らにならし、カットした面を上にして牛骨髄を置く。塩に軽く押しつけるようにして、互いに重ならないように並べること。オーブンに入れて15分加熱する。

すべての野菜をフライパンに戻し、ブイヨンの脂を大さじ1杯、ブイヨンをお玉1/2杯加えて、フタをして温めなおす。

肉を厚さ2cmにスライスし、牛骨髄、野菜、ブイヨンと一緒に盛りつけて完成。

Le rôti du dimanche
ローストビーフ

材料（6人分）

- ロースト用牛ブロック肉（ヒレ肉、またはランプ肉）　1500〜2000g
- ピーナッツオイル　適量
- 微粒塩（セルファン）　適量

A.アルテュール式
ローストビーフ（冷たい肉使用）

- 🕐 下準備：5分
- 🕐 寝かせ：2日＋1時間
- 🍲 加熱：1時間35分〜1時間45分

2日前

牛ブロック肉に微粒塩を高い位置からふる。ラップフィルムに包んで冷蔵庫に2日間入れる。

当日

鋳物ホーロー鍋を煙が出るまで加熱する。牛肉の水分をクッキングペーパーでしっかりと拭き取る。

鍋にピーナッツオイルを150mℓほど注ぐ。油がはねないように肉をそっと入れる。こまめにひっくり返しながら、肉全体にまんべんなく焼き色がつくよう3〜4分加熱する。

鍋から肉を取り出して皿にのせ、アルミホイルで包む。そのまま常温に1時間置く。オーブンを100℃に熱しておく。肉を金網の上にじかに置いて、オーブンの中段で1時間30分〜1時間40分ほど加熱する。調理温度計で肉の中心の温度を測り、好みによってレア（ブル）の45℃、ミディアムレア（セニャン）の50℃、ミディアム（ア・ポワン）の55℃のいずれかにする。

肉を厚さ1〜2cmにスライスし、自家製ソースを添えて食べる。

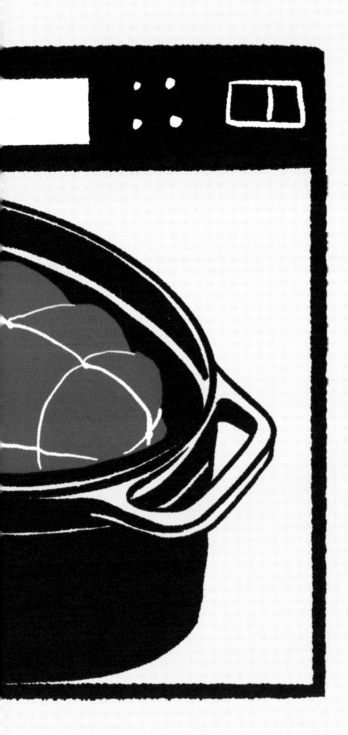

B.アルテュール式
ローストビーフ（常温の肉使用）

🕐 下準備：5分
🕐 寝かせ：2日＋40分
🍲 加熱：1時間35分

2日前

牛ブロック肉に微粒塩を高い位置からふる。ラップフィルムに包んで冷蔵庫に2日間入れる。

当日

牛肉をファスナーつきプラスチックバッグに入れ、常温の水に30分入れる。
肉をバッグから取り出し、クッキングペーパーで水分をしっかりと拭き取る。オーブンを100℃に熱しておく。
肉を金網の上にじかに置いて、オーブンの中段で1時間30分加熱する。調理温度計で肉の中心の温度を測り、好みによってレア（ブル）の40℃、ミディアムレア（セニャン）の45℃のいずれかにする。
肉をオーブンから出し、金網にのせて10分置いて、温度を少しだけ下げる。
鋳物ホーロー鍋を火にかけ、白い煙が立ち上るまで熱する。
鍋にピーナッツオイルを150mℓ注ぐ。
油がはねないようにそっと肉を入れる。こまめにひっくり返しながら、肉全体にまんべんなく焼き色がつくよう3〜4分加熱する。
肉を厚さ1〜2cmにスライスし、自家製ソースを添えて食べる。

La terrine maison

肉のテリーヌ

材料（8人分）

- 仔牛バラ肉　600g
- 鴨胸肉　800g（皮をはがして取っておく）
- 鶏もも肉　2本（骨を取りはずし、
  皮をはがして取っておく）
- 塩　20g
- 生クリーム　大さじ3
- 小麦粉　大さじ2
- バター　小さじ1
  （室温に戻しておく）
- 挽きコショウ　小さじ1/2
- グリーンペッパー　小さじ4
- オリーブオイル　適量

🕐 下準備：35分
🕐 寝かせ：3日+3時間

3日前

仔牛バラ肉と鴨胸肉を5〜7mmの角切り
にする。
大きなボウルに入れ、塩をふってそっと混
ぜる。そのまま2〜3分置いて塩を均一に
浸み込ませる。ラップフィルムで表面を覆
い、冷蔵庫に一晩入れておく。

2日前

鶏もも肉と鴨胸肉の皮を2cm×2cmほど
に切る。フライパンにオリーブオイルを少
量入れて中火にかけ、皮を5〜7分加熱し
て焼き色をつける。クッキングペーパーで
油を拭き取って皿に上げる。
塩を浸み込ませた肉を冷蔵庫から出し、全
体が軽くねばつくまでこぶしで4〜5分ほ
ど叩く。
鶏もも肉を、わずかに粘り気が出るまでよ
く研いだ包丁で細かく刻む。
すべての肉を合わせて、素手で2〜3分ほ
ど練る。生クリームを加える。焼いた鶏皮
と鴨皮を砕いて散らす。グリーンペッパー、
挽きコショウをふる。
小麦粉をふり、2〜3分ほどそっと混ぜ合
わせる。

長方形のテリーヌ型の内側にバターを塗る。
フォークの背で押して空気を抜きながらフ
ァルスを詰める。

A. アルテュール式
肉のテリーヌ（オーブン焼き）

🍲 加熱：1時間30分〜1時間45分

テリーヌをオーブンの中段に入れ、140℃で1時間30分加熱する。

ファルスの中心の温度が60℃に達していれば焼き上がり。まだなら、さらにオーブンに15分入れてもう一度温度を確かめる。

オーブンから出してフタをはずし、常温で2時間寝かせる。

ファルスの上にクッキングシートを敷き、木の板を置いて、中身が入った缶詰を2〜3個置く。そのまま1時間置いて圧縮させる。

フタをして冷蔵庫で2日寝かせる。

当日

食べる1時間前に冷蔵庫から取り出す。

B. アルテュール式
肉のテリーヌ（コンロでの湯煎）

🍲 加熱：1時間15分〜1時間30分

テリーヌ型がぴったりおさまる大きさの鍋を選ぶ。鍋の中に割り箸か折り畳んだ布巾を置いて、テリーヌ型が鍋底に直接当たらないようにして入れる。鍋とテリーヌ型の隙間からそっと水を注ぐ。

鍋を中火にかけて、沸騰させずに1時間15分加熱する。

ファルスの中心の温度が60℃に達していれば焼き上がり。まだなら、さらに15分加熱してもう一度温度を確かめる。

湯煎鍋から出してフタをはずし、常温で2時間寝かせる。

ファルスの上にクッキングシートを敷き、木の板を置いて、中身が入った缶詰を2〜3個置く。そのまま1時間置いて圧縮させる。

フタをして冷蔵庫で2日寝かせる。

当日

食べる1時間前に冷蔵庫から取り出す。

「間違った思い込み」一覧

謝辞
—

まず、本書の執筆をぼくに託してくれ、執筆中はずっとぼくに寄り添ってくれたクリスティーヌ・マルタンへ、心からの感謝を捧げたい。そして、一流メンバーが集結したこの「ドリーム・チーム」とマラブー社の仲介をしてくれたオドレ・ジェナンにも深謝する。

マリオン・ピパール、きみには何と礼を言ったらいいかわからない。きみは『シェルブールの雨傘』のカトリーヌ・ドヌーヴだ。ぼくの相棒であり、ボスでもある。本書のために身を粉にし、ぼくが困ったときにはいつも手を差し伸べてくれた。マリオンは編集長として本書の支柱となり、ぼくが大幅に脱線しないよう手綱を締める役割を担ってくれた（時には寄り道するのを許してくれつつ）。長く厳しい道のりだったけれど、きみのおかげでどうにかここまでたどりつけた。ブラボー、そして本当にありがとう。

オリヴィエ・フォルゼールには、ものすごーーく感謝している。この込み入った企画の意図を完璧に理解して、要点がつかみやすいよう、内容がわかりやすいようにページをレイアウトしてくれた。きみは『フォール・ガイ』のコルト・シーバスだ。その素晴らしい才能を本書のために発揮してくれてありがとう。

最後に、ヤニス・ヴァルツィコス、もう本当に、めっちゃくちゃ感謝している。卓越した才能とユーモアを本書のために惜しみなく発揮してくれた。ヤニスはこのチームのピンク・パンサーだ。常にもの静かで、落ち着いていて、冷静で、泰然自若としている。ぼくの文章を完璧に表現するイラストを添えてくれてありがとう。

ああ、そうだ、われらがペネロペ・クルス、エミリー・コレにも心からの礼を述べたい。校正者としてほんのわずかな誤字脱字、内容の誤りにも目を光らせてくれた。心から感謝する。

さあ、あとは宣伝担当のアンヌ・ボンヴォワザンとアリゼ・ブティエのコンビにすべてをまかせよう。超パワフルな2人組、ぼくたちのテルマ＆ルイーズへ、一足先に礼を述べておく。ほんっっとうにありがとう、そしてどうかよろしく！

アルテュール・ル・ケンヌ

著者／ アルテュール・ル・ケンヌ Arthur le Caisne

料理研究家。アートディレクター。おもな著書に、レシピ本のノウハウをイラストを使って分か
りやすく分析した『La cuisine, c'est aussi de la chimie（料理は化学だ）』（フランス MARABOUT
〈マラブー〉社／未邦訳）、『フランス式おいしい肉の教科書』、『フランス式おいしい調理科学の雑学
料理にまつわる700の楽しい質問』（小社刊）などがある。

絵／ ヤニス・ヴァルツィコス Yannis Varoutsikos

アーティスト・ディレクター、イラストレーター。フランスのMARABOUT（マラブー）社の書物
のイラスト、デザインを多数手掛けている。おもにイラストを手掛けた本として『ワインは楽し
い！』、『美しいフランス菓子の教科書』、『フランス式おいしい調理科学の雑学 料理にまつわる
700の楽しい質問』（小社刊）などがある。lacourtoisiecreative.com

訳者／ 田中裕子 Yuko Tanaka

フランス語翻訳家、フランス料理店ディレクトール。おもな訳書に『「安全な食事」の教科書』ジ
ル＝エリック・セラリーニ、ジェローム・ドゥーズレ（ユサブル）、『魔法使いたちの料理帳』オー
レリア・ボーポミエ（原書房）、『トマト缶の黒い真実』ジャン＝バティスト・マレ（太田出版）、『美
しいチョコレート菓子の教科書』（小社刊）などがある。

料理は科学だ！
フランス式調理科学の新常識
料理にまつわる、62の驚きの真実
2022年8月26日　初版第1刷発行

著者／ アルテュール・ル・ケンヌ
絵／ ヤニス・ヴァルツィコス

翻訳／ 田中裕子
翻訳協力／ 株式会社リベル
校正／ 株式会社 鷗来堂
装丁・DTP／ 小松洋子
制作進行／ 長谷川卓美

発行人／ 三芳寛要
発行元／ 株式会社パイ インターナショナル
〒170-0005 東京都豊島区南大塚2-32-4
tel. 03-3944-3981　fax. 03-5395-4830
sales@pie.co.jp

印刷・製本／ シナノ印刷株式会社

© 2022 PIE International
ISBN978-4-7562-5625-6 C0077
Printed in Japan

En cuisine, toutes les vérités sont bonnes à dire! ©Hachette-Livre(Marabout), 2021 Arthur le Caisne, Yannis Varoutsikos
Japanese translation rights arranged with Hachette-Livre, Paris through Tuttle-Mori Agency, Inc.,Tokyo